BEM-VINDO,
ESPÍRITO SANTO

BEM-VINDO, ESPÍRITO SANTO

COMO A PRESENÇA DO ESPÍRITO SANTO ATUA EM NOSSA VIDA

BENNY HINN

Tradução: Lilian Jenkino

Vida Melhor

Rio de Janeiro, 2023

Título original: *Welcome, Holy Spirit*
Copyright © 1995, 1997 por Benny Hinn
Edição original por Thomas Nelson. Todos os direitos reservados.
Copyright de tradução © Vida Melhor Editora LTDA., 2011.
As citações bíblicas são da *Nova Versão Internacional* (NVI), da Biblica, Inc., a menos que seja especificada outra versão da Bíblia Sagrada.

Os pontos de vista desta obra são de responsabilidade de seus autores e colaboradores diretos, não refletindo necessariamente a posição da Thomas Nelson Brasil, da HarperCollins Christian Publishing ou de sua equipe editorial.

Publisher	*Omar de Souza*
Gerente editorial	*Samuel Coto*
Editor	*André Lodos Tangerino*
Assistente editorial	*Bruna Gomes*
Copidesque	*Marcus Aurélio Braga*
Revisão	*Margarida Seltmann*
	Fátima Fuini
	Francine de Souza
Diagramação	*Julio Fado*
Capa	*Rafael Brum*

CIP-BRASIL. CATALOGAÇÃO NA PUBLICAÇÃO
SINDICATO NACIONAL DOS EDITORES DE LIVROS, RJ

H554b
2. ed.

    Hinn, Benny
      Bem-vindo, Espírito Santo : como a presença do Espírito Santo atua em nossa vida / Benny Hinn ; tradução Lilian Jenkino. - 2. ed. - Rio de Janeiro : Thomas Nelson Brasil, 2018.
256 p. : il. ; 21 cm.

Tradução de: Welcome, holy spirit
ISBN 9788578602598

1. Espírito Santo. I. Jenkino, Lilian. II. Título.

18-47945   CDD: 231.3
                                         CDD: 27-144.896

Thomas Nelson Brasil é uma marca licenciada à Vida Melhor Editora LTDA.
Todos os direitos reservados à Vida Melhor Editora LTDA.
Rua da Quitanda, 86, sala 218 – Centro
Rio de Janeiro – RJ – CEP 20091-005
Tel.: (21) 3175-1030
www.thomasnelson.com.br

Dedicado à minha querida filha, Eleasha, cujo espírito gentil me traz muita alegria. Oro para que ela experimente, desde cedo, o glorioso toque do Espírito Santo e para que Jesus Cristo seja sempre engrandecido no decorrer de sua vida, atraindo outras pessoas para a cruz do calvário.

Sumário

Agradecimentos 9

1. O amanhecer de um novo dia 11
2. A Pessoa única e divina do Espírito Santo 31
3. "Repentinamente do céu" 57
4. Nomes e títulos do Espírito Santo, parte 1:
   "Em nome do Pai, do Filho e do Espírito Santo" 73
5. Nomes e títulos do Espírito Santo, parte 2:
   "Em seu nome…" 87
6. O vento do Espírito 107
7. A obra do Espírito na vida de Cristo 127
8. De pecador a santo 143
9. Transformado de dentro para fora 161
10. Presença e poder 185
11. A comunhão transformadora do Espírito Santo 203
12. Removendo as barreiras para as bênçãos 227

Notas 241
Guia de discussão e estudos 245

Agradecimentos

Agradeço a Rick Nash e a Sheryl Palmquist, meus amigos, também aos colegas e equipe pelo apoio e pelo incentivo dado a este projeto, bem como pelo aconselhamento editorial durante a elaboração do manuscrito.

CAPÍTULO 1

O amanhecer de um novo dia

Atlanta é uma cidade linda, é o coração e a joia da coroa do sul dos Estados Unidos da América; mas não se deixe enganar, em agosto o tempo fica quente e úmido. Nessa época, ficar preso na rodovia Interestadual 75, em meio a um enorme congestionamento, com tantos carros ao redor quanto a vista consegue alcançar e com um sol de fim de tarde queimando sobre a cabeça significa muito calor!

E lá estávamos nós, em Atlanta, no mês de agosto, cercados por carros de todas as cores e modelos, um atrás do outro, por toda a Interestadual 75. Por causa da umidade, nossa Van mais parecia uma sauna sobre rodas e para piorar, *eu estava prestes a me atrasar para a minha própria cruzada.*

— Por que não estamos andando, Gene? — perguntei. — Para onde este povo todo está indo?

Enquanto o trânsito fluía aos centímetros, Gene Polino, meu braço direito e administrador pessoal, informava-me sobre a cruzada milagrosa e sobre a partida de futebol americano que faziam com que as ruas do centro de Atlanta ficassem completamente engarrafadas.

Estávamos tentando chegar ao Omni Coliseum, no centro de Atlanta, onde nossa cruzada milagrosa estava marcada para ter início às 19 horas. Apesar de a lotação máxima do Omni ser de 18.500 pessoas sentadas, os prognósticos indicavam uma noite bastante agitada. Baseado nas reservas feitas por caravanas e demais grupos, e contando as estimativas de pessoas do coral, dos patrocinadores, da equipe de apoio e do público em geral, precisaríamos de todas as cadeiras disponíveis, talvez mais. A julgar pelo tráfego que nos cercava, estava claro que compareceriam mais pessoas do que havíamos previsto.

— Quanto tempo falta, Gene? — perguntei.

— Difícil dizer, mas o trânsito está fluindo um pouco melhor agora.
— Assim espero. Está ficando tarde.

Gene percebeu que eu me afundava em pensamentos e, como sempre faz nessas ocasiões, deu voz ao que eu estava pensando:

— Pastor, Charlie disse que o chefe do corpo de bombeiros trabalhará conosco para que tenhamos o máximo de pessoas presentes. Fizemos todo o possível para receber essa multidão.

Enquanto continuávamos caminhando pela pista abarrotada no que mais parecia um forno, o celular tocou — era Charlie McCuen, o coordenador da cruzada.

— Olá, Charlie. O que está acontecendo no Omni? — perguntei.

— Pastor, os milagres já estão acontecendo! O lugar está lotado, e o poder de Deus está em toda parte! As pessoas estão se levantando das cadeiras de roda e a atmosfera parece cercada da força de Deus, dentro e fora! Acho que nunca vi nada assim! O Espírito Santo já está operando, mesmo antes de os trabalhos começarem! Deus está fazendo muito mais do que pedimos em oração! Há muita vibração no ar, pastor! O culto desta noite será inesquecível!

— Glória a Deus, Charlie. Estaremos aí em alguns minutos. Vejo você em breve.

Desliguei o telefone e comecei a pensar sobre o que Charlie acabara de dizer. Foi o que bastou para que o Senhor me lembrasse da Escritura: "Àquele que é capaz de fazer infinitamente mais do que tudo o que pedimos ou pensamos, de acordo com o seu poder que atua em nós, a ele seja a glória na igreja e em Cristo Jesus, por todas as gerações, para todo o sempre! Amém!" (Efésios 3:20,21).

Então, sussurrei uma oração de agradecimento ao Senhor por sua fidelidade: "Obrigado, Senhor, pelo que está fazendo. Esta é, em verdade, sua obra, não minha. Senhor, você é maravilhoso, e eu muito o amo."

Passei a refletir sobre tudo que Charlie dissera, e tornei a ser preenchido pelo entusiasmo e pela maravilha com a graça e a misericórdia de Deus.

À medida que avança por este livro, caro leitor, oro para que você descubra que o caminho se dá. 'Não por força nem por violência, mas pelo meu

Espírito', diz o Senhor." Se você tem fome do poder de Deus, continue lendo este livro, pois nele dividirei com você tudo o que aprendi, por meio do Espírito Santo, a respeito do poder milagroso acessível a todas as pessoas.

Gene interrompeu meus pensamentos e disse: — Estamos quase chegando, pastor. Posso ver o Omni à nossa frente.

Chegamos à entrada dos fundos do coliseu e paramos. Assim que o portão grande foi fechado atrás de nós, saí da van e caminhei até a sala que me havia sido preparada. O monitor da televisão já estava ligado quando entrei no local. Fui até ele e aumentei o volume. As pessoas não paravam de aplaudir e de gritar! E alguma coisa muito forte estava acontecendo na área reservada aos cadeirantes! Milagres estavam acontecendo! Eu conseguia ver pelo monitor! E eu podia sentir a presença de Deus com tanta intensidade, bem ali, no meu camarim. Era glorioso!

Meus olhos ficaram colados ao monitor. Eu estava maravilhado por ver o poder de Deus manifesto mesmo antes do início do culto. De repente, alguém começou a correr por todo o auditório...

As cenas eram impressionantes! Milagres estavam acontecendo bem diante dos meus olhos! "Que Deus incrível nós temos", pensei. Ainda sem desviar o olhar do monitor, comecei a chorar. Eu me sentia extasiado pelo amor e pela fidelidade de Deus. Estava perplexo com o que estava acontecendo! Closes da câmera por diversos setores do público permitiram-me ver o rosto das pessoas. Pude perceber uma variedade de emoções, de risadas e sorrisos empolgados a lágrimas de alegria e de adoração —, mas a emoção estampada em todos os rostos presentes era a fome, a fome de experimentar o toque glorioso do Mestre.

Com o olhar fixo na tela, pensei: "Eu sei, melhor do que qualquer um, que essas pessoas não estão aqui para ver Benny Hinn. Ora, nem eu mesmo sairia de casa apenas para ouvir Benny Hinn. Eu nem mesmo me daria o trabalho de atravessar a rua para me ouvir pregar. Mas sei que, nesta noite, as pessoas não saíram de casa por minha causa; elas vieram porque o Senhor Jesus está aqui!"

Imediatamente, veio-me à mente uma passagem de Isaías, em que Deus dizia: "Não darei minha glória a nenhum outro" (Isaías 48:11). Aprendi, no decorrer dos anos, que Deus não compartilha sua glória.

Talvez alguém se pergunte: "O que motiva uma pessoa a percorrer enormes distâncias para comparecer, horas antes, a uma cruzada?"

Para mim, a resposta é simples, pois, não faz muito tempo, eu também me via esperando para participar de um culto conduzido por Kathryn Kuhlman, cheio de esperança e desejoso por receber algo de Deus. Fora a fome que me levara até ali, uma fome que tenho até hoje, e um anseio por experimentar o glorioso toque da presença divina. Estou mais faminto hoje do que jamais estive. E essa fome, e esse anseio por conhecer o Senhor e a glória de sua presença só aumentam. Quanto mais conheço sobre Deus, mais quero conhecer.

Sim, identifico-me com essas pessoas maravilhosas que comparecem às nossas cruzadas porque, como elas, eu também tinha tanta fome espiritual que pouco importava a distância a percorrer ou a longa espera pelo início dos trabalhos, já que eu podia experimentar a presença de Deus mais uma vez.

Milhares de pessoas que lotam estádios e auditórios por todo o mundo têm diferentes origens e diferentes necessidades, mas todos se unem ao redor de um só motivo: um profundo desejo de mergulhar no poder e na maravilha da obra do Espírito Santo.

Parece ontem

Parece que foi ontem, quando eu estava do lado de fora da Primeira Igreja Presbiteriana de Pittsburgh, na Pensilvânia, às 6h de uma manhã de dezembro, em 1973, esperando pelo início do culto que mudariam minha vida para sempre.

Se você leu *Bom dia, Espírito Santo*, então você já conhece uma parte da minha história. Um amigo, chamado Jim Poynter, convidou-me para uma viagem de ônibus de Toronto a Pittsburgh a fim de comparecer ao culto ministrado pela famosa evangelista Kathryn Kuhlman; assim, lá estávamos, na fria manhã de Pittsburgh.

A imagem daquele dia está gravada de forma indelével em minha mente. O ar era frio e revigorante, tão frio, na verdade, que quase doía ao respirar. As pessoas que me cercavam vestiam roupas mais quentes, chapéus e grandes botas.

Nós batíamos os pés, esfregávamos as mãos, colávamos os braços ao corpo, tudo para tentar afastar o vento congelante, chegando até a nos aninharmos em grupos, numa tentativa vã de sentir algum calor.

Com bastante relutância, a noite cedia lugar a um amanhecer cinzento que assomava de forma ameaçadora a cidade de aço. A luz revelava aos poucos os enormes prédios, o asfalto e o concreto que rodeavam a igreja, como se a própria cidade tivesse crescido ao redor dela, lembrando bastante os milharais que envolvem as casas nas fazendas de Indiana. A igreja parecia, por vezes, uma catedral; em outras, lembrava uma fortaleza de construção elaborada, com seus pináculos e portas imponentes. A pedra clara da construção estava recoberta de uma fuligem negra causada pela poluição e pelo envelhecimento, emprestando uma aparência um tanto severa ao prédio.

Jim Poynter havia me contado algumas coisas sobre Kathryn e sobre seu ministério — o suficiente para me convencer a conhecê-la, mas não o bastante para me fazer esperar muita coisa durante o encontro.

Mesmo assim, eu estava buscando algo. Em meu coração, eu estava faminto, ansiando por mais — como eu precisava desse algo a mais naquela época...

Tradição e transição

Nasci e vivi minha infância na cidade costeira de Jaffa, em Israel, onde o litoral irregular da Terra Santa encontra a cor turquesa do Mediterrâneo sob o céu limpo e caloroso.

Junto com meus cinco irmãos e duas irmãs, cresci fazendo parte de uma família estrangeira e experimentei uma criação multicultural naquela cidade cosmopolita. Foram tempos excitantes e, por vezes, confusos.

Minha mãe, Clemence, era descendente de armênios. Meu pai, Costandi, vinha de uma família grega. Fui batizado na Igreja Ortodoxa Grega, mas cursei o Ensino Fundamental em uma escola católica. Eu falava francês na escola, árabe em casa e hebraico com a comunidade.

Mas eu não falava direito. Desde muito cedo, mesmo a menor pressão social ou um estresse emocional mínimo ativavam com intensidade a minha gagueira.

As outras crianças faziam piada sobre mim. Meus professores acreditavam que eu era um caso perdido. Mas, como primogênito, era muito pior sentir uma tremenda decepção em toda a família.

Apesar de meu pai ser um bom homem e me amar, ele dizia coisas que me atingiam profundamente. "De todos os meus filhos", ele costumava dizer, "você é aquele que jamais será alguém na vida." Por favor, peço que não entendam errado; meu pai era um homem *bom*, gentil e generoso, e eu o amava —, mas era isso que ele dizia, e o pior de tudo é que eu acreditava nele!

Você consegue imaginar o quanto aquilo me machucava? Conforme minha autoestima definhava, passei a me esconder do mundo e das pessoas que me cercavam; evitava sentir a rejeição dos colegas de escola de todas as maneiras possíveis. Ainda tenho memórias bem vívidas de me esconder em um canto afastado do pátio enquanto as outras crianças brincavam. Eu fazia tudo o que podia para evitar a rejeição.

Apesar de muito novo, acabei mergulhando na devoção à fé católica, a única atividade que me trazia algum consolo. Passei muitas horas ajoelhado nos familiares pisos feitos de pedra, recitando a Ave-Maria, o Credo Apostólico ou o Pai-Nosso. Dediquei-me às orações e aos estudos, a fim de me tornar um bom aluno. Tudo o que estava ligado à minha educação católica acabou virando meu foco. Passava tanto tempo no convento em que ficava a escola, que eu praticamente morava ali. Mas esse comportamento não serviu para afastar o sentimento de vazio e de solidão — era apenas uma camuflagem que não duraria muito.

A ameaça iminente de uma guerra foi uma constante durante minha infância em Israel. Lembro-me vagamente de ouvir meus pais conversarem sobre o assunto uma vez ou outra. Porém, em 1967, a ameaça se transformou em realidade, quando eclodiu a "Guerra dos Seis Dias". Não pense, devido à brevidade do conflito, que aqueles foram dias tranquilos; eu garanto, não foram. Lembro-me de correr para a escola no dia em que as notícias anunciavam o começo da guerra. Olhando para trás, hoje percebo que a guerra foi rápida e cirúrgica, mas o caminho que culminou com o embate foi longo e amargo, repleto de ansiedade. Os países vizinhos de Israel uniram forças, expulsaram as forças de paz da ONU e reuniram suas tropas

— em especial, no Sinai. Diplomacias públicas e privadas foram tentadas — sem qualquer sucesso. Aquela experiência era aterrorizante.

Um novo começo

No ano seguinte, em 1968, emigramos para o Canadá. Até essa data, eu só conhecia a vida quente e ensolarada em Israel e me sentia seguro com a vida religiosa das escolas católicas. Não obstante, fui subitamente arrancado do estilo de vida previsível para ser jogado em um universo desconhecido. Eu fora forçado a me ajustar a uma vida a que eu não estava acostumado e para a qual eu não fora preparado. Mudei para um país novo, sem saber o que me aguardava.

A mudança não poderia ter sido mais complicada para mim. Quando cheguei em Toronto, tive de me adaptar a um novo continente, a um novo país, a uma nova cultura e até a um novo clima. De repente, eu me via encarando uma nova língua, um novo ambiente, um novo lar e roupas bastante diferentes para sobreviver aos meses de frio e de neve. Fui para uma nova escola, com todas as matérias associadas àquela nova cultura. De súbito, passei a estudar sobre uma nova forma de governo e a aprender sobre novos feriados e tradições de uma nova sociedade. Tudo era tão diferente!

Nem preciso dizer que a mudança para Toronto só aumentou o sentimento de solidão e de alienação. Mas Deus tinha um futuro muito melhor do que o passado para mim, mais do que eu poderia esperar, pois foi no Canadá que eu nasci de novo. Foi nesse novo país que me relacionei com Cristo Jesus. Como disse Paulo: "Considero tudo como perda, comparado com a suprema grandeza do conhecimento de Cristo Jesus." Deus me levou a Toronto para que eu pudesse encontrar seu Filho e transformar minha vida para sempre.

Transformação final

Era fevereiro de 1972 quando alguns colegas de ensino médio da Escola Georges Vanier me convidaram para um encontro de oração em certa manhã. Pela primeira vez pude ver pessoas orando e louvando a Deus com força e alegria verdadeiras. Comecei a sentir a mesma sensação que havia experimentado quando, aos 11 anos de idade, tive uma visão do Senhor Jesus. Aquele dia ainda está fresco em minha mente...posso lembrar a sensação de uma força correndo por todo o meu corpo, como se fosse eletricidade.

Lembro-me nitidamente da aparição majestosa do Mestre naquela visão noturna; lembro-me das vestes tão alvas que brilhavam, do manto carmesim que as recobriam. E dos olhos que pareciam enxergar através de mim, abraçando-me com um amor indescritível — e do sorriso que jamais hei de esquecer. Ali estava ele, fitando-me com profundidade, com os braços abertos, estendidos em minha direção; eu vi as chagas de suas mãos e soube que era o Senhor. Foi essa a experiência que me fez compreender que havia um plano traçado para minha vida.

E naquele dia de 1972, observando meus colegas de mãos erguidas orando e louvando a Deus, mesmo sem entender tudo o que eu via, experimentei a mesma sensação, a mesma alegria e o mesmo amor que senti na noite em que vi o Senhor. As únicas palavras que fui capaz de exprimir foram: "Vem, Senhor Jesus, vem, Senhor Jesus."

Uma nova esperança

Tornar-me um cristão "renascido" trouxe-me uma nova esperança, mas não facilitou minha vida em casa. Quase que imediatamente, minha família passou a me ridicularizar e a me diminuir. Para as pessoas do Oriente Médio, quebrar uma tradição é um pecado quase imperdoável, e minha família considerava minha conversão uma vergonha para todos.

Ao oferecer um testemunho para minha família, meu pai reagiu com um tapa em meu rosto, acrescentando: "Se você mencionar o nome do Senhor Jesus mais uma vez, vai desejar não tê-lo dito."

Ao longo dos dois anos seguintes a esse episódio, meu pai e eu mal nos falamos. Ele me ignorava até à mesa e, apesar de a aprovação dele ser importante para mim, não tínhamos um relacionamento verdadeiro.

Aos 21 anos de idade, minha vida parecia estar em ruínas. Eu tinha pouquíssimos amigos e a convivência com minha família se desgastara a ponto de quase sumir. Eu não tinha uma carreira e não enxergava propósito ou esperança para minha vida.

Mas eu tinha o Senhor, e também uma fé inabalável no poder sobrenatural de Deus e também um anseio desesperado de experimentar o maravilhoso e transformador toque divino sobre minha vida.

Poder e presença

Seria o convite de Jim Poynter para participar dos cultos de Kathryn Kuhlman a oportunidade que eu tanto desejava? Pois esse convite não poderia ter vindo em melhor hora.

A viagem até Pittsburgh foi complicada. Uma tempestade de neve transformou o que seria um passeio de sete horas de ônibus, de Toronto a Pittsburgh em um suplício com o dobro do tempo. Mas o atraso se mostrou providencial. Durante a interminável jornada, Jim e os outros passageiros me inspiraram com histórias de milagres ocorridos durante cultos conduzidos pela Senhorita Kuhlman. Dentro de mim, começou a nascer um sentimento de ansiedade e de entusiasmo. Ao chegarmos ao hotel, o relógio já marcava 1h da manhã.

Jim avisou que não teríamos muito tempo para dormir, deveríamos chegar à igreja às 6h, para conseguir bons assentos.

Essa evangelista deve ser especial, pensei, *para fazer as pessoas se levantarem antes do raiar do sol e esperarem no frio congelante apenas para comparecer aos cultos!*

Ao chegarmos à Primeira Igreja Presbiteriana, centenas de pessoas já estavam aguardando no meio da escuridão. Alguns dos presentes haviam levado até mesmo sacos de dormir, aproveitando para descansar nos degraus da frente. Eu era baixo o suficiente para me esgueirar entre as pessoas e chegar mais próximo às portas da igreja, arrastando Jim atrás de mim.

Enquanto esperávamos no frio, algo começou a acontecer dentro de mim. As histórias que Jim havia contado no ônibus, a agitação da multidão crescente, os testemunhos incríveis que eu tinha ouvido das pessoas ao redor — tudo isso colaborou para aumentar a sensação de expectativa em meu coração. Notei que eu estava tremendo, mas não dei muita atenção por conta da espera fria no ar de inverno.

A cada conversa, minha fé se fortalecia. *Hoje*, pensei, *do outro lado dessas portas, encontrarei Deus*. A ansiedade era quase incontrolável.

Cerca de uma hora antes do culto, a multidão crescera tanto que mal havia espaço para respirar.

— Benny — disse Jim —, quando as portas abrirem, corra o mais rápido que puder.

— Por quê? — perguntei, ainda tremendo.

— Senão, passarão por cima de você — ele respondeu.

Quando chegou o momento, corri pela neve em direção à frente da igreja com a multidão bafejando no calcanhar. O banco da frente estava reservado, mas Jim e eu encontramos ótimos assentos na terceira fileira.

Mesmo depois de me sentar, meu corpo continuava tremendo incontrolavelmente por duas horas, desde a espera lá fora. Eu estava contente por entrar no santuário acolhedor. Porém, ainda esperando o início do culto, apesar do conforto e do calor oferecidos pelo santuário, eu continuava tremendo. No começo, aquela experiência me assustou, mas, conforme continuava, mais e mais agradável ela parecia. *O que está acontecendo comigo?* pensei. *Será o poder de Deus?*

Uma hora depois, como saída do nada, uma ruiva radiante trajando um vestido de seda amarelo apareceu no altar. Era Kathryn Kuhlman; ela estampava o maior sorriso que eu havia visto na vida.

Cheio até transbordar

A partir do momento em que ela saudou e convidou o Espírito Santo para o encontro, uma atmosfera de puro regozijo passou a permear o auditório. Enquanto ela conduzia a adoração dos presentes cantando "Quão grande és tu", passamos a adentrar a própria presença de Deus, cantando do fundo da alma:

> *Então minh'alma canta a ti, Senhor,*
> *Quão grande és tu!*
> *Quão grande és tu!*

> *Então minh'alma canta a ti, Senhor,*
> *Quão grande és tu! Quão grande és tu!*

Continuando, a Senhorita Kuhlman nos conduziu pelos cantos de "Algo sobre o nome de Jesus" e "Salvador da minha alma." Minhas mãos alcançavam os céus, lágrimas rolavam em meu rosto, eu adorava a Deus com a profundeza do meu ser, algo que eu jamais havia experimentado como cristão.

Foi naquele momento que tomei consciência das minhas falhas e dos meus fracassos, quando me senti extremamente indigno da bênção de Deus. "Querido Senhor Jesus", orei, "tem piedade de mim."

Então, claro como qualquer outra voz, ouvi as palavras que ele disse em meu coração: "Minha piedade é abundante em você." Naquele momento experimentei uma intimidade com o Senhor que ia além de tudo que eu conhecia, uma experiência que causa impacto em minha vida até hoje.

O culto continuo por mais de três horas. Eu jamais havia presenciado milagres como os que ocorreram ali. Tumores e artrites desapareceram. O surdo recuperou a audição. Pessoas se livravam de muletas e cadeiras de roda. Centenas se amontoaram perante o altar para contar como o Mestre havia tocado sua vida.

Sentado ali, com a face encharcada de lágrimas, eu sabia que o Mestre também havia me tocado. Eu havia chegado àquele encontro com cicatrizes psicológicas e emocionalmente aleijado. Mas fui transformado pelo Espírito de Deus, preenchido com paz e alegria que transcendem a compreensão.

Chaves do poder

Naquele dia, em Pittsburgh, um jovem sedento fora preenchido com o espírito da vida até transbordar. Fui transformado no momento em que ele me tocou e jamais tornei a ser quem eu era.

Eu vejo a mesma sede e o mesmo desejo nos olhos das pessoas que comparecem às nossas cruzadas.

Paixão pelo poder divino

Esse desejo é *muito* importante. Na verdade, ele é o primeiro passo para experimentar o trabalho do Espírito Santo: *é preciso ter paixão pelo poder divino*. Você precisa ter essa fome em seu coração, de tal maneira que faça você continuar procurando até experimentar, em sua própria vida, os milagres descritos na Bíblia, os mesmos milagres que ocorrem ainda hoje.

Quando abrimos o coração para o Espírito Santo, ele derrama a presença divina sobre a alma sedenta de forma semelhante a uma chuva torrencial que cai sobre um solo ressequido. A presença divina se torna real e tangível. Vidas alquebradas são restauradas por essa presença capaz de transformar toda uma vida para sempre.

Eis aqui uma das lições mais poderosas que aprendi sobre a obra do Espírito Santo: ele manifesta sua presença e todo seu poder para aqueles que anseiam sentir o divino toque na vida. A sede espiritual atrai essa bênção assim como um sifão que é usado para transferir líquidos entre um recipiente vazio e outro cheio.

Foi isso que prometeu o Senhor, por intermédio do profeta Isaías, quando disse: "Derramarei água na *terra sedenta*, e torrentes na terra seca; derramarei meu Espírito sobre sua prole, e minha bênção sobre seus descendentes" (Isaías 44:3, ênfase do autor).

Muitas pessoas são espiritualmente vazias, levando uma vida seca e estéril. Mas apenas aqueles que têm a verdadeira sede de sentir a divina presença serão preenchidos até transbordarem. Apenas quem anseia por conhecer o Senhor e quem se rende a ele na fé conseguirá experimentar do poder divino e da obra dele em sua vida.

Compreensão da pessoa

O segundo passo para experimentar a obra do Espírito Santo de diferentes maneiras é ainda mais importante. *É preciso compreender que o Espírito Santo é uma pessoa*; não é uma força, nem uma influência, mas sim uma pessoa. Somente quando compreendemos tal fato é que passamos a nos apropriar de sua obra.

Apesar de a Escritura nos dizer claramente que o Espírito Santo é uma Pessoa real, com intelecto, emoções e vontade, muitos cristãos acabam vivendo como se ele fosse uma força, em vez de uma pessoa. Assim, tais pessoas não conseguirão avançar na vida cristã até que consigam compreender, de forma verdadeira, o fato de o Espírito Santo poder pensar, sentir, perceber, comunicar-se e responder. Ele dá e recebe amor. Ele se aflige quando é machucado.

O Espírito Santo é muito belo, precioso, gentil e amável. Mas precisei estar presente naquele dia em Pittsburgh para compreender de verdade que ele é uma *pessoa* que deseja se relacionar *comigo*.

A pessoa mais maravilhosa

Bem no meio daquele dia de cultos, em 1973, Kathryn Kuhlman interrompeu sua pregação e um silêncio recaiu sobre os presentes.

Curvando a cabeça, ela começou a chorar. Por vários minutos, o único som que se ouvia naquele prédio era o de um profundo soluçar. (Anos depois, a equipe de Kathryn me contou que nada semelhante àquele momento jamais ocorrera, nem antes, nem depois daquele dia.). Enquanto ela chorava, meus olhos acompanhavam cada movimento sutil, minhas mãos agarravam firmemente o banco à minha frente.

Ao levantar a cabeça, pude ver o fogo em seus olhos. "Por favor, não aflijam o Espírito Santo", ela suplicou, com a voz embargada de emoção. "Não machuquem aquele a quem eu amo. Ele é mais real do que qualquer outro ser no mundo. Ele é mais real para mim do que vocês."

Então, a Senhorita Kuhlman descreveu a relação extraordinária que tinha desenvolvido com o Espírito Santo. Ele era um amigo íntimo e uma companhia constante, além de ser a fonte do poder de Deus em sua vida.

Eu nunca havia ouvido alguém falar do Espírito Santo dessa maneira. Como cristão novo, eu fazia uma imagem confusa e nublada do Espírito Santo. Eu sabia sobre os *dons* que ele provê, mas não *o* conhecia de fato.

Até o encontro em Pittsburgh, ninguém jamais conseguira me explicar de maneira plena que o Espírito Santo era uma Pessoa que eu podia conhecer de verdade. Nunca tinha ouvido alguém descrevê-lo como um companheiro íntimo e querido.

Enquanto a Senhorita Kuhlman falava sobre o Espírito Santo, um desejo inexplicável tomou conta do meu coração. Era isso! Aquele era o segredo, eu tinha de conhecer a Pessoa. *Preciso conhecê-lo*, disse para mim mesmo.

De volta a Toronto, eu continuava maravilhado pela experiência. Mal sabia eu o que me esperava no regresso ao lar.

Podemos nos encontrar?

Eu estava exausto fisicamente quando cheguei, mas permanecia tão animado que mal consegui dormir. Assim que deitei na cama, senti como se alguém estivesse me levantando do colchão e fazendo com que eu me ajoelhasse.

No escuro, com os joelhos no chão, pronunciei as palavras que estiveram agitando meu coração durante todo o dia. "Espírito Santo, Kathryn Kuhlman diz que você é amigo dela. Acho que não o conheço bem. Antes desse dia, eu acreditava conhecê-lo, porém, depois das atividades dessa manhã, percebo que não o conheço de verdade."

Como uma criancinha, eu disse: "Precioso Espírito Santo, eu quero conhecer você. Podemos nos encontrar? Podemos nos conhecer de verdade?" Eu sabia que havia encontrado com Deus pela fé no Senhor Jesus e que ele havia transformado minha vida. Mas será que eu poderia conhecer o Espírito Santo da mesma forma que Kathryn Kuhlman?

Durante dez longos minutos, nada aconteceu. Nenhum anjo, nem trombetas, nem vozes majestosas. Decepcionado, comecei a me arrastar de volta para a cama.

De repente, cada átomo do meu corpo começou a vibrar, e senti um calor maravilhoso embrulhar meu corpo, como se alguém estivesse me enrolando em um cobertor bem grosso. Uma incrível sensação de êxtase inundou meu ser. Um amor indescritível começou a encharcar minha alma. Eu não compreendia o que estava acontecendo comigo, mas, bem dentro de mim, eu sabia que o plano de Deus para minha vida começava a se revelar ali.

Foi uma experiência tão gloriosa que eu não conseguia ter certeza se eu estava no céu, em Pittsburgh ou em Toronto. Quando finalmente abri os olhos, ainda tocado pelo poder de Deus, olhei ao redor e descobri que continuava em meu quarto, em Toronto.

Na manhã seguinte, as primeiras palavras que eu disse, sem mesmo saber o motivo, foram: "Bom dia, Espírito Santo."

A presença dele preencheu meu quarto imediatamente, tornando a me envolver em um calor celestial. Durante as oito horas seguintes, minha Bíblia permaneceu aberta enquanto o Espírito Santo me ensinava, por meio da Palavra de Deus, tudo sobre ele.

Quando perguntei por que ele havia vindo, ele me apontou as palavras de Paulo: "Nós, porém, não recebemos o espírito do mundo, mas o Espírito procedente de Deus, para que entendamos as coisas que Deus nos tem dado gratuitamente" (1Coríntios 2:12).

Ele também me mostrou a razão de eu jamais conseguir compreender com profundidade as coisas de Deus sem ajuda dele: "'Olho nenhum viu, ouvido nenhum ouviu, mente nenhuma imaginou o que Deus preparou para aqueles que o amam'; mas Deus o revelou a nós por meio do Espírito. O Espírito sonda todas as coisas, até mesmo as coisas mais profundas de Deus" (1Coríntios 2:9,10).

Naquela manhã, o Espírito Santo se tornou tão real para mim quanto qualquer pessoa que eu já conhecera. Daquele dia em diante, todos os dias, ao raiar do sol, tão logo eu dizia "bom dia" para ele, já o via ao meu lado, ajudando-me a compreender a Bíblia, a orar e permitindo que eu chegasse mais perto do precioso Salvador e maravilhoso Pai celestial.

Eu sentia sua presença em todos os lugares, mas meu quarto era nosso lugar especial. Eu corria do trabalho para casa, voando escada acima, para ter meu momento sozinho com ele.

Houve ocasiões em que nossa amizade era tão intensa que o Espírito Santo dizia: "Por favor, não vá, fique comigo, ainda que por mais cinco minutos."

Não tardou para que eu passasse a pregar o Evangelho e ficasse completamente curado de minha gagueira, pelo poder e presença do Espírito

Santo. Um a um, os membros da minha família entregaram o coração ao Senhor ao verem as maravilhas realizadas por ele em minha vida.

Desde aquele dia até hoje, o Espírito Santo tem sido um companheiro constante e um valioso ajudante. Não há vez em que eu suba no altar para pregar aos milhares que comparecem às nossas cruzadas sem que eu sussurre antes: "Espírito Santo, ande ao meu lado. Este é seu culto, não meu. "

Quando vem o Espírito

Sem sombra de dúvida, muitos milagres acontecem nessas grandes cruzadas pela ação do Espírito Santo, e só é possível começar a compreender tal obra quando se começa também a compreender a personalização do Espírito Santo.

O Espírito Santo deseja ungir você com o poder divino, deseja dar a você a vitória contra a tentação, deseja instruí-lo na Palavra de Deus, inundar você com sabedoria e revelações prepará-lo para o ministério. *Mas, acima de tudo, ele anseia por um relacionamento com você, e por trazê-lo à presença do próprio Deus Todo-poderoso.*

E é o Espírito Santo que torna o Pai e seu Filho, o Senhor Jesus, tão reais em nosso coração e em nossa vida. É por esse motivo que o apóstolo Paulo tanto desejou que os fiéis experimentassem "a comunhão do Espírito Santo" (2Coríntios 13:14). Pois quanto mais o conhecemos, mais sabemos sobre o Pai e sobre o Filho. E o Espírito Santo nunca exalta a si mesmo, em vez disso ele sempre glorifica e engrandece o Senhor Jesus.

Disse o Senhor Jesus do Espírito Santo: "Ele me glorificará, porque receberá do que é meu e o tornará conhecido a vocês" (João 16:14). O Espírito Santo não busca sua própria glória, nem deseja chamar para si toda a atenção, mas, sim, para Jesus.

> Creio em um só Deus, Pai Todo-poderoso, criador do céu e da terra, de todas as coisas visíveis e invisíveis.
> Creio em um só Senhor, Jesus Cristo, Filho Unigênito de Deus, gerado do Pai desde toda a eternidade, Deus de Deus, Luz da

Luz, Deus verdadeiro de Deus verdadeiro, gerado, não criado, consubstancial ao Pai; por ele todas as coisas foram feitas. Por nós e para nossa salvação, desceu dos céus; encarnou por obra do Espírito Santo, no seio da virgem Maria, e fez-se verdadeiro homem. Por nós foi crucificado sob Pôncio Pilatos; sofreu a morte e foi sepultado. Ressuscitou ao terceiro dia, conforme as Escrituras; subiu aos céus, e está sentado à direita do Pai. De novo há de vir em glória, para julgar os vivos e os mortos; e o seu reino não terá fim.

Creio no Espírito Santo, o Senhor, a fonte da vida que procede do Pai; com o Pai e o Filho é adorado e glorificado. Ele falou pelos profetas.

Creio na igreja una, santa, universal e apostólica. Professamos um só batismo para remissão dos pecados. Esperamos a ressurreição dos mortos, e a vida do mundo que há de vir. Amém.

Esse mesmo Espírito Santo anseia por revelar Jesus para você e permitir que você o ame com todo seu coração, com toda sua alma e com todas as forças. Contudo, isso só acontecerá quando você o receber em sua vida em sua vida.

Entrega ao abençoado Espírito Santo

Não há maneira mais digna de expressar nosso amor pelo Senhor do que por meio da entrega diária ao Espírito Santo. Na verdade, essa é uma rotina *essencial* para quem deseja conhecer na intimidade a pessoa do Espírito Santo e experimentar de forma profunda toda sua obra. Essa entrega só é possível pela oração e humildade diante do Senhor.

As pessoas muitas vezes me perguntam: "Todo mundo é capaz de experimentar o Espírito Santo como você o fez? Será que somos todos capazes de ver o Espírito Santo realizar as mesmas coisas que você experimentou?" A resposta é *sim!* Não é preciso nenhum dom especial, apenas entrega e humildade. Portanto, não se trata de perguntar: "Terei esse dom?" A pergunta correta é: "Consigo me entregar completamente ao Espírito?"

Eis como se dá o início desse processo. Quando se começa a conhecer o Senhor, ele passa a manifestar a si mesmo e seu amor por você. Depois, essa comunhão cresce e se intensifica até que você seja levado a dizer: "Senhor Jesus, a ti entrego minha vida, minha mente, meu coração, meus sonhos, minhas emoções, meus pensamentos; dou-os todos a ti. Entrego espírito, corpo e alma. Faz de mim o que quiseres."

Ao se entregar para ele, só então o Espírito Santo começa a ensinar, não apenas sobre a própria pessoa, mas sobre tudo o que o Pai preparou para você (João 14:26). Com isso, ele lhe concede toda sua força e fé vivas. Pois declarou Isaías: "Na quietude e na confiança está o seu vigor" (Isaías 30:15).

Tudo aquilo que diz respeito à Palavra de Deus se torna mais forte, e tudo o que é ligado à oração se torna mais rico. Aquela passagem da Escritura que você já deve ter lido umas dez mil vezes se torna mais poderosa do que jamais fora devido à presença do Espírito Santo. A comunhão com Deus se torna mais rica como você jamais sonhou; tudo por causa da presença do Espírito Santo. A paz e a tranquilidade se instalam em sua vida e, pela primeira vez, você irá compreender o que pretendia o Senhor Jesus ao dizer: "A minha paz lhes dou." Tudo isso será seu, pelo Espírito Santo.

Convidado bem-vindo

Dennis Bennett, o pastor episcopal que ajudou a introduzir a renovação carismática nas principais denominações, costumava comparar o Espírito Santo a um convidado que visita sua casa: enquanto você está na cozinha preparando um lanche, dizia Bennett, seu convidado permanece sentado em silêncio na sala de estar, esperando você falar com ele. Ele não irrompe na cozinha, bradando: "Estou esperando você." Em vez disso, é capaz de esperar por horas até você se sentar e conversar com ele. O Espírito é um verdadeiro cavalheiro, e não tenta prevalecer sobre você ou qualquer pessoa que seja.

Ele não se intromete em nossa vida, nem força sua presença sobre nós. *Mas permanecerá sempre por perto das pessoas que desejam sua companhia.*

Precisamos receber o Espírito Santo em todos os momentos de nossa vida cotidiana permitindo que ele realize sua obra em nós e por meio de nós — em casa, no trabalho, na escola, na igreja, onde quer que estejamos. Sua maravilhosa presença deve agraciar nossos recantos de oração, nossos estudos bíblicos, nossa adoração e o relacionamento com todas as pessoas.

Ele anseia por se tornar a *sua* melhor companhia e o *seu* melhor ajudante. Mas cabe a você fazer o convite. Ele está esperando que você diga: "Bem-vindo, Espírito Santo."

Venha comigo nesta jornada

Desde os primeiros dias de meu ministério eu tenho sonhado em colocar este livro em suas mãos.

Bom dia, Espírito Santo serviu para apresentar a você a *pessoa* do Espírito Santo. Agora, você está prestes a descobrir a *obra* notável do Espírito Santo.

As ações de uma pessoa revelam quem ela é. Na verdade, não é possível apreciar a obra de uma pessoa até entendermos quem ela é. O mesmo vale para o Espírito Santo. Quanto melhor você compreender quem ele é como pessoa, mais será capaz de compreender, de experimentar e de se apropriar da obra dele.

Desse modo, é assim que iremos começar. Vamos olhar quem ele é, o que ele já fez e o que ele deseja fazer nos dias de hoje.

Este livro irá ajudar você a compreender a pessoa do Espírito Santo e a se apropriar de seu poder. Oro para que, conforme lê as páginas deste livro, você seja inundado pela presença divina e para que o poder dele se revele "não por força nem por violência, mas pelo meu Espírito." Quando chegar à última página deste livro, você irá dizer: "Bem-vindo, Espírito Santo."

CAPÍTULO 2

A pessoa única e divina do Espírito Santo

Aproximadamente 700 pessoas lotavam a igreja ortodoxa Grega de Toronto no outono de 1982. Era um rico santuário, adornado com ícones coloridos e arte sacra.

O padre dessa linda igreja era uma personificação magnífica dessa grande tradição religiosa; ele trazia uma barba longa e sua roupa era decorada e cheia de movimento. Pendendo de seu pescoço estavam três cruzes adornadas com joias. Ele parecia bastante honrado — e *muito nervoso*.

Nos primeiros lugares da igreja estava toda a família Hinn — minha mãe, meus irmãos e irmãs, tias, tios e uma hoste de primos — além de alguns amigos íntimos.

Diante de nós estava o caixão de meu pai, Costandi. Ele morreu com apenas 58 anos, vítima de um câncer de pulmão. Papai era fumante desde adolescente. Mesmo depois de entregar sua vida a Cristo muitos anos atrás, o cigarro permaneceu como hábito do qual ele lutava para se livrar.

Como meus pais haviam sido criados na igreja ortodoxa, minha mãe insistiu para que o funeral fosse realizado segundo aquela tradição. Durante as preparações, ela disse ao sacerdote: "Tenho apenas um pedido: desejo que meu filho, Benny, conduza o culto."

O padre ficou extremamente contrariado. "Não", ele disse, "é impossível."

Ela olhou para ele e disse, ríspida:

— Esse é um funeral de família, e você irá fazer aquilo que nós pedirmos.

Surpreso pela demonstração de firmeza, o sacerdote por fim aceitou, relutante.

— Claro, Sra. Hinn. O que deseja que eu faça?

— Bem, apenas inicie o culto — respondeu. — Faça o que tiver de fazer, depois deixe meu filho conduzir.

No início da cerimônia, olhei ao redor e percebi que a igreja estava repleta de pessoas que conheciam nossa família, mas que jamais haviam experimentado um relacionamento com o Senhor Jesus.

O padre andava de um lado para o outro, espalhando o aroma que vinha do incensório — um recipiente ornamental suspenso por uma corrente presa à sua mão. O caixão, que antes estava aberto, agora era fechado.

A atmosfera revelava enorme tristeza. As pessoas choravam abertamente a perda de um amigo e conhecido. Depois de realizar algumas tarefas cerimoniais, o padre se dirigiu para sua cadeira especial e fez um gesto para que eu me levantasse.

"Ele não está aqui!"

Fui até o caixão e permaneci em silêncio por um instante. Quando mirei o sacerdote, vi que mantinha a cabeça baixa. Eu não pude perceber se ele estava em uma profunda oração ou se evitava ver outra pessoa conduzindo um funeral em sua igreja.

Então, passou pela minha mente o trecho da Escritura que declara: "Irmãos, não queremos que vocês sejam ignorantes quanto aos que dormem, para que não se entristeçam como os outros que não têm esperança" (1 Tessalonicenses 4:13).

De frente para um público em choque, comecei a esmurrar o caixão com os punhos. Então, peguei o caixão com as mãos e, literalmente, o sacudi. "Ele não está aqui!", bradei. "Meu pai não está aqui."

Esmurrando o caixão, olhei o padre com o canto do olho. Seus olhos estavam bem abertos. Ele estava na beira da cadeira, perplexo. Todos os presentes se exaltaram, enquanto eu continuava: "Ele não está aqui! Meu pai nasceu de novo, e a Bíblia diz que estar ausente do corpo é estar na presença do Senhor."

Comecei a pregar o evangelho. Em vez de falar sobre meu pai, passei a falar sobre o Senhor Jesus — como ele havia vindo para a terra, como havia morrido e voltado dos mortos, e como aqueles que nele creem viverão para sempre ao seu lado por meio do poder do Espírito Santo. Paulo diz: "Se o Espírito daquele que ressuscitou Jesus dentre os mortos habita em vocês, aquele que ressuscitou a Cristo dentre os mortos também dará vida a seus corpos mortais, por meio do seu Espírito, que habita em vocês" (Romanos 8:11).

Ao fim da mensagem, que durou cerca de 30 minutos, chamei minha mãe e meus irmãos e irmãs para se juntarem a mim ao lado do caixão. Todos eles haviam encontrado em Cristo um Salvador, e três de meus irmãos já estavam no ministério. Minha esposa Suzanne se juntou a nós em um círculo ao redor do caixão, enquanto cantávamos:

> *Ele é Senhor! Ele é Senhor!*
> *Ressurreto dentre os mortos, Ele é Senhor! Todo joelho se dobrará, toda língua confessará. Que Jesus Cristo é o Senhor.*

Nós erguemos as mãos para o céu e repetimos os versos. Então, com grande alegria, nos unimos em louvor: "Então minh'alma canta a ti, Senhor. Quão grande és tu! Quão grande és tu."

Eu gostaria que você estivesse lá. Não havia música. O único som que ecoava naquele edifício era o da solitária família que conhecia o Senhor Jesus. Ali permanecemos com os olhos fechados, louvando ao Senhor.

Momentos depois, enquanto continuávamos a cantar, olhei para as pessoas e notei que muitos dos presentes enxugavam as lágrimas. De imediato, fiz um convite para que essas pessoas aceitassem Cristo como o Salvador.

A primeira pessoa a dar um passo adiante foi um dos meus primos. Ele pegou minha mão e disse: "Quero ter o mesmo que você tem." Por causa daquele culto, algumas almas nasceram no Reino de Deus.

Para mim, era simplesmente impossível olhar para o caixão e dizer: "Meu pai está aí." Não era verdade. Ali havia apenas um corpo — apenas um recipiente.

Era como se a mão fosse retirada da luva. Não se pode dizer: "Olhe só o que a luva é capaz de fazer." Ela não tem vida; está morta. Meu pai não estava no caixão. Mas, um dia, pelo poder do Espírito Santo, Deus irá fazer ressurgir aquele recipiente. Os adormecidos em Cristo se levantarão. Os mortais serão feitos imortais.

Seu amigo mais íntimo

A ressurreição de Cristo e a promessa de ressurreição dos mortos são os fundamentos da vida cristã. Sem eles, nossa fé se torna fútil, o perdão dos pecados vira ilusão e a esperança do reencontro com "os adormecidos em Cristo" não passa de fantasia. Para resumir, nós "somos, de todos os homens, os mais dignos de compaixão" (1Coríntios 15:12-19). Porém, por causa da garantia e da certeza de que todo fiel tem na ressurreição, nossa fé é segura, o perdão é certo e a esperança de sermos reunidos com aqueles que se foram antes de nós, não irá falhar.

A certeza da ressurreição se baseia na certeza da ressurreição do Senhor Jesus: "Mas cada um por sua vez: Cristo, o primeiro; depois, quando ele vier, os que lhe pertencem" (1Coríntios 15:23). E como essa ressurreição acontece? Diz Paulo: "Se *o Espírito daquele que ressuscitou Jesus dentre os mortos* habita em vocês, aquele que ressuscitou a Cristo dentre os mortos também dará vida a seus corpos mortais, por meio do seu Espírito, que habita em vocês" (Romanos 8:11).

Portanto, o Espírito Santo é a chave para derrotar o inimigo implacável da humanidade, a saber, a morte. Mas o Espírito do Senhor é uma *força* ou um *amigo*? O Espírito Santo é um *poder* ou uma *pessoa*? A resposta a essa pergunta faz toda a diferença do mundo.

O Espírito Santo é muito mais do que uma força ou do que um poder. No início de minha caminhada cristã, eu não pensava muito no Espírito Santo nem como uma coisa, nem como outra. Eu não pensava muito a respeito até aquela manhã maravilhosa em Pittsburgh, em que Kathryn Kuhlman olhou para as pessoas presentes no culto e disse, sobre o Espírito Santo: "Ele é mais real para mim do que vocês."

Essa declaração de Kathryn fez com que eu parasse meus pensamentos. Ela não estava se referindo a uma força remota e impessoal que pairava em uma nuvem mística sob a qual ela desejava dobrar suas vontades, ela se referia a uma *pessoa*, a um *amigo* a quem ela conhecia de maneira bastante íntima. Quando me dei conta da personificação do Espírito Santo, disse a ele que eu também desejava conhecê-lo como amigo. Foi essa descoberta que me levou não só a encontrar forças para meu ministério, mas também para construir um relacionamento crescente com a pessoa mais doce e maravilhosa que conheço: o Espírito Santo. Eu garanto, há muita glória em compreender a personificação do Espírito Santo!

Posso garantir, por causa de minha experiência pessoal, que quando você parar de aprender *sobre* o Espírito Santo e passar a *conhecê-lo* como pessoa, sua vida jamais voltará a ser a mesma. Em vez de tentar acrescentar o poder dele em sua vida, você acaba se entregando a ele, ao seu amor, à sua vontade, e à sua orientação.

Yonggi Cho, pastor da maior igreja de Seul, na Coreia do Sul, descreve a mesma experiência em seu livro *Successful Home Cell Groups*, onde ele diz: "Quando começo a pregar, digo em meu coração: 'Querido Espírito Santo, estou começando, vamos juntos! Dê-me todo o conhecimento, toda a sabedoria e discernimento e eu irei espalhar para as pessoas.'" Depois, ele acrescenta: "Depois de terminar o sermão, sento e digo: 'Querido Espírito Santo, fizemos um ótimo trabalho juntos, não é? Louvado seja Deus!'"[1]

Assim, como podemos perceber, a diferença entre o Espírito Santo ser uma força ou uma pessoa não poderia ser mais profunda:

- Quando tratamos o Espírito Santo como *poder*, desejamos controlá-lo.
- Quando tratamos o Espírito Santo como *pessoa* divina, desejamos que ele se apodere de nós.
- Quando tratamos o Espírito Santo como *poder*, desejamos que ele realize nossas vontades.
- Quando tratamos o Espírito Santo como *pessoa* divina, desejamos nos entregar totalmente a ele.
- Quando tratamos o Espírito Santo como *poder*, sentimos orgulho por possuí-lo e nos sentimos superiores àqueles que não o possuem.

- Quando tratamos o Espírito Santo como *pessoa* divina, tornamo-nos humildes porque, em seu grande amor, a Terceira Pessoa da Trindade escolheu habitar em nós.²

Infelizmente, milhões de pessoas veem o Espírito Santo apenas como uma força ou influência celestial. Tais pessoas demonstram enorme consideração por ele e dele falam com enorme reverência sem, no entanto, conhecer sua companhia e sem com ele comungar. Isto é duplamente triste porque, *primeiro*, é absolutamente fútil tentar compreender a obra do Espírito Santo sem primeiro conhecê-lo como pessoa; e *segundo*, essas pessoas deixam de desfrutar das vantagens da maravilhosa comunhão com o Espírito Santo.

Como Cristo, a *pessoa* do Espírito Santo é eterna e viva. Quando digo que o Espírito Santo é uma pessoa, *não* pretendo dizer que ele tem um corpo da forma como eu e você conhecemos. Não obstante, ele não é desprovido de forma. Além disso, em certo sentido, nós nos tornamos seu corpo quando ele habita em nós.

Do mesmo modo que eu, você e qualquer outra pessoa, ele possui intelecto, vontade e emoções. Meu amigo Rodman Williams resume a teologia muito bem:

> Que o Espírito Santo é o próprio Deus, que ele é uma pessoa, e que sua pessoa é de uma realidade distinta — tudo isso transcendendo a compreensão intelectual — é a afirmação universal daqueles que experimentaram dos mistérios de suas idas e vindas. Sabemos que ele é, completamente, Deus e que ele é uma profunda personificação. Ele não é o Pai nem o Filho, mas pode ser intensamente experimentado por meio das ações deles. Ele é, certamente, o Espírito de ambos (como já foi repetidamente provado); no entanto, a nenhum dos dois é idêntico. Por tudo isso, pode a fé cristã se regozijar ao cantar: 'Glória ao Pai, ao Filho e ao Espírito Santo!'³

Como sabemos que o espírito é uma pessoa

O próprio Senhor Jesus colocou um ponto final na personificação do Espírito Santo quando se recusou a falar sobre o Consolador (o abençoado Espírito Santo) como se fosse uma "coisa." A palavra grega para "espírito" (*pneuma*), normalmente admite ser tratada por "isso" —, mas Jesus demonstrou a personificação do Espírito Santo ao se referir usando a palavra "ele": "Quando o Espírito da verdade vier, *ele* os guiará a toda a verdade. Não falará de si mesmo; falará apenas o que ouvir, e lhes anunciará o que está por vir" (João 16:13) — grifo do autor.

Assim como você possui uma personalidade única, o mesmo acontece com o Espírito Santo. Na verdade, existem características a ele atribuídas que apenas uma pessoa (isto é, um ser com intelecto, vontade e emoções) poderia possuir. Ele não só possui a habilidade de pensar, de se comunicar e de expressar seu amor, como é também facilmente atingido por palavras e ações impensadas.

Eis algumas evidências específicas que nos permitem conhecer o Espírito Santo como pessoa.

1. Ele possui intelecto

O Espírito Santo é capaz de pensar? Será que ele pode raciocinar e se lembrar? De acordo com a Palavra de Deus, ele possui tais habilidades, uma vez que, como pessoa, possui intelecto.

Apenas uma pessoa com intelecto tem a capacidade de explorar, de examinar e de procurar. E tudo isso o Espírito do Senhor é capaz de fazer. Por exemplo, não conseguimos prever com profundidade aquilo que Deus preparou para o futuro, "mas Deus o revelou a nós por meio do Espírito. *O Espírito sonda* todas as coisas, até mesmo as coisas mais profundas de Deus" (1Coríntios 2:10).

O Espírito de Deus tem conhecimento de tudo, mesmo assim, ele procura até nas profundezas e na magnitude dos planos do Pai e compartilha tal conhecimento conosco. "Pois, quem conhece os pensamentos do homem, a não ser o espírito do homem que nele está? Da mesma forma, ninguém conhece os pensamentos de Deus, a não ser o Espírito de Deus"

(v. 11). Fica claro, nessa passagem, que ele não é apenas um mero revelador da verdade, mas também um ser que conhece *pessoalmente* a verdade. A própria Escritura declara que o Espírito Santo possui mente:

> Também o Espírito, semelhantemente, nos assiste em nossa fraqueza porque não sabemos orar como convém, mas o mesmo Espírito intercede por nós sobremaneira, com gemidos inexprimíveis. E aquele que sonda os corações sabe qual é *a mente do Espírito*, porque segundo a vontade de Deus é que ele intercede pelos santos (Romanos 8:26, 27, ARA).

Perceba três aspectos dessa passagem: *primeiro*, o Espírito Santo *ora* por nós. *Segundo*, ele *vasculha* os corações. *Terceiro*, ele possui mente ("a mente do Espírito"). Aqui, a palavra "mente" é abrangente e engloba "as ideias de raciocínio, emoção e propósito."[4]

O Espírito Santo opera em nosso favor. O Senhor Jesus deixou isso claro quando prometeu que o Espírito Santo "lhes *ensinará* todas as coisas e *lhes fará lembrar* tudo o que eu lhes disse" (João 14:26). Foi isso que fez o Espírito Santo pela nação de Israel: "Deste o teu bom Espírito para *instruí-los*. Não retiveste o teu maná que os alimentava, e deste-lhes água para matar a sede" (Neemias 9:20). Os versículos citados destacam o papel ativo de educador do Espírito Santo, papel que só é possível para um ser com intelecto.

Em João 15:26, aprendemos que ele não apenas *ensina*, como também *testifica*: "Quando vier o Conselheiro, que eu enviarei a vocês da parte do Pai, o Espírito da verdade que provém do Pai, ele *testemunhará* a meu respeito." Ele não só nos ajuda a testemunhar, como também ele próprio dá seu testemunho, uma ação que requer intelecto.

Em João 16:12-15, o Salvador se refere ao Espírito Santo como nosso *guia*. De que modo ele guia? "O Espírito receberá do que é meu e o tornará conhecido a vocês" (v. 15). Não se trata de uma transferência mística de conhecimento; trata-se de "ouvir" as coisas de Deus e de "falar" sobre elas aos fiéis (v. 13). As ações de ouvir e de repetir o que se ouve claramente requerem um intelecto.

2. Ele possui vontade

Quando Cristo retornou aos céus, deixou o Espírito Santo no comando da Igreja. Ele tem vontade própria e exerce a responsabilidade de tomar decisões na terra.

A gama de dons espirituais disponíveis para os fiéis não é concedida ao acaso. Disse Paulo: "Pelo mesmo e único Espírito, e ele as distribui, individualmente, a cada um, *como quer*" (1Coríntios 12:11).

As pessoas que trabalham no Reino de Deus estão sujeitas também às orientações do Espírito do Senhor. Paulo disse para os anciãos da igreja de Éfeso: "O Espírito Santo *os colocou* como bispos" (Atos 20:28).

Mesmo Cristo, após admoestar as sete igrejas no Apocalipse, disse: "Aquele que tem ouvidos ouça *o que o Espírito diz* às igrejas" (Apocalipse 2:7).

É vital que permaneçamos de acordo com as orientações do Espírito Santo.

3. Ele possui emoções

O Espírito Santo não é uma entidade desprovida de sentimentos, incapaz de demonstrar compaixão ou preocupação. Ele é uma pessoa com coração e emoções. Eis duas maneiras pelas quais ele expressa emoção.

Primeiro, o Espírito Santo pode amar

O amor é mais do que uma característica do Espírito Santo, o amor *é* o próprio caráter dele.

Uma de minhas passagens favoritas, escrita pelo apóstolo Paulo: "Rogo-vos, irmãos, por nosso Senhor Jesus e pelo amor do Espírito, que luteis juntamente comigo por meio das vossas orações a meu favor diante de Deus" (Romanos 15:30, KJV).

Esse versículo é muito especial para mim, pois conheci pessoalmente o amor do Espírito Santo. Ele tem cuidado de mim de maneira bastante especial.

Deixe-me contar a maior história de amor que conheço. *Deus me amava tanto* que enviou seu Filho. *O Filho me amava tanto* para morrer por mim.

E *o Espírito Santo me amava tanto* que ele veio e revelou o Senhor Jesus para mim. Esse mesmo Espírito Santo continua a me amar e a me ajudar a ser cada vez mais como o Senhor Jesus.

Segundo, o Espírito Santo pode ser ferido

O Espírito de Deus é tão gentil e amoroso que foi comparado a uma pomba. É muito fácil machucá-lo. Assim como o Senhor Jesus foi "profundamente entristecido por causa do coração endurecido deles" (Marcos 3:5), o Espírito Santo também pode ser afligido por ações e atitudes equivocadas.

Paulo não falava para o mundo, mas para a Igreja, quando deu este duro aviso: "Não entristeçam o Espírito Santo de Deus, com o qual vocês foram selados para o dia da redenção" (Efésios 4:30).

A palavra "afligir" significa "atormentar, causar tristeza, vexar, ofender, insultar ou causar dor." O Espírito Santo tem um coração tenro que chora com facilidade por você e por mim. A ele causamos dor e até vergonha, quando falhamos em viver a vida cristã como bem entendermos.

Antes mesmo do aviso de que não devemos afligir o Espírito Santo, também nos é dito:

- Não deem lugar ao Diabo (v. 27).
- Não furte mais (v. 28).
- Nenhuma palavra torpe saia da boca de vocês (v. 29).

Então, Paulo nos orienta como podemos *agradá-lo* em vez de afligi-lo: "Livrem-se de toda amargura, indignação e ira, gritaria e calúnia, bem como de toda maldade. Sejam bondosos e compassivos uns para com os outros, perdoando-se mutuamente, assim como Deus os perdoou em Cristo" (Efésios 4:31, 32).

O Espírito do Senhor conhece os corações e, ao nos mantermos puros e justos, evitamos magoá-lo.

4. Ele pode falar

Pouco depois de começar a conhecer o Espírito Santo, li o versículo que declara: "Porque vocês são filhos, Deus enviou o Espírito de seu Filho ao coração de vocês, e ele *clama*: 'Aba, Pai'" (Gálatas 4:6).

Quando percebi que o Espírito Santo nos preenche e nos capacita a falar com intimidade com o Pai, supliquei: "Senhor, preenche-me e permite que eu fale com o Pai — permite que eu fale de modo a agradá-lo." De repente, das profundezas da minha alma, todo meu ser começou a suplicar: "Pai, Pai." Enquanto os fiéis de Antioquia louvavam o Senhor, "*disse o Espírito Santo*: 'Separem-me Barnabé e Saulo para a obra a que os tenho chamado'" (Atos dos Apóstolos 13:2). É o louvar que convida a presença do Senhor e prepara o terreno para que ele fale *para* nós e *por meio* de nós.

Timóteo escreveu: "*O Espírito diz claramente* que nos últimos tempos alguns abandonarão a fé" (1 Timóteo 4:1).

O Espírito Santo não só fala diretamente como também escolhe para falar *por meio* de seu povo. Davi declarou: "*O Espírito do Senhor falou por meu intermédio*; sua palavra esteve em minha língua" (2Samuel 23:2).

Lembre-se de que a voz do Espírito Santo não é exclusiva para poucas pessoas, nem reservada para ocasiões especiais. Ele anseia por falar com você hoje e todos os dias. Eu oro para que você sempre ouça a voz dele.

5. Ele pode ser insultado

O autor do livro de Hebreus refletiu sobre os perigos de pecar depois de receber o conhecimento da verdade. Ele relembra o fato de que quem rejeita a Lei de Moisés na presença de duas ou três pessoas morre *sem misericórdia*.

Então, ele pergunta: "Quão mais severo castigo, julgam vocês, merece aquele que pisou aos pés o Filho de Deus, profanou o sangue da aliança pelo qual ele foi santificado, e *insultou o Espírito da graça*?" (Hebreus 10:29). Aqui, a palavra "insultou" carrega em si a ideia de "tratar com enorme desprezo ou com arrogância ofensiva."

Quando falhamos em reconhecer a importância da morte de Cristo por nós na cruz, acabamos *insultando* o Espírito Santo.

Fiquei estarrecido quando ouvi, recentemente, um membro da igreja dizer: "Não vamos cantar nenhum hino que fale de sangue. Isso pode ser ofensivo para muitas pessoas." Que insulto para o Espírito Santo!

É perigoso remover o sangue ou diminuir a importância do sacrifício de Cristo em nosso lugar. Quando incorremos em tais erros, decidimos fechar a porta para o Espírito Santo e abrir lugar para Satanás. Lembre-se, o Espírito Santo jamais teria sido enviado à terra no dia de Pentecoste se Cristo não tivesse derramado seu sangue e retornado ao Pai.

Acho espantoso constatar que há igrejas em que as mensagens de arrependimento e de salvação nunca são ensinadas. Fala-se de Cristo como de uma pessoa com boa moral, mas as pessoas nunca são convidadas a chegar à cruz para serem limpas do pecado.

E por que insultar o Espírito Santo é algo tão grave? Porque agir assim implicaria abrir mão de sua presença — algo que eu jamais quero que aconteça.

O fim da bênção e da divina comunhão com o Espírito Santo seria pior que qualquer castigo que consigo imaginar.

6. Pode-se mentir para ele

Um dos Mandamentos que Deus transmitiu a Moisés para que ele ensinasse ao povo de Israel é "Não mintam" (Levítico 19:11). Essa ordem foi dada não só para balizar as relações entre os homens, mas também aquela com o Espírito de Deus.

O apóstolo Pedro passou a desfrutar de uma intimidade crescente com o Espírito Santo após a notável experiência que teve no cenáculo. Ele conhecia a natureza gentil e sensível do Espírito Santo e também sabia como o Espírito pode ser facilmente afligido. O amor de Pedro pelo gentil Espírito Santo era tão intenso que ficou registrada, no livro dos Atos dos Apóstolos, a reação quase divina de ira que ele teve ao descobrir a conspiração de Ananias e de Safira, que tramavam mentir para o Espírito Santo. Você provavelmente conhece a história, mas talvez já tenha se perguntado o porquê de o castigo ter sido tão severo.

O referido casal havia vendido uma pequena parte de sua propriedade, depois fingiram ter consagrado toda ela ao Senhor quando, na verdade, apenas parte dela fora oferecida. Então, Pedro disse: "Ananias, como você permitiu que Satanás enchesse o seu coração, a ponto de você mentir ao

Espírito Santo e guardar para si uma parte do dinheiro que recebeu pela propriedade?" (Atos dos Apóstolos 5:3). E disse mais: "O que o levou a pensar em fazer tal coisa? Você não mentiu aos homens, mas sim a Deus" (v. 4). Primeiro Ananias, depois Safira foram fulminados e mortos depois de pecar contra Deus ao mentir para o Espírito Santo (vv. 5, 9, 10).

Já que o Espírito do Senhor é uma pessoa, pode-se mentir para ele. Nós, fiéis, devemos tomar muito cuidado e jamais esquecer que ele é Deus Todo-poderoso!

7. Pode-se blasfemar contra ele

Tem havido muita discussão a respeito do "pecado imperdoável" — a blasfêmia contra o Espírito Santo. O Senhor Jesus tratou do assunto quando disse: "Todo pecado e blasfêmia serão perdoados aos homens, mas a *blasfêmia contra o Espírito* não será perdoada [...] nem nesta era nem na que há de vir" (Mateus 12:31, 32).

É muito importante entender o contexto desses versículos. Jesus havia acabado de expulsar os demônios de um homem possuído, curando-o, durante o processo, da cegueira e da mudez que o afligiam (Mateus 12:22). A multidão que testemunhou o milagre reagiu com espanto, dizendo: "Não será este o Filho de Davi?" (v. 23).

Os fariseus, no entanto, reagiram de maneira completamente diferente. Vendo o que acabara de fazer o Senhor Jesus, disseram em uníssono: "É somente por Belzebu, o príncipe dos demônios, que ele expulsa demônios" (v. 24). Por favor, note como essa reação foi *deliberada*. Os fariseus eram estudantes das leis, senhores do povo e *testemunhas oculares* dos milagres do Senhor Jesus. Em sua raiva, desprezo e pequenez, *sabendo exatamente o que faziam*, atribuíram os milagres de Cristo à obra de Satanás. Eles atribuíram o poder do Espírito Santo que operava na vida do Senhor Jesus ao agir do maligno.

Essa decisão temível é um exemplo de blasfêmia contra o Espírito Santo, como o Senhor explica solenemente nos escritos de Marcos: "Quem blasfemar contra o Espírito Santo nunca terá perdão: é culpado de pecado eterno" (Marcos 3:29).

Tanto em Mateus como em Marcos, o pecado "imperdoável" consistiu em atribuir a Satanás, *de forma premeditada*, os milagres realizados por Cristo por meio do poder do Espírito Santo.[5]

Eu não gostaria de estar na pele de alguém que deliberadamente aponta o dedo para a obra de Deus, dizendo: "Isto é coisa do demônio."

Se você está preocupado em evitar cometer o pecado imperdoável, saiba que é improvável que você, de fato, chegue a cometê-lo. A blasfêmia é um ato *premeditado*, não um infortúnio *acidental*.

A rejeição de Paulo a Cristo e a perseguição que ele empreendeu contra a igreja, por exemplo, foram ações *acidentais*, em vez de terem sido *premeditadas*. Ele disse: "*Anteriormente fui blasfemo*, perseguidor e insolente; mas alcancei misericórdia, porque o fiz por *ignorância* e na minha incredulidade" (1Timóteo 1:13). Ele provou do perdão completo a seus pecados involuntários e se tornou um dos maiores apóstolos da história da Igreja.

8. Pode-se resistir a ele

Você consegue imaginar o que é resistir à pessoa mais amável da terra? Pois essa é uma prática contínua realizada por aqueles que não o conhecem.

Estêvão, cheio do Espírito Santo, colocou-se diante do Sinédrio — o mais alto tribunal dos judeus — e disse: "Povo rebelde, obstinado de coração e de ouvidos! Vocês são iguais aos seus antepassados: *sempre resistem ao Espírito Santo!*" (Atos dos Apóstolos 7:51).

Ele não estava falando para os santos de Deus, mas para os infiéis — aqueles que se diziam *religiosos*, mas, na verdade, não passavam de *rebeldes*.

Apesar de tais homens serem fisicamente circuncidados, eles se comportavam como os pagãos das nações incircuncisas que rodeavam Israel. Quando Cristo esteve na terra, eles o odiaram e combateram cada uma das causas que o Senhor apoiou.

Estêvão, defendendo sua fé ante a face da morte, olhou nos olhos de seus acusadores e disse: "Vocês sempre resistiram ao Espírito."

Rejeitar a Deus não era novidade para essas pessoas aparentemente religiosas. Você lembra o que os Filhos de Israel faziam enquanto Moisés estava no monte Sinai recebendo a Lei? Eles adoravam ao novilho dourado, rejeitando tanto a Deus quanto a seu representante. Eles disseram a Arão: "Venha, faça para nós deuses que nos conduzam" (Êxodo 32:1).

A resistência contínua ao Espírito Santo acaba silenciando a voz de Deus, como declara Zacarias no capítulo 7, versículos 11-13:

> Mas eles se recusaram a dar atenção; teimosamente viraram as costas e taparam os ouvidos. Endureceram o coração e não ouviram a Lei e *as palavras que o Senhor dos Exércitos tinha falado, pelo seu Espírito*, por meio dos antigos profetas. Por isso o Senhor dos Exércitos irou-se muito [e disse:] 'Quando eu os chamei, não me deram ouvidos; por isso, *quando eles me chamarem, também não os ouvirei*', diz o Senhor dos Exércitos.

Em vez de prestar atenção às palavras do Espírito Santo, Israel as ignorava deliberadamente. É *extremamente* perigoso recusar-se a ouvir as palavras do Espírito Santo, pois chegará o tempo em que ele irá ignorar suas palavras do mesmo modo com que você ignora as dele.

Ao longo do meu ministério, eu conheci pessoas que resistiram à ação do Espírito Santo — não uma, mas dezenas de vezes. Ao tomar tal atitude, silenciaram o Espírito. Aqueles que resistem ao Espírito Santo devem compreender que Deus deu um aviso soberano: "Meu Espírito não contenderá com ele para sempre" (Gênesis 6:3). A Escritura declara que Deus é deveras paciente, mas que há um limite nas tentativas dele de lidar com os homens. Está escrito em Provérbios 29:1: "Quem insiste no erro depois de muita repreensão, será destruído, sem aviso e irremediavelmente."

9. Ele pode ser aplacado

O *mundo resiste* ao Espírito Santo, mas os *fiéis* podem, com efeito, *aplacá-lo*. A admoestação de Paulo: "Não apaguem o Espírito" é uma ordem bastante clara (1Tessalonicenses 5:19). A imagem aqui usada equivale a extinguir uma fogueira.

Note que o apóstolo não estava falando aos pecadores, mas aos "irmãos" (v. 12).

Qual é a importância de tal orientação? A ela precede uma lista de mandamentos, que incluem:

- consideração para com os que se esforçam no trabalho entre vocês (v. 12);
- vivam em paz uns com os outros (v. 13);
- advirtam os ociosos;
- confortem os desanimados;
- auxiliem os fracos;
- sejam pacientes para com todos (v. 14);
- que ninguém retribua o mal com o mal (v. 15);
- sejam sempre bondosos uns para com os outros e para com todos (v. 15);
- alegrem-se sempre;
- orem continuamente;
- deem graças em todas as circunstâncias (vs. 16-18).

Depois de apresentar essa maravilhosa lista como sendo "a vontade de Deus para vocês", Paulo declara: *"Não apaguem o Espírito"* (v. 19).

Há uma grande diferença entre *resistir* e *aplacar*. Um infiel *resiste* ao Espírito rejeitando a mensagem do evangelho e recusando-se a permitir que o Espírito Santo opere em sua vida. Os filhos de Deus, no entanto, *aplacam* um fogo que já começou a arder.

Também conheci algumas pessoas que oram pedindo *alguns* dos dons do Espírito Santo —, mas não todos eles. Oh, eles amam o dom da fé e o dom do ensino, ou o dom da caridade; porém, quando se trata do poder sobrenatural de Deus e dos dons de cura, essas pessoas logo apanham um extintor espiritual e miram diretamente as chamas.

Lembre-se sempre de que, quando o *aplacamos*, negamos a ele a oportunidade de abençoar e de tocar a nossa vida, assim como negamos também a oportunidade de ele tocar a vida de outras pessoas por meio de nós.

O círculo do amor

Parece que o céu inteiro está unido na lealdade e em inabalável amor pelo Espírito Santo. No *Antigo Testamento*, vemos o Espírito Santo ser tão amado pelo *Pai* que o Pai o defende de qualquer ataque. Durante a peregrinação pelo deserto, os filhos de Israel "se revoltaram e entristeceram o seu Espírito Santo. Por isso ele se tornou inimigo deles e lutou pessoalmente contra eles" (Isaías 63:10).

Nos *Evangelhos*, vemos o Espírito Santo ser tão amado pelo *Filho*, que ele avisa solenemente os fariseus que foram insolentes o bastante a ponto de atribuir a obra do Espírito Santo a Satanás: "Não falem contra o Espírito Santo" (cf. Mateus 12:32).

Em *Atos dos Apóstolos*, vemos o Espírito Santo ser tão amado por *Pedro* que ele se ergue corajosamente em defesa do Espírito Santo em face daqueles que procuravam mentir para ele, dizendo, em essência: "Nunca minta para ele" (cf. Atos dos Apóstolos 5:3).

Na Carta aos *Efésios*, vemos o Espírito Santo ser tão amado por *Paulo* que ele avisa a igreja de Éfeso: "Não entristeçam o Espírito Santo" (Efésios 4:30).

Em todos esses exemplos vejo o Pai, o Filho e a Igreja montarem guarda contínua em defesa daquele a quem tanto amam.

É natural sempre defendermos aqueles por quem temos sentimentos profundos. Na Divindade, o Espírito Santo é aquele a quem nos é orientado jamais afligirmos ou ofendermos.

Assim, disse Jesus Cristo: "Você pode falar de mim, e eu irei perdoar-lhe. Mas se você falar dele, não haverá perdão."

O Pai não disse: "Vocês entristeceram *a mim*." Ele declara: "Vocês entristeceram *meu Espírito*" (Isaías 63:10).

Já perguntei para diversos teólogos e já procurei diligentemente nas Escrituras, mas não achei qualquer lugar em que a Palavra ordena "não entristeçam o Pai" ou "não entristeçam o Filho". Porém, *sempre* lemos: "Não entristeçam o Espírito."

Um novo manto

Eu desejaria que houvesse uma palavra adequada para descrever o ano em que me aproximei da pessoa do Espírito Santo. Durante todo o ano de 1974, Deus Todo-poderoso permitiu que eu adentrasse seu mais íntimo santuário.

O ministério que o Senhor me confiou não nasceu da fraqueza, mas de uma visita transformadora do Espírito Santo. Eu não recebi uma bênção ou um "manto" de Kathryn Kuhlman, ou de qualquer outra pessoa. O que o Espírito do Senhor me deu era fresco e novo e assim permanece até hoje.

Noite após noite eu me trancava em meu quarto — às vezes, até as duas ou três horas da manhã, conversando e comungando com o Espírito Santo.

Bastava eu dizer "Espírito Santo" para ele aparecer. Meu quarto se enchia com uma atmosfera tão elétrica e tão linda que todo o meu corpo começava a tinir. Conforme aquela presença se intensificava, um torpor recaía sobre mim. Por vezes era algo tão intenso que eu me sentia fraco demais para me mover.

Eu não conseguia compreender por que eu tinha essas sensações. Se eu permanecesse de pé, logo caía no chão. Se ficasse em minha cama, tinha de dobrar as pernas e me encostar na parede.

Durante esses momentos, conforme eu ia conversando com o Espírito Santo, cada palavra que saía de minha boca parecia muito densa, muito rica de significado e de sentimento. Eu perdia a noção do tempo, permanecendo consciente apenas da riqueza da comunhão que partilhávamos. Muitas vezes durante esse magnífico período de comunhão eu me ouvia dizendo palavras de amor e de poesia para o Senhor Jesus, literalmente ouvindo as profundezas de meu ser exprimindo as mais incríveis palavras para o Senhor. Oh, a doçura dos momentos em que conversei com o Senhor Jesus usando as mais belas e celestiais palavras!

Assim, consegui conhecer intimamente o Espírito Santo, compreendendo o enorme amor dele pelo Senhor Jesus. Comecei a compreender o que as Escrituras pretendiam ao declarar que o Salvador "se destaca entre dez mil" (Cantares de Salomão 5:10), e por que o Espírito Santo usa de tantos nomes maravilhosos para descrever Jesus Cristo, o Amado. Em meu coração começou a crescer o amor pelo Senhor Jesus. Comecei a viver, verdadeiramente, a experiência do compositor que, imerso em louvor e exaltação, declarou adoravelmente:

> *Belo Salvador! Senhor das Nações!*
> *Filho de Deus e Filho do Homem! Glória e honra,*
> *Louvor, adoração*
> *Agora e todo o sempre para ti!*[6]

A mudança de Cláudio

É impossível prever o que irá acontecer quando o Espírito de Deus se tornar real em sua vida.

Meses depois de *Bom Dia, Espírito Santo* ter sido traduzido para o espanhol, um pastor de Buenos Aires, na Argentina, viajou até Orlando para passar algum tempo comigo. Seu nome é Claudio Freidzon.[7] Claudio é o fundador de uma igreja em Buenos Aires que chegou a 3 mil membros em apenas quatro anos. Ele havia lido *Bom Dia, Espírito Santo* e ficara convencido de que Deus o estava chamando para ir a Orlando para que eu pudesse orar com ele. Apesar de muitos de seus amigos terem tentado convencê-lo do contrário, ele obedeceu ao Espírito Santo.

Durante o culto da noite de domingo, coloquei minhas mãos sobre ele e orei para que Deus realizasse uma obra magnífica na Argentina. O que eu não havia percebido era que a mensagem daquele livro havia transformado por completo a vida dele. O Espírito Santo havia se tornado intensamente real para ele, e estava prestes a se tornar igualmente real para multidões na Argentina.

Quando Claudio retornou a seu país, começamos a receber notícias *maravilhosas*. Ele passou a pregar a mensagem da realidade do Espírito Santo e o reavivamento varreu toda a Argentina. Conforme Claudio conduzia as pessoas a experimentarem o louvor e a exaltação, missionários relatavam que a glória *shekinah* do Senhor parecia descer na ocasião desses encontros. A revista da Assembleia de Deus, *Mountain Movers*, relata que "Em dezembro de 1992, Claudio alugou um auditório com capacidade para

12 mil pessoas, o maior de Buenos Aires, para realizar seu culto. Quando o edifício ficou lotado e a força policial fechou as portas, 25 mil pessoas ainda esperavam para entrar, em uma fila que interditou duas importantes avenidas. Essas pessoas tiveram de esperar três horas para presenciarem um segundo culto."[8] O que começara com a iniciativa de Claudio de seguir o Espírito Santo hoje se espalhou para centenas de pastores e igrejas.

Mais de dois mil ministros já vieram da Argentina para presenciar uma de nossas cruzadas nos Estados Unidos e para testemunhar a ação do poder de Deus, todos retornando repletos do poder de Deus para usarem em sua vida e no ministério.

Recentemente fizemos uma cruzada em Buenos Aires em que mais de 100 mil pessoas compareceram, e isso apenas no primeiro culto. Mas tudo começou com Claudio Freidzon decidindo visitar Orlando.

Se você está pronto para experimentar a obra do Espírito Santo, permita que eu faça um convite para que você o conheça como pessoa. Como disse R. A. Torrey:

> Antes de se poder compreender corretamente a obra do Espírito Santo, é preciso compreender o próprio Espírito. Uma fonte de erros e fanatismos frequentes a respeito da obra do Espírito Santo reside na tentativa de estudar e compreender sua obra sem, primeiro, conhecê-lo como pessoa.[9]

O Espírito Santo é divino

Ele é uma pessoa, sim, mas também é necessário que você compreenda que ele é uma pessoa *divina*. Assim como o Pai (João 6:27, Efésios 4:6) e o Filho (Hebreus 1:8) são divinos, também o é o Espírito Santo (Atos dos Apóstolos 5:3,4).

O Senhor Jesus comunicou de forma plena a divindade do Espírito quando disse: "Portanto, vão e façam discípulos de todas as nações, batizando-os em nome do Pai e do Filho e do Espírito Santo" (Mateus 28:19). Se o Espírito Santo não fosse divino, não o encontraríamos igualmente ligado ao Pai e ao Filho nas Escrituras.

Pedro refere-se ao Espírito Santo, em Atos dos Apóstolos 5:4, como "Deus." Quando Ananias e Safira não cumpriram integralmente o procedimento da venda da propriedade e fingiram ter realizado ele todo, Pedro perguntou: "Ananias, como você permitiu que Satanás enchesse o seu coração, a ponto de você *mentir ao Espírito Santo* e guardar para si uma parte do dinheiro que recebeu pela propriedade?" (Atos dos Apóstolos 5:3). Depois, acrescentou: "Você não *mentiu* aos homens, mas sim *a Deus*" (v. 4).

Não há diferença alguma entre mentir para o Espírito Santo ou para Deus uma vez que o Espírito Santo é divino, isto é, ele possui todos os atributos da divindade.

Porém o Espírito Santo não é apenas Deus, ele é também Senhor. A Bíblia declara: "Ora, *o Senhor é o Espírito* e, onde está o Espírito do Senhor, ali há liberdade" (2Coríntios 3:17). Além do mais: "Nós, [...] segundo a sua imagem estamos sendo transformados com glória cada vez maior, a qual vem do *Senhor, que é o Espírito*" (v. 18).

O Salmos 95 é uma declaração maravilhosa de louvor ao Senhor. O primeiro versículo nos convoca a cantar "ao Senhor", e continua louvando quem ele é e o que ele fez. Encontramos essa mesma Escritura citada em Hebreus 3:7-11, mas, onde o salmo usa o termo *Senhor*, o autor de Hebreus atribui as mesmas palavras ao *Espírito Santo*: "Assim, *como diz o Espírito Santo*: 'Hoje, se vocês ouvirem a sua voz, não endureçam o coração, como na rebelião, durante o tempo da provação no deserto'" (Hebreus 3:7, 8).

Quem está falando? O "Espírito Santo" que falou em Hebreus 3 é o mesmo "Senhor" que falou em Salmos 95. O Espírito Santo é tão Deus quanto o Pai e o Filho o são. Eles são a Trindade. Ele é o Deus de Abraão, Isaque e Jacó. Lembre-se sempre de que o Antigo e o Novo Testamento reconhecem o Espírito Santo como Deus e Senhor.

Meu amigo, você jamais conseguirá começar a dar ao Espírito Santo o lugar que pertence a ele até que consiga enxergar quem ele é. Porém, uma vez que você consiga ver *quem ele é*, então poderá começar a apreciar *o que ele faz*.

Para compreender de forma plena a obra do Espírito Santo, precisamos perceber que ele não é um mero embaixador do Todo-poderoso — ele é um membro divino da Divindade. Como disse Billy Graham: "Não há nada que Deus seja que o Espírito Santo não seja. Todos os aspectos essenciais da divindade pertencem ao Espírito Santo."[10]

Quando eu ainda era um jovem cristão, antes de meu encontro transformador com o Espírito Santo, eu não o conhecia nem havia comungado com ele. Ele era uma entidade inescrutável e distante a quem eu reverenciava e temia mais do que amava. Ele não havia sido revelado à luz com que agora o vejo. Hoje eu o conheço como Deus Todo-poderoso, igual ao Pai e ao Filho em glória, majestade, honra e beleza, e posso experimentar de seu tenro amor. Como os outros membros da Trindade, o Espírito Santo apresenta três características distintas.

O Espírito Santo é onipresente

O Espírito Santo é onipresente — está presente em todos os lugares. Muitas vezes, quando estou longe de minha família em uma cruzada ou quando estou em algum evento palestrando, acabo ouvindo coisas engraçadas que quero compartilhar com minha esposa, mas sou impedido pelo fato de ela permanecer em Orlando. Ou então, quando vejo uma criança fazer algo que me traga à lembrança um de meus queridos filhos, no mesmo instante sinto uma saudade incrível deles.

A despeito de todas as implicações teológicas da onipresença, o aspecto dela que mais me chama a atenção é o fato de a pessoa mais graciosa e maravilhosa da existência estar comigo *onde quer* que eu vá. Nunca tenho de sentir saudades dele, nunca tenho de desejar que ele estivesse comigo, nunca preciso viajar e deixá-lo para trás.

Onde quer que eu vá, lá ele estará. Amo aquilo que está escrito em Salmos 139:

> *Para onde poderia eu escapar do teu Espírito? Para onde poderia fugir da tua presença?*
> *Se eu subir aos céus, lá estás;*

> *Se eu fizer a minha cama na sepultura, também lá estás. Se eu subir com as asas da alvorada*
> *E morar na extremidade do mar,*
> *Mesmo ali a tua mão direita me guiará e me susterá.*
> *(Salmos 139:7-10)*

O Espírito Santo é onisciente

A Terceira Pessoa da Trindade sabe de tudo. Há uma hoste de versículos que deixam isso claro. Por exemplo, Isaías perguntou:

> *Quem definiu limites para o Espírito do Senhor*, ou o instruiu como seu conselheiro? A quem o Senhor consultou que pudesse esclarecê-lo, e que lhe ensinasse a julgar com justiça? Quem lhe ensinou o conhecimento ou lhe apontou o caminho da sabedoria? (Isaías 40:13,14).

Paulo acrescenta:

> *O Espírito a todas as coisas perscruta*, até mesmo as profundezas de Deus. Porque qual dos homens sabe as coisas do homem, senão o seu próprio espírito, que nele está? Assim, também as coisas de Deus, ninguém as conhece, senão o Espírito de Deus (1Coríntios 2:10,11 ARA).

Lewis Sperry Chafer bem o disse: "...não se pode negar que, se o conhecimento que o Espírito possui alcança as profundezas de Deus, *tudo mais o é igualmente compreensível para ele.*"[11]

No entanto o Espírito de Deus não sabe apenas sobre as coisas de Deus, *ele sabe tudo sobre você*; na verdade — ele conhece você melhor do que você mesmo. As palavras do salmo que falam de Deus estão totalmente relacionadas ao Espírito Santo:

> Senhor, tu me sondas e me conheces. Sabes quando me sento e quando me levanto; de longe percebes os meus pensamentos.

Sabes muito bem quando trabalho e quando descanso; todos os meus caminhos são bem conhecidos por ti. Antes mesmo que a palavra me chegue à língua, tu já a conheces inteiramente, Senhor. Tu me cercas, por trás e pela frente (Salmos 139:1-4a).

O Espírito Santo torna esse conhecimento disponível para seus servos pela "palavra de sabedoria", que é um vislumbre da condição da vida de uma pessoa. No meu caso, ele não só revela certos problemas de saúde, como também me diz o que fazer e, algumas vezes, ele revela *o que está fazendo* durante o culto. É assim que sei a quem e do que ele está curando, quais hinos ele deseja que eu cante, e o que ele pretende que eu faça. Eu obedeço à orientação do Espírito Santo por causa dessa onisciência. Confio nele plenamente.

O Espírito Santo é onipotente

A onipotência do Espírito Santo pode ser demonstrada de forma por meio de três ações poderosas:

- *Criação*, ao fazer surgir o universo a partir do nada.
- *Animação*, ao fazer surgir a vida a partir da não vida.
- *Ressurreição*, ao fazer surgir a vida a partir da morte.

O Espírito Santo teve participação ativa na *criação* do universo: "[O Espírito de Deus] se movia sobre a face das águas" (Gênesis 1:2). Ao comentar esse versículo, Allen Ross observou, corretamente: "Foi por meio do Espírito que o Senhor Deus criou com soberania tudo que existe (v. 2b)."[12]

O Espírito Santo também se envolveu ativamente na obra da *animação*, isto é, na tarefa de dar vida: "O Espírito de Deus me fez; o sopro do Todo-poderoso me dá vida" (Jó 33:4).

Podemos alcançar o crescimento na relação com o poder do Espírito Santo por meio da *ressurreição do Senhor Jesus*. Pois diz a Bíblia: "Pois também Cristo sofreu pelos pecados uma vez por todas, o justo pelos injustos, para conduzir-nos a Deus. *Ele foi morto no corpo, mas vivificado pelo Espírito*" (1Pedro 3:18). Apesar de todo o poder que nós, humanos, temos em virtude da ciência e da nossa genialidade, nenhum ser humano conseguiu trazer os mortos de volta à vida. Mas o Espírito Santo consegue, e o fará. Enquanto esperamos o dia da ressurreição, não podemos esquecer que esse *poder* incrível de ressurreição está disponível agora *mesmo*.

Oro também para que os olhos do coração de vocês sejam iluminados, a fim de que vocês conheçam a esperança para a qual ele os chamou, as riquezas da gloriosa herança dele nos santos e a *incomparável grandeza do seu poder para conosco, os que creem*, conforme a atuação da sua poderosa força. Esse poder ele exerceu em Cristo, ressuscitando-o dos mortos e fazendo-o assentar-se à sua direita, nas regiões celestiais, muito acima de todo governo e autoridade, poder e domínio, e de todo nome que se possa mencionar, não apenas nesta era, mas também na que há de vir. Deus colocou todas as coisas debaixo de seus pés e o designou cabeça de todas as coisas para a igreja, que é o seu corpo, a plenitude daquele que enche todas as coisas, em toda e qualquer circunstância (Efésios 1:18-23).

É hora de viver, operar e ministrar para as pessoas não com força própria, mas por meio do grandioso poder de ressurreição do Espírito Santo!

Toda vez que olho para uma lâmpada, faço questão de lembrar que a fonte de energia daquela luz está longe da vista. Em algum lugar há um gerador produzindo energia. Nem sempre refletimos sobre isso, quanto mais compreendemos — mas desfrutamos dos benefícios, mesmo assim. O Espírito Santo é o nosso gerador para uma vida abundante — escondido da vista. Ele é a fonte da vida abundante de que desfrutamos.

Sim, quando você conhecer o Espírito Santo, irá descobrir que ele é o "poder do Altíssimo", você irá aprender que nada acontece em sua vida sem o poder dele. Então passará a ser cada vez mais dependente dele na caminhada de sua vida cristã, glorificando diariamente o Senhor Jesus. Você irá aprender que ele não é só forte e poderoso, mas também gentil, sensível e generoso. E ele *irá* iluminar seu caminho.

O Espírito Santo é eterno

O autor de Hebreus declara: "Quanto mais o sangue de Cristo, que pelo *Espírito eterno* se ofereceu de forma imaculada a Deus, purificará a nossa consciência de atos que levam à morte, para que sirvamos ao Deus vivo" (Hebreus 9:14).

Ele *é* eterno, sempre foi e sempre será. Ele não tem começo nem fim. O Espírito Santo não apareceu de repente quando foi enviado à terra para dar poderes aos fiéis depois da ascensão de Cristo. Confiável, consistente, amoroso — ele é sempre o mesmo e sempre será o mesmo; o Espírito Santo eterno jamais o decepcionará. Ele é o mesmo ontem, hoje e sempre!

Depois de conhecer o Espírito Santo, descobri o quão confiável, consistente e amável ele é. Ele *nunca* muda, *nunca* decepciona e é *sempre* compreensivo e muito paciente. Na verdade, eu apenas comecei a conhecê-lo — e ainda há muito mais para descobrir sobre ele. Muito me anima saber que terei toda a eternidade para conhecê-lo!

CAPÍTULO 3

"Repentinamente do Céu"

Tio Michael

Ainda consigo me lembrar do maravilhoso cheiro de couro do Ford modelo T de meu tio Michael. Para os curiosos ocasionais ele parecia apenas um carro de colecionador, mas, para mim, era uma máquina do tempo, um veículo que me transportava para os lugares sobre os quais eu lia na Bíblia. Para um menino que crescia em Israel no começo da década de 1960, poder explorar a Margem Ocidental e a Cidade Antiga de Jerusalém com meu tio Michael no Ford-T era a maior aventura que eu poderia desejar.

"Aquelas são caveiras *de verdade*?", perguntei, com os olhos esbugalhados como bolas de bilhar. Diante de mim viam-se fileiras e mais fileiras de pequenos esqueletos. O monastério da Igreja Ortodoxa Grega, que era o repositório daqueles ossos, sustentava que aqueles eram os restos das crianças mortas a mando de Herodes em sua insana tentativa de acabar com aquele que viria a ser o Rei dos Judeus. "Oh sim", respondeu meu tio Michael, emendando a história daquela terrível noite do massacre, contando sobre o choro irrefreável das mulheres desoladas que teriam trocado, com muita alegria, sua própria vida pela vida de seus filhos. Eu consegui me imaginar como uma daquelas crianças, imaginei minha mãe soluçando enquanto era empurrada por centuriões que vinham em minha direção com as espadas desembainhadas. "Nunca se esqueça disso, Benny", disse meu tio Michael, "apesar de os homens fazerem o pior, o propósito de Deus nunca falha."

Eu só conseguia ver o tio Michael e o resto da família de minha mãe por alguns poucos dias no ano. Veja, nós vivíamos em Israel, enquanto tio Michael e o resto da família viviam em Ramallah, uma cidade da Margem Ocidental sob domínio da Jordânia antes de 1967. Toda a família vivia em Israel e, apesar de estarmos separados por apenas alguns quilômetros, só podíamos nos encontrar uma vez por ano durante alguns dias no Natal, quando as viagens até a Margem Ocidental eram permitidas. Dependendo do dia da semana em que caía o Natal, esses encontros duravam de dois a quatro dias.

As comunidades armênia, católica e ortodoxa muitas vezes celebram o Natal em datas diferentes. Fico um pouco envergonhado de contar, mas meu pai costumava dizer aos oficiais da fronteira que éramos armênios, católicos ou ortodoxos, dependendo da data que nos permitisse passar o maior tempo juntos em Ramallah! Devo confessar que agradeço aos oficiais da fronteira por fazerem vista grossa quanto a isso.

Não consigo colocar em palavras o quanto eu apreciava os momentos com tio Michael. Eu costumava sonhar com o encontro durante meses. Mesmo hoje posso descrever melhor o carro dele do que sua casa, já que as viagens até lá pareciam mais um duradouro passeio de carro.

No começo da década de 1960, quando o programa de televisão *Missão Impossível* era popular nos Estados Unidos, tio Michael tinha sua própria "missão impossível" da vida real: atulhar tantos parentes no Modelo T quanto possível e (com alguns) visitar tantos pontos turísticos na Margem Ocidental quanto permitissem os poucos dias que passávamos juntos.

Tio Michael levava ambas as partes da missão muito a sério. Por consequência, viajavam no Modelo T o tio Michael, minha mãe, meus irmãos Chris e Willy, minha irmã Rose, meus três primos — e eu. Sem cinto de segurança, sem *airbags*, sem "espaço para respirar", todos espremidos atravessando as colinas da Judeia, sempre esperando algum acidente acontecer. Nós cantávamos, conversávamos (em várias línguas e ao mesmo tempo), brigávamos por espaço, comíamos e dávamos instruções para tio Michael — tudo ao mesmo tempo. Era maravilhoso.

E os lugares que visitávamos! Veja, tio Michael não consultava guia algum para escolher os passeios; ele consultava a Bíblia. Visitamos Jericó, a tumba de Absalão, a Igreja do Santo Sepulcro, o Gólgota (pontos turísticos tradicionais), a cidade velha de Jerusalém e os mercados. Verdadeiramente explorávamos cada viela e cada recanto daquela cidade grande e histórica.

Visitamos Belém, e não só a manjedoura — fomos a lugares afastados que poucas pessoas têm a chance de conhecer. Conhecemos esses lugares e muitos outros em tempo recorde, com muito carinho e amor. Essas memórias são sagradas para mim.

Em cada parada, tio Michael nos contava as histórias da Bíblia ligadas ao lugar que estávamos visitando. Oh, e como isso acrescentava profundidade e riqueza às histórias! Minha interpretação do contexto das histórias não vem de um livro, de um mapa ou de uma planta —, mas de lugares que eu verdadeiramente conhecia e experimentava.

Por conta do tio Michael, das viagens com a escola e apenas por morar na terra da Bíblia, pude desenvolver desde cedo uma compreensão sobre os lugares em que os eventos narrados na nela aconteceram de verdade, algo que permanece gravado em minha memória até os dias de hoje.

O Collège de Frère

No mesmo instante em que meu pai me matriculou na pré-escola, as freiras e os monges começaram a me ensinar as lições do catecismo da igreja católica a partir de um Novo Testamento escrito em francês.

Durante os anos de Ensino Médio, estudei a Lei e os Profetas do Antigo Testamento, em hebraico, no Collège de Frère de minha cidade natal Jaffa, em Israel. Por viver em Israel, o Antigo Testamento era ensinado do mesmo modo com que a história americana é ensinada às crianças dos Estados Unidos. O Antigo Testamento contém a história da nossa nação. Esse treinamento me deu as bases para que eu pudesse assentar o grande drama da redenção que seguiria.

A escola do espírito

Depois de uma década de estudos sobre a Bíblia, de toda uma vida vivida na Terra Santa e das maravilhosas viagens com tio Michael, eu conseguira assimilar mais conhecimento sobre a Palavra de Deus do que conseguia perceber.

Pode-se dizer que eu tinha dominado a Bíblia —, mas a Bíblia não me dominara. E só depois de eu renascer naquele dia em Toronto foi que tudo o que eu aprendera começou a ganhar significado e importância.

Então, quando o Espírito Santo irrompeu em cena, a Palavra começou a se tornar fogo que queimava dentro de mim. A Bíblia subitamente transbordava transparência e convicção, êxtase e poder. Eu tinha fome de aprender mais do que a história e a geografia dos profetas — eu ansiava saber o que se passava no coração dos profetas. Por fim me identifiquei com o profeta Isaías, quando ele clama: "A minha alma suspira por ti durante a noite; e logo cedo o meu espírito por ti anseia" (Isaías 26:9).

Conforme o Senhor começou a revelar sua Palavra para mim, descobri que, assim como a vinda do Senhor Jesus à terra havia sido antecipada pelos profetas, o mesmo aconteceu com a vinda do Espírito Santo.

Preparando o caminho

No Antigo Testamento, o Espírito de Deus repousava em poucas pessoas que eram designadas para conduzir as missões especiais do Senhor. Algumas eram pessoas comuns, enquanto outras eram reis e sacerdotes. Moisés sabia o que era sentir a presença de Deus, por isso orou: "Quem dera todo o povo do Senhor fosse profeta e que o Senhor pusesse o seu Espírito sobre eles!" (Números 11:29).

A súplica que veio de seu coração seria um dia atendida, quando Deus enviou seu Espírito Santo para seu povo, no dia de Pentecoste. Deus começou a falar, nos tempos do Antigo Testamento, por meio de seus servos, os profetas, sobre a grande visita que estava por vir. O Senhor prometeu: "E, depois disso, *derramarei do meu Espírito* sobre todos os povos. Os seus filhos e as suas filhas profetizarão, os velhos terão sonhos, os jovens terão visões" (Joel 2:28). Depois, ele disse a Isaías: "Derramarei água na terra sedenta, e torrentes na terra seca; *derramarei meu Espírito* sobre sua prole, e minha bênção sobre seus descendentes" (Isaías 44:3).

Por meio do profeta Ezequiel, que veio depois, disse Deus: "*Porei o meu Espírito em vocês* e os levarei a agirem segundo os meus decretos e a obedecerem fielmente às minhas leis" (Ezequiel 36:27).

Ezequiel descreveu uma visão extraordinária. Ele viu um vale que estava repleto de ossos ressecados. Então, o Senhor pediu a ele: "Profetize a esses ossos e diga-lhes: 'Ossos secos, ouçam a palavra do Senhor!'" (Ezequiel 37:4).

Eis aqui o que Deus prometeu. Ele prometeu colocar seu sopro nos ossos para que eles tornassem a viver. E aconteceu. Enquanto Ezequiel profetizava, houve um barulho — um som de chocalho. Os ossos começaram a se juntar. Tendões e carne apareceram, e eles foram recobertos por pele. E "o espírito entrou neles; eles receberam vida e se puseram de pé. Era um exército enorme" (v. 10).

A visão de Ezequiel retratou um evento futuro. Disse Deus: *"Porei o meu Espírito em vocês*, e vocês viverão" (Ezequiel 37:14).

Esse grandioso evento de profecia fora prometido pelo Senhor em Provérbios 1:23:

> Eis que *derramarei copiosamente para vós outros o meu espírito* e vos farei saber as minhas palavras (Provérbios 1:23, ARA).
> Note que a palavra hebraica aqui usada para "espírito", "*ruach*", *pode* e, na minha opinião, *deve* ser traduzida como "Espírito."

A poderosa visita que transformou minha vida também foi predita há muito pelos servos de Deus do Antigo Testamento, entre os quais se incluem Isaías, Ezequiel e Joel. Ele também disse a Zacarias: "'Não por força nem por violência, mas pelo meu Espírito', diz o Senhor dos Exércitos" (Zacarias 4:6).

Porém como se cumpririam as promessas de Deus feitas aos profetas? Quando é que ele iria enviar seu Espírito para o mundo?

Jesus prometeu

A respeito da vinda do Espírito Santo, o Senhor Jesus dizia aos discípulos, em diversos momentos importantes, que se preparassem para receber algo que viria de cima.

Primeiro, ele disse aos discípulos que o retorno aos céus era também do interesse deles. "Mas eu lhes afirmo que é para o bem de vocês que eu vou. Se eu não for, o Conselheiro não virá para vocês; mas se eu for, eu o enviarei" (João 16:7).

Há um bom motivo para o Senhor ter deixado a terra do modo como o fez. Enquanto Jesus Cristo, a Segunda Pessoa da Trindade, estivesse aqui em carne, ele estaria preso a certas limitações: somente uns poucos poderiam conhecê-lo, ouvi-lo e com ele comungar. Havia 12 apóstolos, mas apenas três deles desenvolveram uma relação pessoal com o Senhor Jesus — Pedro, Tiago e João. O Senhor Jesus estava limitado por seu corpo terreno.

O Salvador disse ainda: "Tenho ainda muito que lhes dizer, mas vocês não o podem suportar agora." Ele tinha muito ainda a ensinar; porém, sem a obra do Espírito Santo para que eles pudessem compreender e aplicar os ensinamentos do Senhor Jesus, aprenderam apenas o quanto lhes fora permitido.

Eles não podiam suportar tudo que Cristo poderia ensinar enquanto estava na terra (João 16:12). Ele gentilmente declara:

> Mas quando o Espírito da verdade vier, ele os guiará a toda a verdade. Não falará de si mesmo; falará apenas o que ouvir, e lhes anunciará o que está por vir. Ele me glorificará, porque receberá do que é meu e o tornará conhecido a vocês. Tudo o que pertence ao Pai é meu. Por isso eu disse que o Espírito receberá do que é meu e o tornará conhecido a vocês (João 16:13-15).

Nada seria capaz de substituir o tempo maravilhoso que os discípulos tiveram com o Senhor — testemunhando milagres e ouvindo a voz do Mestre. Não obstante, ele disse: "É para o bem de vocês que eu vou." Depois, ele fez a promessa: "Eu pedirei ao Pai, e ele lhes dará outro Conselheiro para estar com vocês para sempre" (João 14:16).

Havia muitos ensinamentos que o Senhor desejava transmitir, mas os discípulos não estavam preparados, pois ele disse: "Tenho ainda muito que lhes dizer, mas vocês não o podem suportar agora" (João 16:12).

Muito me alegra o Senhor ter usado a palavra "agora". Embutida nesse termo está a enorme promessa de que haveria um tempo em que as pessoas conseguiriam compreender as verdades transformadoras que ele desejava comunicar, tempo que se iniciou com a vinda do Espírito Santo no Dia de Pentecostes.

Falando ao "homem interior"

Quando o Senhor Jesus estava na terra, muito do que ele falava não era compreendido totalmente por seus seguidores. Em certas ocasiões, ele precisava admoestar os ouvintes, dizendo: "Por que vocês têm tão pouca fé? Não conseguem ver? Não conseguem compreender?"

A mente natural tem enorme dificuldade em receber verdadeiramente as coisas de Deus. Esse é um dos motivos por que o Senhor Jesus falava muito por parábolas.

O Senhor Jesus sabia que, quando o Espírito Santo chegasse, os discípulos aprenderiam mais sobre o Mestre do que quando caminhavam juntos na terra. O Espírito Santo iria revelar o Senhor Jesus ao coração dos discípulos. Como resultado, eles por fim poderiam receber a verdade, absorvê-la e viver com a abundância da vida que o Salvador reservava para eles.

Jesus, nosso Senhor, fez a seguinte promessa: "Quando o Espírito da verdade vier, ele os guiará a toda a verdade. Não falará de si mesmo; falará apenas o que ouvir, e lhes anunciará o que está por vir" (João 16:13).

Agora que o Espírito Santo chegou, você e eu podemos receber a verdade que muitas pessoas buscaram de forma diligente, ainda que não pudessem encontrá-la. Por conta da vinda do Espírito Santo, a verdade de Deus está disponível para todo fiel faminto e diligente, uma verdade que preenche não apenas a mente, mas também o coração.

Você foi adotado!

Quando me tornei cristão, meu pai e eu começamos a nos estranhar. Naquele tempo, ele não conseguia compreender minha fé.

Durante os anos de conflito em casa, tive apenas um lugar para me esconder. Por meio da obra maravilhosa do Espírito Santo, meu Pai celestial se tornou real para mim, provendo com abundância o calor e a intimidade que tanto faltavam em casa. Muitas foram as vezes em que bastava dizer a palavra "pai" para eu começar a chorar. Por meio do Espírito Santo, minha relação com ele começou a crescer e, quanto conforto isso me trouxe! Ainda mais importante, foi ter sido *adotado* pela família de Deus. Comecei a compreender o que o Senhor Jesus pretendia quando disse: "Não os deixarei órfãos; voltarei para vocês" (João 14:18).

É o Espírito Santo que muda a nossa condição de órfãos para filhos de Deus, com todos os direitos e privilégios. Quando ele vem, começamos a entender o amor e a graça do Pai. Disse Paulo: "Pois vocês não receberam um espírito que os escravize para novamente temer, mas receberam o Espírito que os adota como filhos, por meio do qual clamamos: 'Aba, Pai'" (Romanos 8:15).

A adoção tem início com a salvação: "Contudo, aos que o receberam, aos que creram em seu nome, deu-lhes o direito de se tornarem filhos de Deus" (João 1:12).

Como filho de Deus, todo dia me alegro por ter sido perdoado, reconciliado e ter sido feito filho, pois a Bíblia diz que ele *"nos predestinou para sermos adotados como filhos* por meio de Jesus Cristo, conforme o bom propósito da sua vontade" (Efésios 1:5). Lembre-se, é o Espírito Santo que torna possível a cada fiel ser recebido na família de Deus.

"Eu quero!"

É impossível glorificar o Senhor Jesus Cristo sem que o Espírito Santo transmita a verdade. Diz a Escritura: "Ele me glorificará, porque receberá do que é meu e o tornará conhecido a vocês" (João 16:14). Elevar o nome do Senhor Jesus não significa apenas dizer: "Eu te glorifico" ou "Eu te louvo." É mais do que isso. A glorificação acontece por meio de nossas ações — a cada palavra e de cada ação realizada durante toda a vida no poder do Espírito Santo, vivendo a verdade dele todos os dias. Quando isso acontece, então o mundo fica livre do pecado e as pessoas se subjugarão ao poder do Espírito Santo segundo o modo como vivem.

O Senhor Jesus também disse que, quando o Espírito Santo vier, ele "convencerá o mundo do pecado, da justiça e do juízo" (João 16:8).

Meu amigo Jim Poynter costumava me contar sobre grandes evangelistas do passado, como John Wesley, Charles Finney e Dwight L. Moody. Eles carregavam consigo a presença do Senhor de tal modo que há muitos relatos de que, em certas ocasiões, bastava que pisassem no palco para que as pessoas da plateia pudessem sentir o poder penetrante do Espírito Santo.

Quando Jonathan Edwards realizou seu famoso sermão "Pecadores nas mãos de um Deus irado", as pessoas que o ouviam suplicavam em voz alta: "Oh, Deus, liberte-me!" Os presentes chegavam a, literalmente, cair de joelhos implorando a salvação.[1]

Chama ardente

Talvez você se sinta como uma vela insignificante em um mundo gigante. Porém, quanto mais escuro for o mundo, mais brilhante parecerá seu brilho, atravessando a noite com a verdade do Espírito de Deus. João 1:5 diz: "E a luz resplandece nas trevas, e as trevas não a *compreenderam*" (ACRF). A palavra "compreender" em grego significa "apanhar, apreender, superar, refletir com a mente, entender." A ideia, aqui, é que a escuridão não consegue *entender* a luz, nem *apagá-la*.[2] As pessoas ao seu redor que permanecem na escuridão não conseguirão compreender você, mas a escuridão dessas pessoas *jamais* servirá para apagar sua luz. A luz tem poder — e você tem a luz.

Tenha esperança e seja corajoso: se você for a única luz, as pessoas irão segui-lo, pedindo: "Mostre o caminho." Você pode conduzir essas pessoas com segurança ao dizer: "O caminho é Jesus." Lembre-se, você não está *carregando* uma vela. Você *é* a vela. O Senhor Jesus vive *em* você e, por meio do Espírito Santo, há um brilho que irradia *a partir* de você.

De acordo com o meu medidor de luminosidade, o mundo está se tornando cada vez mais escuro, enquanto nós ficamos cada vez mais resplandecentes. O Espírito Santo é a força que mantém nossa chama ardente.

Talvez alguém diga para você: "Você tem algo que eu não tenho. O que quer que seja, eu quero!" Alegre-se — a verdade é que você tem *alguém*, não *algo*! Esse é o poder do Espírito Santo operando.

Tudo que o Pai tem ele deu para o Senhor Jesus e tudo que o Senhor Jesus tem ele deseja que você também tenha. A única maneira de receber isso é pelo Espírito Santo. Disse o Senhor Jesus: "Tudo o que pertence ao Pai é meu. Por isso eu disse que o Espírito receberá do que é meu e o tornará conhecido a vocês" (João 16:14).

Nesse versículo, o Senhor Jesus estava dizendo que nada podemos receber dele sem que o Espírito Santo nos permita receber.

E é devido à Terceira Pessoa da Trindade que somos capazes de orar: "Espírito Santo, conte-me mais sobre o Senhor Jesus. Mostre-me tudo. Compartilhe comigo aquilo que ainda não sei."

As pessoas se perguntam: "Mas o que torna a vida cristã tão excitante?" Eu acredito que isso acontece porque o Espírito Santo sempre está revelando algo único e original, nunca algo tolo ou monótono.

Quando o Senhor Jesus estava prestes a retornar para o Pai, ele pediu que os discípulos não se entristecessem. Ele falava dos benefícios maravilhosos de uma vida cheia do Espírito que estava por vir. "Porque falei estas coisas, o coração de vocês encheu-se de tristeza. Mas eu lhes afirmo que é para o bem de vocês que eu vou. Se eu não for, o Conselheiro não virá para vocês; mas se eu for, eu o enviarei" (João 16:6, 7).

O dia da vinda do espírito

Após a dramática ascensão do Senhor Jesus ao céu, 120 de seus discípulos se reuniram no cenáculo (Atos dos Apóstolos 1:15). Eles estavam obedecendo às palavras do Senhor Jesus, quando ele assim ordenou: "Não saiam de Jerusalém, mas esperem pela promessa de meu Pai" (Atos dos Apóstolos 1:4). Quem eram esses fiéis? A Bíblia lista alguns nomes em Atos dos Apóstolos 1:14.

- Maria, mãe do Senhor Jesus, estava lá. Ela havia sentido o poder de Deus cair sobre ela quando Jesus fora concebido, mas estava prestes a experimentar o Espírito Santo de uma forma totalmente diferente.
- Os irmãos do Senhor Jesus, que agora acreditavam nele, também estavam lá.
- Simão Pedro, que havia negado o Senhor três vezes, estava lá, prestes a receber a promessa do Pai.
- João, o filho do trovão, o apóstolo amado, estava lá.
- Mateus, o coletor de impostos que deixara o trabalho para seguir o Senhor Jesus, também estava lá.

- Quem eram os outros no ardoroso grupo de 120 pessoas? A Bíblia não conta, mas acredito que certas pessoas muito provavelmente estiveram presentes.
- Como Jairo poderia ficar de fora? A filha dele havia sido ressuscitada (Lucas 8:41-56).
- E quanto a Zaqueu, o publicano em cuja casa o Senhor Jesus se hospedou em Jericó (Lucas 19:1-10)?
- E Maria Madalena, que fora libertada de uma influência demoníaca (Lucas 8:1-3)?
- E Bartimeu, cujos olhos cegos foram abertos? Como ele poderia ter ficado de fora?
- E muitos outros a quem o Mestre havia tocado e curado. Como poderiam ter ficado de fora?

Durante dez dias, eles esperaram e oraram pela promessa.

Então, enquanto eles estavam no mesmo lugar e com o mesmo propósito, o Espírito Santo fez sua entrada. E ela foi poderosa e avassaladora. "De repente veio do céu um som, como de um vento muito forte, e encheu toda a casa na qual estavam assentados" (Atos dos Apóstolos 2:2). Oh, que momento deve ter sido!

Fogo e vento

Imediatamente apareceram o que pareciam ser línguas de fogo, que se separaram e pousaram sobre cada um deles (Atos dos Apóstolos 2:3). "Todos ficaram cheios do Espírito Santo e começaram a falar noutras línguas, conforme o Espírito os capacitava" (v. 4).

O Espírito do Senhor foi derramado em sua totalidade naquele dia. Ele irrompeu no meio do aposento como um tornado celestial — não para destruir, mas para construir. E o "fogo" que começou a sair daquele círculo de fogo caiu sobre a cabeça dos presentes, e eles ficaram cheios do Espírito Santo.

Deus se fez vento e fogo — o invisível e o visível — bem como prometera. O Senhor havia descrito o Espírito Santo, comparando-o ao vento (João 3:8) e disse que aquele que viria depois dele "batizará com o Espírito Santo e com fogo" (Mateus 3:11).

Oh, como eu gostaria de ter estado ali para ver a expressão no rosto de Tiago, André, Filipe e Tomé, quando o vento poderoso começou a soprar e o fogo recaiu sobre as suas cabeças! Mas posso apenas tentar imaginar como devem ter se sentido quando a visita do Espírito Santo transformou sua vida naquele dia em que se reuniam.

Quando reflito sobre a primeira vez que fui tocado pela gloriosa presença e pela força do Espírito Santo, fico muito embargado de emoção por lembrar das preciosas horas em que meu destino fora completamente transformado! Que experiência incrível deve ter sido estar reunido no cenáculo com esses 120 indivíduos quando o vento do Espírito Santo começou a soprar, para depois serem todos batizados com fogo e com o Espírito Santo.

O autor John Rea declara: "O Pentecoste marcou um novo começo da obra do Espírito de duas maneiras: sua vinda foi universal e também permanente."[3]

O mesmo poder da ressurreição começou a fluir da profundeza de cada um deles como um rio. Eles ergueram as mãos e elevaram as vozes a Deus, louvando o Senhor em línguas diferentes. Tão forte e poderoso era o som daquele vento que toda Jerusalém pôde ouvir (Atos dos Apóstolos 2:5, 6).

O que está acontecendo?

O Pentecoste aconteceu durante o Festival das Colheitas — o quarto dos quatro grandes festivais anuais de Jerusalém (depois da Páscoa, da Festa dos Pães sem Fermento e das Primícias). Os historiadores dizem que esses importantes eventos costumavam atrair mais de 150 mil pessoas de todos os cantos do mundo conhecido na época. Ali se reuniam visitantes "vindos de todas as nações do mundo", unidos pela fé no Deus de Abraão, Isaque e Jacó (Atos dos Apóstolos 2:5).[4]

Considera-se que até 120 mil presentes fossem peregrinos que falavam outra língua como idioma natal.[5] "O que está acontecendo?", perguntavam-se as pessoas conforme corriam em direção ao som. Elas se impressionaram ao ouvir cada um dos fiéis preenchidos pelo Espírito "falar em sua própria língua" (v. 6).

Os que eram da Pártia falavam: "Eles estão falando parto." Já os da Panfília declaravam: "Eles falam panfílio." Mas os de Roma diziam: "Eles falam latim." Até esse glorioso momento, muitos seguidores de Cristo haviam pagado um preço cruel por seu comprometimento. O líder havia sido crucificado e eles eram desprezados tanto pelo governo civil romano quanto pelos líderes religiosos judeus. Eles haviam sido expulsos das sinagogas, foram deserdados pela própria família, sendo tomados pelo medo constante e pela ansiedade. Porém, ao deixarem o cenáculo, estavam transformados e começaram a pregar o evangelho com muita força capaz de abalar o mundo.

Pedro elevou a voz e dirigiu-se à multidão: "Estes homens não estão bêbados, como vocês supõem. Ainda são nove horas da manhã! Pelo contrário, isto é o que foi predito pelo profeta Joel" (Atos dos Apóstolos 2:15,16).

Então, ele citou o profeta do Antigo Testamento:

> Nos últimos dias, diz Deus, derramarei do meu Espírito sobre todos os povos. Os seus filhos e as suas filhas profetizarão, os jovens terão visões, os velhos terão sonhos. Sobre os meus servos e as minhas servas derramarei do meu Espírito naqueles dias, e eles profetizarão (Atos dos Apóstolos 2:17,18).

O Pentecoste não ocorreu depois da Ascensão sem motivo, ele *dependia* disso, pois o Espírito Santo não poderia vir até que o Senhor Jesus tivesse ascendido à mão direita do Pai no céu!

Sem questionar, os seguidores de Cristo sentiam muito sua falta depois da Ascensão, mas o Espírito Santo era tudo aquilo que o Senhor Jesus prometera que iria ser. Como disse o notável líder cristão A. J. Gordon: "Todo o reconhecimento e honra que os discípulos rendiam ao Senhor, agora o faziam ao Espírito Santo, o verdadeiro representante, a pessoa invisível dele presente nos corpos dos fiéis."[6]

Obras maiores?

Uma das mais importantes promessas feitas pelo Senhor Jesus: "Digo-lhes a verdade: Aquele que crê em mim fará também as obras que tenho realizado. Fará coisas ainda maiores do que estas, porque eu estou indo para o Pai" (João 14:12).

Quando o Senhor diz "digo-lhes a verdade" sabemos que ele quer dizer "prestem muita atenção; o que vou dizer é da maior importância."

O ponto mais importante é que o ministério dos fiéis deveria ser como o ministério do Senhor Jesus. Ele disse: "Aquele que crê em mim fará também as obras que tenho realizado." O Senhor Jesus era um homem de ação. Ele *fazia* coisas do mesmo modo como ensinava sobre elas. A Palavra registra: "Tudo o que Jesus começou a *fazer* e a *ensinar*" (Atos dos Apóstolos 1:1).

O Senhor Jesus ensinava as pessoas e demonstrava sua autoridade como professor por meio dos milagres que realizava. Para mim, é notável que os líderes religiosos da época de Jesus aceitavam sua habilidade de curar, mas rejeitavam a habilidade de perdoar os pecados. Hoje em dia, acontece exatamente o oposto: muitos fiéis que não veem problema algum em acreditar que Jesus perdoa os pecados têm uma resistência incrível ante a ideia de que ele deseja curar seu povo. Não obstante, a Bíblia declara que o Senhor Jesus Cristo "é o mesmo, ontem, hoje e para sempre" (Hebreus 13:8). E por ser imutável, ele ainda salva, cura e liberta seu povo hoje. Porque ele ainda *é* o Deus dos milagres, esses acontecem hoje.

O *segundo* aspecto de fundamental importância é que, como resultado do retorno do Senhor Jesus ao Pai e da vinda do Espírito Santo, os fiéis seriam capazes de realizar obras *maiores*: "Fará coisas ainda maiores do que estas, porque eu estou indo para o Pai" (João 14:12).

Quando algumas pessoas leem "fará coisas ainda maiores", acabam com a noção errônea de que Deus está transferindo seu poder espiritual para elas. Mas nós não possuímos a habilidade de salvar, de curar ou de libertar. Em vez disso, somos instrumentos nas mãos do Todo-poderoso. Ele é quem realiza os milagres.

Posso contar uma coisa que me ofende e me machuca profundamente? Muito me desagrada quando as pessoas me chamam de "restaurador da fé" ou de "curador." Quero ser bem claro neste ponto. Há apenas *um* curador, e o nome dele *não é* Benny Hinn — é Senhor Jesus. Quer seja em uma cruzada, em um culto, na televisão, em um hospital ou mesmo por meio da leitura deste livro, não ponha o foco sobre a minha pessoa. *O Senhor Jesus é aquele que cura!*

Que "obras" foram realizadas por Jesus Cristo que poderiam ser suplantadas por seus seguidores? Certamente, não se incluem as ações de salvar, curar, libertar e devolver a liberdade aos cativos. De que forma tais atos poderiam ser feitos com maior relevância do que fez o Senhor Jesus?

Já que o Senhor Jesus ressuscitou os mortos, expulsou demônios e fez parar uma tempestade, o que Jesus Cristo não pôde fazer e nós podemos? Ele não podia se apresentar na frente de uma multidão e dizer: "Mui perdido andava, mas eu me encontrei. Eu era cego até que enxerguei Jesus."

Algo que ele não pode fazer

Sabe o que é maior do que a cura do câncer? Ou maior do que ordenar que seja limpa a lepra? Ou maior do que mandar que se acalme o vento? O milagre central do Reino de Deus é o milagre da salvação. Você pode dizer para o mundo: "Meus pecados estão sob o sangue de Jesus. Eu fui libertado." Quando Pedro pregou essa mensagem no dia do Pentecoste, "cerca de três mil pessoas" se juntaram à Igreja (Atos dos Apóstolos 2:41).

O Senhor Jesus não podia dar testemunho de sua própria salvação, pois ele não foi salvo — ele *é* o Salvador. Mas você pode dar testemunho de sua própria salvação. Você pode levantar e dizer: "Eu já pertenci a Satanás, mas agora pertenço a Deus Pai e a seu Filho, Jesus Cristo."

- O Senhor Jesus jamais esteve perdido — ele era o Caminho.
- Ele nunca esteve cego — ele era a luz.
- Ele nunca foi prisioneiro — ele libertava.
- Ele nunca pertenceu a Satanás — ele derrotava Satanás, pois as Escrituras declaram: "Para isso o Filho de Deus se manifestou: para destruir as obras do diabo" (1 João 3:8).[7]

Deus escolheu você para anunciar o evangelho, e não os anjos. Por causa de sua escolha soberana de operar por meio dos fiéis, Deus *não* agirá de outro modo que não por nós, assim como nós *não* conseguiremos operar de outro modo que não seja por ele.

O anúncio

Por meio do relato do Pentecoste, nós sabemos que, quando chega o Espírito Santo, ele anuncia sua entrada. Mas lembre-se disto: *ele nunca anuncia sua saída.*

- Sansão tinha muita força porque fora ungido. Mas ele desobedeceu e "não sabia que o Senhor o tinha deixado" (Juízes 16:20). Ele perdeu o poder de Deus.
- Quando o Senhor rejeitou Saul como rei, "o Espírito do Senhor se retirou de Saul", que foi substituído por um espírito impuro (1Samuel 16:14).
- Davi pecou com Bate-Seba, conhecendo as consequências de tal ato. Por isso orou: "Não me expulses da tua presença, nem tires de mim o teu Santo Espírito" (Salmos 51:11).

A Escritura declara que não é o desejo de Deus remover o Espírito Santo de nós. A vontade dele é que o Espírito se torne parte permanente da nossa vida e, assim como ele transformou 120 fiéis em Jerusalém, ele está disposto a realizar uma grande obra em você.

CAPÍTULO 4

Nomes e títulos do Espírito Santo

PARTE 1
"Em nome do Pai, do Filho e do Espírito santo"

O que é um nome?

Poucos dias após eu nascer, de acordo com os costumes, meus pais me levaram à Igreja Ortodoxa Grega para ser batizado. Devido à posição proeminente de meu pai, tanto na vida política de Israel quanto na comunidade ortodoxa, o Patriarca de Jerusalém em pessoa se fez presente para me batizar.

Claro, nada me lembro da cerimônia e, apesar de as lembranças se resumirem a fotografias desbotadas, meus pais me contaram muitas vezes sobre aquele dia. Também tive a oportunidade de ver o local onde fui batizado e de ver outros batismos de membros da família enquanto eu crescia.

Costumava-se dizer que a igreja era muito bonita, segundo a moda clássica dos templos ortodoxos: madeira entalhada e com ornamentos, pedras majestosas, iluminação indireta, ícones por todo o lugar, com seus olhares impressionantes, quase de outro mundo. A sugestão de certa umidade e o aroma pungente de incenso permeavam o ar. Meus pais, como exigia a ocasião do batismo do filho primogênito, usavam as melhores roupas.

Eles me contavam como o Patriarca apareceu com seus ajudantes: podia-se ouvir o ruído das roupas antes mesmo de poder vê-los. O Patriarca em si proporcionava uma visão magnífica, resplandecente em suas vestes longas e fluidas, incrustadas de pedras semipreciosas; sua cabeça trazia uma mitra, que emprestava certa graciosidade e majestade a ele. Seu rosto era adornado por uma majestosa barba branca — e os olhos podiam enxergar através das pessoas.

Meus pais contavam que, conforme o Patriarca presidia a tradicional cerimônia, chegava o momento em que ele de fato me batizaria, dando a mim um nome "cristão". Claro, meus pais não tinham a menor ideia de qual nome ele escolheria, e havia uma ansiedade que mal se podia esconder naquela cerimônia em que o Patriarca iria declarar meu nome. Olhando para mim com grande cuidado e com uma ponta de reflexão, fui batizado Benedictus — o mesmo nome do sacerdote.

A palavra "Benedictus" tem origem em duas palavras latinas, "Bene", que significa "bom"; e "dictus", que significa "dizer". Portanto, esse foi o dom que recebi ao nascer, minha incumbência.

No Oriente Médio, o ato de dar nome a uma criança sempre teve grande importância. Na verdade, era algo tão importante que muitos judeus acreditavam que, antes de conhecer uma pessoa de verdade, era preciso primeiro conhecer o significado de seu nome. Os nomes descreviam o que eram as pessoas — ou o que se esperava que elas fossem.

Muitas vezes os pais esperavam que o significado por trás do nome da criança acabasse se revelando uma profecia autorrealizadora. O nome Gideão, por exemplo, significa "grande guerreiro" — e foi o que ele se tornou. O nome "João" significa "Javé é gracioso" e, claro, o ministério de João consistiu em preparar o caminho para o Senhor Jesus, expressão definitiva da graciosidade de Javé.

As Escrituras também fornecem exemplos de nomes que foram mudados por Deus para que fossem adequados às circunstâncias. Abrão "o pai é exaltado" tornou-se Abraão "pai das multidões". Disse Deus a Abraão: "Farei de você um grande povo, e o abençoarei. Tornarei famoso o seu nome, e você será uma bênção" (Gênesis 12:2). O apóstolo "Paulo" (*pequeno*) era originalmente conhecido como "Saulo" (*eleito de Deus*). Saulo é chamado Paulo no livro dos Atos dos Apóstolos devido ao fato de ele estar dando início à fase gentia de seu ministério.[1]

Em alguns casos, as pessoas usavam os nomes para refletir as circunstâncias de sua vida. No livro de Rute, por exemplo, Noemi diz: "Não me chamem Noemi (*agradável*), chamem-me Mara (*amarga*), pois o Todo-poderoso tornou minha vida muito amarga" (Rute 1:20).

O Senhor Jesus mudou o nome de Simão para Pedro — que significa *rocha*. Disse:

> Feliz é você, Simão, filho de Jonas! Porque isto não lhe foi revelado por carne ou sangue, mas por meu Pai que está nos céus. E eu lhe digo que você é Pedro, e sobre esta pedra edificarei a minha igreja, e as portas do Hades não poderão vencê-la (Mateus 16:17,18).

Benedictus?

No meu caso, o nome "Benedictus" era cruelmente irônico — até o Espírito Santo aparecer em minha vida. Ora, em vez de ser um "bom orador" (Benedictus), eu era um gago patético. Tal limitação criava uma barreira entre mim e as outras pessoas, tanto por conta da vergonha própria quanto pela gozação e provocação alheia.

Mas então o Espírito Santo me salvou e me transformou. A transformação teve início em sonhos e visões nos quais eu me via pregando. De certa forma, tudo parecia fantasia completa — por outro lado, eu não conseguia evitar esses pensamentos. Quando fui convidado a pregar pela primeira vez, sabia que deveria aceitar, e sabia que Deus iria realizar algo maravilhoso, apesar de toda a minha fraqueza.

Se você leu meu livro *Bom dia, Espírito Santo*, ou me ouviu pregar, provavelmente já conhece o milagre que o Espírito Santo realizou. A partir do momento em que abri a boca para pregar, o Espírito Santo curou minha gagueira total e permanentemente.

Nome sobre todos os nomes

Nos próximos dois capítulos, vamos examinar nomes e títulos do Espírito Santo, e falarei sobre o que podemos aprender sobre *ele* a partir de tais nomes. Neste capítulo, vamos estudar nomes que o relacionam com os outros membros da Trindade. No próximo, examinaremos os nomes e títulos do Espírito Santo que dão um vislumbre sobre seu caráter e sua obra.

Uma grande variedade de nomes é atribuída ao Pai, ao Filho e ao Espírito Santo. Essa gama de nomes não tem a intenção de confundir — pelo contrário. Compreendida corretamente, a diversidade contribui imensamente para o entendimento da natureza e do caráter de nosso Deus Trino e Uno.

A Deus, o grande "Eu Sou" (Êxodo 3:14), são dados vários nomes, desde "Altíssimo" (Salmos 91:9) a "Senhor dos Exércitos" (Isaías 54:5).

O nome do Senhor *Jesus* corresponde à forma grega do nome hebraico "Joshua", que significa "Javé salva", que foi precisamente o que fez Javé — por meio do sangue de Jesus Cristo. Ao longo das páginas das Escrituras, vemos muitos outros títulos e nomes atribuídos ao Senhor Jesus — de "Príncipe da Paz" (Isaías 9:6) a "Bom Pastor" (João 10:11).

Os nomes do Espírito Santo que aparecem nas Escrituras não são meros sinônimos para a Terceira Pessoa da Trindade sem qualquer significado. Compreendidos corretamente, tais nomes fornecem muitas explicações sobre a vontade, os caminhos e a obra do Espírito Santo.

O Espírito Santo

O "Espírito Santo" é tanto o nome predominante que usamos para a Terceira Pessoa da Trindade quanto um poderoso resumo do que ele é. Ele é Espírito — em oposição à carne, à falta de um corpo; e ele é Santo — em oposição ao comum ou ao corrompido.

Para mim, é difícil descrever os sentimentos que tenho quando estou na presença do Espírito Santo. Ele é capaz de transformar um simples quarto de hotel em uma catedral sagrada. Ele pode tomar uma arena ou um estádio desenhado para abrigar eventos esportivos e transformá-los no Santo dos Santos.

Quando o Espírito do Senhor recai sobre mim durante a devoção particular ou durante um ministério para o público, lembro-me de Moisés quando olhou para a sarça em chamas. Ele tirou as sandálias porque disse Deus: "O lugar em que você está é terra santa" (Êxodo 3:5). O Espírito Santo é considerado *Santo* porque ele "é santo na essência, distante de todo mal."[2]

No decorrer das Escrituras, a Terceira Pessoa da Trindade é tratada como *Espírito Santo*:

- O Salmista orou: "Nem tires de mim o teu *Santo Espírito*" (Salmos 51:11).
- Maria ficou "grávida pelo *Espírito Santo*" (Mateus 1:18).
- O Senhor Jesus declarou: "Se vocês, apesar de serem maus, sabem dar boas coisas aos seus filhos, quanto mais o Pai que está no céu dará o *Espírito Santo* a quem o pedir!" (Lucas 11:13).
- Disse João: "Ele os batizará com o *Espírito Santo* e com fogo" (Mateus 3:11).
- Os apóstolos escreveram: "Pareceu bem ao *Espírito Santo* e a nós" (Atos dos Apóstolos 15:28).

Romanos 1:4 também declara que ele é "o Espírito de santidade", em uma passagem que se refere ao papel do Espírito Santo na ressurreição do Salvador.

Títulos que relacionam o Espírito Santo com o pai

Há pelo menos 16 títulos para o Espírito Santo que jogam luz sobre sua relação com as outras pessoas da Trindade. Onze desses nomes fazem referência específica ao Pai. "Apesar das distinções de significado nos diversos títulos, o principal objetivo de tal diversidade é evidenciar o relacionamento do Espírito Santo como Terceira Pessoa da Trindade, afirmando sua divindade e natureza."[3]

O Espírito de Deus

O Espírito de Deus é o nome do Espírito Santo associado ao *poder*, à *profecia* e à *orientação*.

Na criação, foi o "Espírito de Deus" que "se movia sobre a face das águas" (Gênesis 1:2).

Depois, o mesmo "Espírito de Deus" se apossou de Saul e fez com que ele profetizasse (1Samuel 10:10). Ele se apoderou de Zacarias e permitiu que ele proclamasse a Palavra do Senhor (2Crônicas 24:20). A visão de Ezequiel sobre a restauração de Israel fora dada pelo "Espírito de Deus"

(Ezequiel 11:24). Mas o Espírito de Deus não está associado apenas ao dom da *profecia*. Ele também é associado ao *poder*.

Há uma história notável no Novo Testamento que relata o ocorrido quando o Senhor Jesus curou um homem cego e surdo que estava possuído por demônios. Os fariseus acabaram acusando Jesus de usar o poder de Satanás para realizar tal milagre.

O Senhor Jesus, que conhecia o pensamento daqueles homens, declarou: "Pelo *Espírito de Deus* que eu expulso demônios" (Mateus 12:28).

O Espírito de Deus é o Espírito da *profecia*, é o Espírito do *poder*, e é também o Espírito da *orientação*, como declaram as Escrituras: "Todos os que são guiados pelo *Espírito de Deus* são filhos de Deus" (Romanos 8:14).

Pense nas implicações do fato de o Espírito Santo que criou o universo, o Espírito Santo que inspirou profecias e o Espírito Santo que expulsou demônios habitar em você, tornando o poder da ressurreição disponível a todo instante. Aleluia pelo Espírito de Deus, e aleluia porque "o Espírito de Deus *habita em vocês*" (1Coríntios 3:16).

O Espírito do Senhor

Precisamos reconhecer que o Espírito Santo é mais do que um mero representante do Ser Supremo, ele é o Espírito do Javé que adoramos. O Espírito do "Eu Sou". Esse título do Espírito Santo é usado muitas vezes, tanto no Antigo quando no Novo Testamento.

Amo a história de Gideão. Depois de anos de opressão dos midianitas, Gideão atendeu ao chamado de Deus para interceder em favor dos israelitas. As Escrituras nos dizem que "o Espírito do Senhor apoderou-se de Gideão" e ele "convocou os abiezritas para segui-lo" (Juízes 6:34). Apresentaram-se 32 mil homens. Deus então disse que aquele exército era grande demais, e que isso talvez fizesse Israel se gabar, no futuro, dizendo que "a sua própria força o libertou" (Juízes 7:2).

Assim, Deus fez com que ele reduzisse seu exército a 300 homens, cujas únicas armas eram tochas e trombetas. Ao cercar as vastas tropas de Midiã e soprar as trombetas, o inimigo bateu em retirada. Foi "o Espírito do Senhor" que conduziu Gideão à gloriosa vitória.

Isaías disse: "Vindo o inimigo como uma corrente de águas, *o Espírito do Senhor* arvorará contra ele a sua bandeira" (Isaías 59:19, ACRF).

Quando o Senhor Jesus começou seu ministério, ele se apresentou na sinagoga e citou Isaías: "*O Espírito do Senhor* está sobre mim" (Lucas 4:18).

Paulo usou o mesmo título para explicar as obras do poderoso e vitorioso Espírito do Senhor, que usa seu poder para nos libertar: "O Senhor é o Espírito e, onde está *o Espírito do Senhor*, ali há liberdade" (2Coríntios 3:17).

Meu Espírito

Quando Deus se refere ao Espírito Santo, ele o faz de maneira bastante pessoal. Ele o chama "Meu Espírito", uma clara demonstração do mistério da Trindade. Eles são Um, mas, ao mesmo tempo, são Três.

- Deus declarou por meio de Joel que, nos últimos dias, "derramarei do *meu Espírito* sobre todos os povos" (Joel 2:28).
- Deus também avisou a humanidade, em Gênesis 6:3, para que ouvissem o Espírito Santo: "*Meu Espírito* não contenderá com ele para sempre."
- Zacarias lembrou que não será por força ou poder, mas "pelo meu Espírito", diz o Senhor dos Exércitos (Zacarias 4:6).

O Espírito do Deus vivo

Amo a obra do Espírito Santo. Ele torna a Palavra de Deus real para *nós* e *por* nós. As Escrituras usam o título "Espírito do Deus Vivo" quando o relacionam com a obra do Espírito Santo de tornar a Palavra viva e de transformar os filhos de Deus em "epístolas vivas" (2Coríntios 3:3).

Em vez de se concentrar em ser "epístolas vivas" e em dar glória ao Senhor, é verdade, infelizmente, que alguns ministros tentam privilegiar a própria importância ao se gabar do número de pessoas em sua igreja, do tamanho de suas congregações, da quantidade de pessoas e do tamanho das cruzadas, de quantos potenciais telespectadores existem, de quanto as pessoas ofertam etc. Mas, para mim, há somente um teste, e ele é muito simples: "Vidas são transformadas?" E como vidas são transformadas? Por meio do *Espírito do Deus vivo*.

O que importa não são as folhas de registros contáveis nem a quantidade de membros da igreja, mas se as pessoas são libertas e se podem viver de maneira abundante por meio do Espírito do Deus *vivo*. Uma pessoa transformada miraculosamente pelo Espírito do Deus vivo é uma epístola viva, um testemunho — que anda e respira — do poder do Deus vivo no mundo de hoje.

Paulo foi muito claro nesse assunto quando algumas pessoas da Igreja de Corinto questionaram suas credenciais. A resposta dele foi simples: todas as pessoas da Igreja de Corinto eram sua credencial, *por causa do Espírito do Deus vivo*.

Será que com isso estamos começando a nos recomendar a nós mesmos novamente? Será que precisamos, como alguns, de cartas de recomendação para vocês ou da parte de vocês? Vocês mesmos são a nossa carta, escrita em nosso coração, conhecida e lida por todos. Vocês demonstram que são uma carta de Cristo, resultado do nosso ministério, escrita não com tinta, mas *com o Espírito do Deus vivo*, não em tábuas de pedra, mas em tábuas de corações humanos. Tal é a confiança que temos diante de Deus, por meio de Cristo. Não que possamos reivindicar qualquer coisa com base em nossos próprios méritos, mas a nossa capacidade vem de Deus. Ele nos capacitou para sermos ministros de uma nova aliança, não da letra, mas do Espírito; pois a letra mata, mas o Espírito vivifica (2Coríntios 3:1-6).

Eu sei que você anseia por uma bênção do Espírito que afete sua vida e a vida de outras pessoas durante sua caminhada com Deus. Acredite, não há nada que eu deseje mais do que ser usado por Deus e por conhecer a presença dele em uma dimensão maior do que já experimentei. É por isso que amo o seguinte hino, do fundo do meu coração:

> *Espírito do Deus Vivo, Venha mais uma vez sobre mim. Derrete-*
> *-me, molda-me,*
> *Preenche-me, usa-me! Espírito do Deus Vivo, Venha mais uma*
> *vez sobre mim.*

O poder do Altíssimo

Quando eu chegar ao céu, há muitas coisas que vou querer fazer, e muitas pessoas que vou querer encontrar. Maria, a mãe de Jesus, é uma delas. O encontro dela com "o poder do Altíssimo" jamais se repetiu na terra.

Eu gostaria de saber como foi experimentar o poder de Deus da forma como aconteceu com ela. Como eu gostaria de, mesmo agora, sentar-me com os grandes profetas do Antigo Testamento e descobrir as coisas pelas quais sinto tamanha fome! Como gostaria de poder me sentar com Pedro e perguntar sobre a experiência que ele teve quando sua própria sombra curou o enfermo; como também sentaria com Paulo, sobre quem a presença de Deus recaiu de forma tão intensa que acabou por elevá-lo ao terceiro céu. Mas a experiência de Maria com o Espírito Santo sobressai como uma das mais notáveis de todas da Escritura.

Como você sabe, um dos ensinamentos e uma das profecias centrais das Escrituras é que o Messias nasceria de uma virgem: "Por isso o Senhor mesmo lhes dará um sinal: a virgem ficará grávida e dará à luz um filho, e o chamará Emanuel" (Isaías 7:14).

Quando Maria soube, pelo anjo Gabriel, que ela gestaria o Messias, fez a pergunta mais natural do mundo: "Como acontecerá isso, se sou virgem?'" (Lucas 1:34).

As Escrituras registram a resposta poderosa de Gabriel: "O Espírito Santo virá sobre você, e o *poder do Altíssimo* a cobrirá com a sua sombra. Assim, aquele que há de nascer será chamado santo, Filho de Deus" (Lucas 1:35).

Foi *exatamente* o que aconteceu. O impossível se torna possível quando "o poder do Altíssimo" aparece. Você conhece a história do garotinho que estava tentando empurrar uma pedra enorme? Ele puxava e empurrava, fazendo o maior esforço possível contra a tal pedra. Ele até tentou usar uma alavanca, sem, contudo, ter sucesso. Então, seu pai perguntou: "Filho, você usou todos os seus recursos?" O filho respondeu: "Sim, papai. Tentei de tudo e não consegui mexer a pedra." O pai devolveu: "Não, você ainda não tentou tudo. Você não pediu a minha ajuda."[4]

Eu sei que, como eu, você está faminto para ver o poder de Deus transformar a sua vida, seus relacionamentos e sua obra. Entregue-se inteiro para o Espírito Santo e deixe que toda a força do poder do Altíssimo seja liberada em sua vida!

Títulos que relacionam o Espírito Santo com o Filho
O Espírito de Cristo

"O que significam esses diamantes negros?", perguntei para um amigo quando estávamos para subir em um teleférico montanha acima em Aspen, no Colorado, durante minha primeira e última tentativa de esquiar. Eu não gosto de frio nem de neve, mas, de algum jeito, fui convencido a esquiar. Quando vemos as pessoas esquiando, tudo parece tão fácil, sem esforço algum. Mas acho que deve haver uma *conspiração* para atrair pessoas insuspeitas como eu para as ladeiras a fim de quebrar-lhe todos os ossos do corpo.

A ideia era começar de uma encosta suave com a ajuda de um instrutor gentil e incentivador, pontuando o programa com descansos e chocolate quente na cabana principal. Já meu amigo pensava mais em descer os declives escarpados do monte Everest praticando um pouco de *slalom* para as Olimpíadas de Inverno!

Se você conhece o mínimo sobre esquiar, sabe que uma trilha "diamante negro" é a mais perigosa, e deve ser feita apenas por pessoas com experiência. Como eu pouco sabia sobre esquiar, não tinha consciência desse fato quando embarquei no teleférico.

Estávamos indo para a maior montanha que eu já vira na vida, algo que Saddam Hussein teria chamado de "mãe de todas as montanhas." "Relaxe, Benny, tudo vai ficar bem", dizia meu amigo. Fiquei imaginando quantas pessoas, que agora estavam em cemitérios, teriam ouvido como últimas palavras: "Relaxe, tudo vai ficar bem."

A melhor parte de toda aquela experiência foi a viagem no teleférico até o topo da montanha — as lindas escarpas cobertas de neve pareciam muito tranquilizadoras e convidativas. Não havia qualquer indicativo das tristezas reservadas para mim quando tentei descer lá de cima; algo semelhante à última refeição de um condenado à morte, que não reserva qualquer presságio para a execução seguinte. Eu conseguia descer por toda a trilha e permanecia inteiro, ainda que fora de controle e sentado sobre os esquis, até que uma mulher foi gentil o suficiente para encerrar a minha descida ao colidir comigo. Então, tirei os esquis e caminhei o resto da descida.

Porém, antes do fatídico evento, enquanto o teleférico nos levava cada vez mais alto, ficou claro para mim que, o que parecia uma única montanha era, na verdade, uma série de picos separados por vales. Só quando se chega perto dos picos é que esse fato se torna claro.

De modo semelhante, muito antes da vinda do Senhor Jesus Cristo, profetas haviam antevisto o topo de salvação que ele traria. Tais profetas vislumbraram os dois grandes picos da profecia Bíblica: a primeira vinda de Cristo como Messias *sofredor* e a segunda vinda de Cristo como Messias *conquistador*. No entanto, distante como estavam, os picos pareciam uma só montanha para os profetas de antigamente. Eles não conseguiam divisar as duas vindas do Salvador. Em vez disso, acabaram enxergando as duas grandes missões dele, o sofrer pelos pecados da humanidade e a conquista deste mundo caído, como se ocorressem ao mesmo tempo. Foi apenas durante o período do Novo Testamento que ficou claro quando as missões do Salvador iriam ocorrer, a primeira durante sua primeira vinda, a outra durante a segunda vinda.

Acho que foi sobre isso que escreveu Pedro quando declarou:

> "Foi a respeito dessa salvação que os profetas que falaram da graça destinada a vocês investigaram e examinaram, procurando saber o tempo e as circunstâncias para os quais apontava *o Espírito de Cristo* que neles estava, quando lhes predisse os sofrimentos de Cristo e as glórias que seguiriam àqueles sofrimentos." (1Pedro 1:10,11)

O título acima mencionado nessa passagem profética é muito interessante, porque serve como lembrete de várias coisas.

Primeiro, de que o Espírito do Senhor inspirou os autores das Escrituras: "Pois jamais a profecia teve origem na vontade humana, mas homens falaram da parte de Deus, impelidos pelo Espírito Santo" (2Pedro 1:21). Relacionado a isso está o claro testemunho da Palavra de que a obra do Espírito Santo consiste em elevar o Senhor Jesus Cristo. Disse o Senhor Jesus: "Vocês pedirão em meu nome" (João 15:26).

Segundo, de que as Escrituras focam em Jesus Cristo. "O testemunho de Jesus é o espírito de profecia" (Apocalipse 19:10). As profecias tratam todas do Senhor Jesus, de modo que, quando o Espírito do Senhor está envolvido com alguma profecia ou com algum profeta, ele está trabalhando para espalhar a mensagem sobre o Senhor Jesus.

O Espírito de Jesus Cristo

Filipenses é um livro tão maravilhoso! Escrevendo em uma cela romana úmida e abafada, Paulo nos ensinou como podemos ter alegria a despeito do *lugar* em que estamos, das *pessoas* que nos cercam e de quem somos. É algo bastante notável quando se reflete a respeito. Praticamente todos os desafios que enfrentamos na vida têm origem em alguma dessas áreas. Como é que Paulo conseguia ter tamanha confiança em uma vida alegre? Afinal, ele esteve preso, foi acorrentado a um centurião romano 24 horas por dia e, nesse meio tempo, sua reputação estava sendo atacada por seus companheiros fiéis. Ele próprio nos dá a resposta: "Sei que o que me aconteceu resultará em minha libertação, graças às orações de vocês e ao auxílio do *Espírito de Jesus Cristo*" (Filipenses 1:19).

Parte da grande obra de confortar do Espírito Santo consiste em nos dar paz, e até alegria, mesmo em situações como essa. No contexto desse livro sobre alegria, faz sentido que Paulo identifique a conexão com a alegria como *o Espírito de Jesus Cristo*, pois, afinal, o Senhor Jesus desejava que nossa alegria fosse completa (João 16:24) e orava para o Pai enviar *outro* Ajudante para habitar em nós e fazer essa alegria completa. O Espírito Santo por quem o Senhor Jesus orava traz a alegria que o Salvador desejava que nós tivéssemos.

Como você vê, a alegria vem por meio do Espírito de Jesus Cristo *a despeito* de qualquer condição. A alegria que você deseja e está procurando com tanta diligência, a alegria pela qual suplica seu espírito só pode vir, verdadeiramente, de uma pessoa: *o Espírito de Jesus Cristo*.

O Espírito de seu Filho

"E, porque vocês são filhos, *Deus enviou o Espírito de seu Filho* aos seus corações, o qual clama: 'Aba, Pai'. Assim, você já não é mais escravo, mas filho; e, por ser filho, Deus também o tornou herdeiro" (Gálatas 4:6, 7).

Se você leu algum dos meus livros ou se já esteve presente em algum dos meus cultos, provavelmente já me ouviu falando sobre meu *pai*. A melhor maneira que conheço de descrever como meu pai conduzia minha família é lembrando-me do filme *A noviça rebelde*. Exceto pelo cenário e pela cantoria, nossa casa funcionava da mesma maneira. Disciplina estrita; regras claras e abrangentes; tudo limpo e arrumado; muito trabalho para fazer. Punição rápida e certeira quando falhávamos em seguir as regras. Nossa casa era tocada com disciplina militar. Meus irmãos e irmãs e eu nos vestíamos até com uniformes.

Ex-boxeador, meu pai era uma usina de força de 1,85m de altura e 120 kg. Mas esses dados não são suficientes nem mesmo para começar a descrevê-lo. Devido à personalidade mandona, ele era exagerado, mesmo — e não havia dúvida alguma sobre quem estava no controle das coisas.

Ele nos amava à sua maneira durona, ainda que eu não tenha ouvido um "eu te amo" nem mesmo no final de sua vida. Por durante os 30 primeiros anos da minha vida, meu pai parecia separado, distante e emocionalmente frio para mim, não propositalmente, mas, devido à sua formação, ele não era de demonstrar emoções. Enquanto criança, eu vivi com ele, comi o pão de sua mesa, e tudo recebi de seu sustento, mas não consegui comungar com ele. Apenas depois de renascer que experimentei o relacionamento com ele que tanto desejei.

Assim, você consegue imaginar a alegria que senti quando encontrei o Senhor e senti, instantaneamente, uma intimidade e um afeto tremendo com meu Pai celestial? O que demorou 30 anos para experimentar com meu pai terreno demorou menos de 30 segundos para experimentar com meu Pai celestial.

Jamais vou perder meu apreço pelo relacionamento que o Espírito Santo me permite com o Pai graças ao sacrifício do Senhor Jesus. Não sou mais um escravo do pecado, nem estou alienado do Pai. Não estou na família do Pai como filho postiço, distante emocionalmente e sem ser verdadeiramente aceito. Fui adotado como filho e herdeiro pleno e, por isso, posso dizer: "Aba, Pai!" (Gálatas 4:6). "Aba" é o termo, em aramaico, que as crianças usam para se dirigir aos pais, como "papai" ou "paizinho." É uma palavra que demonstra educação, intimidade e até mesmo carinho. E como é que podemos ter esse relacionamento com o Pai? "Deus enviou *o Espírito de seu Filho* aos seus corações, o qual clama: 'Aba, Pai'" (Gálatas 4:6).

CAPÍTULO 5

Nomes e títulos do Espírito Santo

PARTE 2

"Em seu nome..."

"Procure na capela primeiro; ela provavelmente está lá orando." Era o que dizia a treinadora Denny Duron sempre que alguém do *Evangel College de Springfield*, no Missouri, procurava por Suzanne Harthern (agora minha esposa, Suzanne Hinn), já que Suzanne é uma mulher de oração.

Os pais de Suzanne, Pauline e Roy são grandes ministros do Evangelho; também, os dois avôs dela eram evangelistas com dom da cura na Inglaterra. Os pais de Suzanne costumam dizer que, nas pregações e no estilo do meu ministério, eu pareço bastante com o avô Charles. Os avós de Suzanne foram bastante influenciados pelo renomado evangelista inglês Smith-Wigglesworth, com dom da cura. Há registros de 19 pessoas que se levantaram dos mortos por meio de seu ministério. A família de Suzanne foi bastante impactada por esse grande homem de Deus, transmitindo essa influência para ela.

Por volta de 1978, enquanto eu ainda era um evangelista que viajava muito, havia cerca de três anos que eu orava para encontrar uma mulher como Suzanne. Pedi para o Senhor que me desse uma esposa para eu não precisar procurar por uma. E foi exatamente o que ele fez. Na verdade, eu pedia a Deus que me desse uma esposa com 21 características, e Suzanne tinha cada um desses 21 requisitos, e muito mais. Para começar, eu queria uma esposa que fosse uma guerreira de oração, e Suzanne sempre o fora desde que a conheci. Os outros 20 requisitos ficarão entre mim e Suzanne, mas vou contar mais sobre como o Senhor nos uniu.

Eu realizava meu ministério em Vallejo, na Califórnia, em julho de 1978 sob o comando de Ronn Haus (hoje meu evangelista associado) quando ele me apresentou para Roy Harthern, pai de Suzanne e, na época, pastor da Assembleia do Calvário, uma grande igreja situada em Orlando, Flórida. Ele me convidou para falar em sua igreja algumas semanas depois, e acabamos tendo ótimos encontros. O tempo que passamos juntos deu início a uma grande amizade. Mas eu não conheci Suzanne naquele período; ela estava viajando.

Alguns meses depois, Ronn Haus me convidou para ir a uma conferência em Cingapura chamada "João 17:21", que seria conduzida por David Duplisse. Quando aterrissei em São Francisco, descobri que meu voo havia sido cancelado, e a única maneira de chegar em Cingapura seria tomar um voo que passaria pela Tailândia e por Hong Kong antes do destino final. Isso implicaria sair na segunda-feira e chegar apenas na quinta-feira. Mas eu precisava estar de volta a casa no sábado. Normalmente eu não voo 15 mil quilômetros para um evento de apenas uma noite, porém, naquela oportunidade, senti o Espírito Santo me compelindo para agir, então parti para a decolagem.

Consegui chegar a tempo para comparecer ao evento da quinta-feira à noite, mas estava muito cansado para poder aproveitar. Quando voltei para o hotel, encontrei o senhor Roy Harthern! Como queria o Senhor, sentamo-nos lado a lado no voo de volta para os Estados Unidos. O Senhor usou aquela ocasião para cimentar nossa amizade. Foi durante aquela viagem que Roy me falou sobre Suzanne pela primeira vez, e foi durante essa mesma viagem que o Senhor disse a Roy que eu era a pessoa que casaria com ela.

Quando Roy chegou a casa, ele contou a Suzanne que havia encontrado o homem com quem ela iria se casar. Quando disse que o nome dessa pessoa era "Benny Hinn", ela perguntou: "Quem é Benny Hinn?".

Bem longe de tudo isso, quase na mesma época, a avó de Suzanne, Lil Skin, recebeu uma aviso do Senhor de que Suzanne deveria se casar com alguém chamado "Benny Hinn." A essa altura, Suzanne se perguntava sobre o que estaria acontecendo e, novamente, perguntou: "*Quem é esse tal Benny Hinn?*" Mas Lil não sabia.

Eu não sabia de nada disso, mas, quando Roy me convidou para pregar em sua igreja no Natal de 1978, mais uma vez me senti compelido a aceitar. Foi então que Suzanne e eu nos encontramos pela primeira vez. No instante em que a vi, o Senhor disse para mim: "Esta é sua esposa." Alguns meses depois, ela realmente era.

E que presente precioso de Deus ela tem sido para mim! Ela é um estímulo para minha fé, um suporte para minha alma e uma companheira ministra do Evangelho. Por causa da realidade do Espírito Santo em sua vida, ela faz tudo "de todo o coração, como para o Senhor".

Por exemplo, quando tivemos nossos filhos, Suzanne empregou muito tempo e esforço para pesquisar e escolher o nome de cada um deles. Temos *três* livros sobre nomes que ela costumava estudar. Queríamos que eles tivessem nomes não só de que gostassem, mas também de que se sentissem orgulhosos, nomes que afetariam a personalidade e que influenciariam o destino.

Nós dissemos a cada um dos nossos filhos o que significam seus nomes e, inevitavelmente, eles começaram a se identificar não só com o próprio nome, mas também com o *significado* do nome. Suzanne e eu acreditamos ser verdade que o nome das pessoas afeta o modo de elas pensarem sobre si mesmas. Assim, nossos filhos sabem que nós escolhemos seus nomes com grande cuidado porque queríamos que eles soubessem o quanto são importantes para nós.

Há pouco tempo, eu estava orando com meu filho de quatro anos, Joshua. Perguntei a ele se sabia o que significava seu nome. Obviamente, ele não sabia. Então, li sobre Josué para ele na Bíblia, a história do grande líder que conquistou as terras de Israel. Olhando para mim com os olhos cheios de admiração e inocência, ele perguntou: "É por isso que você me deu o nome de Joshua — porque ele foi um grande homem de Deus?" "Sim, Joshie", eu respondi. Então, ele respondeu com a convicção e a certeza que só as crianças têm: "Quero ser assim". Oh, a alegria me inundou! Foi um momento sagrado.

- Minha primeira filha se chama Jessica Cheri. O primeiro nome significa "abastada", enquanto o nome do meio significa "querida". E como Jessie nos faz sentir que somos abastados! Acredito que ninguém conhece de verdade o lugar que os filhos ocupam no coração até ter o primeiro. Como primogênita, ela se tornou muito querida rapidamente — e é ainda mais querida hoje.

- A segunda filha é Natasha Pauline. "Natasha" significa "dom da alegria de Deus", enquanto "Pauline" quer dizer "espírito gentil." A segunda gravidez de Suzanne foi complicada. Naturalmente, ela poderia ter problemas durante o parto — mas Natasha nasceu perfeita. Fazendo jus a seu nome, ela tem sido um gentil dom de alegria para nós desde aquele período de meses de dificuldades. Ela é sociável, uma artista nata, e sempre sabe como nos fazer rir. Porque explicamos o significado e a herança que seu nome carrega, ela sempre trabalha duro para dar alegrias para as pessoas ao seu redor.

- Meu terceiro filho é Joshua Benjamin. "Joshua" significa "Javé é salvação", enquanto "Benjamin" significa "filho de minha mão direita." Anos antes de Joshua nascer, minha esposa recebeu um conselho do Espírito Santo dizendo que, caso tivéssemos um filho, ele deveria se chamar "Joshua." Então, poucos anos antes de Joshua nascer, estávamos jantando com nosso querido amigo Reinhart Bonnke e sua esposa depois de um culto de domingo à noite. Reinhart é um dos maiores evangelistas do mundo hoje. Natural da Alemanha, ele tem sido muito usado por Deus, especialmente na África. Estávamos em uma deliciosa comunhão quando, de súbito, ele ficou muito quieto e sério. Então, ele disse algo que Suzanne e eu jamais esquecemos: "Deus está me pedindo para dizer a vocês que seu Joshua está a caminho." Se havia qualquer dúvida sobre que nome dar para um filho, ela acabou ali. O nome do meio é "Benjamin" e minha oração é para que, quando ele tiver certa idade, possa me ajudar e se tornar "o filho da minha mão direita." Falo isso até hoje para ele, e ele também falará o mesmo se você perguntar.

- Minha quarta filha se chama Eleasha. O nome "Eleasha" tem um significado duplo para nós. Por um lado, o nome significa "Deus é salvação." Por outro lado, o nome lembra Elisha [Eliseu, em português] e sua coragem de buscar duas porções do Espírito Santo. Mesmo antes de a preciosa Eleasha nascer, o Senhor Jesus havia revelado para mim que ela seria uma grande guerreira de oração e que Deus iria depositar sobre ela uma dupla bênção. Quando ela começar a entender melhor as coisas, Suzanne e eu vamos explicar o significado de seu nome, e a promessa por trás dele. Tenho confiança de que ela começará a esperar ansiosamente pela porção dupla da presença de Deus em sua vida.

Como você pode ver, assim como muitos outros pais, não escolhemos os nomes de nossos filhos por acaso; todos os nomes foram escolhidos segundo um propósito, eles foram escolhidos com base na esperança. Do mesmo modo, os nomes e títulos do Espírito Santo são ricos de significado e revelam a natureza eterna e o caráter imortal do nosso Deus soberano. E, assim como agora você tem outra perspectiva sobre a sua família por causa do que compartilhei sobre os nomes dos meus filhos, você também irá ganhar uma visão mais dinâmica sobre a pessoa e sobre a obra do Espírito Santo conforme você for estudando os nomes e títulos *dele*. Na verdade, compreender esses nomes e as passagens em que eles ocorrem irá permitir a você *apreciar* e *se apropriar* da obra dele de maneiras novas e mais poderosas.

No capítulo anterior, exploramos nomes e títulos do Espírito Santo que diziam respeito à interação dele com o Pai e com o Filho. No presente capítulo, vamos explorar alguns nomes e títulos do Espírito Santo que dizem respeito à obra dele em nossa vida.

Títulos que relacionam o Espírito Santo à sua obra em nossa vida

O Espírito de adoção

Algo maravilhoso acontece no momento em que acreditamos em Cristo como o Salvador: somos adotados pela família de Deus. Instantaneamente nos é dado o poder para nos tornarmos "filhos de Deus" (João 1:12). É a realização de parte do grande plano do Pai. Ele nos chama para sermos "adotados como filhos por meio de Jesus Cristo, conforme o bom propósito da sua vontade" (Efésios 1:5).

Mas quem prepara essa adoção? É o Espírito Santo. Paulo escreve: "Porque todos os que são guiados pelo Espírito de Deus, esses são filhos de Deus. Porque não recebestes o espírito de escravidão, para outra vez estardes em temor, mas recebestes *o Espírito de adoção*" (Romanos 8:14,15, ACRF).

O conceito de adoção aponta para duas grandes verdades, ambas transmitidas pelo do Espírito Santo. A primeira foi mencionada acima: o verdadeiro *fato* da adoção pela família de Deus com todos os direitos, privilégios e responsabilidades que estão embutidos em ser membro de tal família.

A segunda verdade é a grande *realização* trazida pela adoção, a transformação do corpo durante o Arrebatamento quando *receberemos* a herança prometida: "E não só isso, mas também nós mesmos, que temos os primeiros frutos do Espírito, gememos interiormente, *esperando ansiosamente nossa adoção como filhos, a redenção do nosso corpo*" (Romanos 8:23).

O mais maravilhoso dos milagres que pode ocorrer agora não se compara com o grande milagre do Arrebatamento, quando trocaremos nossos corpos mortais por corpos imortais — corpos que jamais estarão sujeitos a doenças, a enfermidades ou a morte. Não me entenda errado; até que chegue o grande dia, todos devemos buscar os milagres do Senhor. Agora, quais são as primícias desse grande milagre por vir? *O Espírito de Adoção!* Quando a adoção será efetivada? Quando nossos corpos forem redimidos no Arrebatamento. Por isso, venha logo, Senhor Jesus!

O Espírito da glória

Para mim, é evidente que os cristãos estão sendo atacados na América do Norte, e que tais ataques aumentam cada vez mais em intensidade. Não podemos permanecer sentados deixando que isso aconteça. É por isso que acredito no que chamo fé "violenta", ou a fé ativa, que não foge do envolvimento, que não teme o que pensam os outros, nem teme a consequência de se acreditar.

Pedro escreveu sobre o assunto em sua epístola aos fiéis da Ásia Menor que experimentavam as dores da perseguição. Ele declarou, de forma firme e contundente: "Se vocês são insultados por causa do nome de Cristo, felizes são vocês, *pois o Espírito da glória, o Espírito de Deus*, repousa sobre vocês" (1Pedro 4:14).

O Espírito Santo, falando por meio de Pedro, deu aos corajosos fiéis duas grandes garantias enquanto passavam pelo período de perseguição: *primeiro*, ele garantiu que eles nada faziam de errado, nem acreditavam em algo que fosse errado. Em vez disso, a perseguição só demonstrava que o próprio Espírito do Senhor habitava neles.

Segundo, ele prometeu para os bravos fiéis que a glória descansaria sobre eles, a magnífica glória de Deus — a mesma glória que a nação de Israel experimentara no deserto e que aparecia como nuvem durante o dia e como pilar de fogo pela noite, a mesma glória que o alto sacerdote experimentou no Santo dos Santos, a mesma glória que apareceu para os pastores que faziam vigília na noite em que nasceu o Senhor Jesus. A mesma glória que desceu sobre os apóstolos no cenáculo — é a mesma glória que será nossa, para sempre, quando permitirmos que tal glória nos fortaleça.

Acredite em mim, eu entendo de perseguição. Quando confiei em Cristo, toda a minha família se virou contra mim e me jogou no anonimato. Mas eu me mantive firme, o Espírito Santo veio sobre mim com sua glória, energizando meu espírito e dando a força necessária para eu continuar. Não demorou para que toda a minha família viesse a reconhecer Cristo como o Salvador. Para todos vocês que estão resistindo bravamente em meio a tanta oposição, animem-se — o Espírito Santo da glória prometeu habitar em *vocês*, e ele *manterá* a promessa!

O Espírito da graça

Você já parou para refletir sobre o milagre da salvação? Sem a salvação, ainda estaríamos "sem Cristo, separados da comunidade de Israel, sendo estrangeiros quanto às alianças da promessa, *sem esperança e sem Deus no mundo*" (Efésios 2:12). É a graça de Deus, sua bondade e seu favor imerecido que nos alcançou; mesmo quando éramos inimigos, ele nos salvou. Foi a graça dele que cobriu nossa culpa com a retidão dele. É a graça que nos sustém, pois fomos *salvos pela graça, pela* fé e somos *mantidos pela graça* também pela da fé. É a graça que nos leva ao pé da cruz, sem reclamar, podendo apenas dizer que nosso melhor não parece mais do que panos rasgados à vista dele. É a graça que não só acoberta nossos fracassos — mas também que os transforma em virtudes distintas de poder e de ministério.[1] É devido à graça dele que ele nos concede dons, permitindo que experimentemos a alegria dos cultos, a delícia de trabalhar com o Salvador conforme ele constrói sua Igreja. É por causa da graça que ele coloca o poder da ressurreição ao nosso dispor, permitindo que perseveremos e conquistemos. É por conta da graça que ele recompensa, mesmo em meio ao desmerecimento. É devido à graça que ele habita em nós, permitindo que experimentemos a todo instante a abundância da comunhão com o Espírito do Senhor. É por causa da graça que ele está voltando para nós, para nos transformar e para permitir que experimentemos a maravilha de tudo que ele preparou para nós.

Enquanto Paulo refletia sobre a graça de Deus na salvação, ele não conseguiu evitar um hino de louvor pela graça de Deus ao executar o plano da redenção:

> "Ó profundidade da riqueza da sabedoria e do conhecimento de Deus! Quão insondáveis são os seus juízos, e inescrutáveis os seus caminhos! 'Quem conheceu a mente do Senhor? Ou quem foi seu conselheiro?' 'Quem primeiro lhe deu, para que ele o recompense?' Pois dele, por ele e para ele são todas as coisas. A ele seja a glória para sempre! Amém" (Romanos 11:33-36).

Como é maravilhosa a graça de Deus! E quem você acredita que transmite essa graça para nós? *O Espírito Santo*. Ele é quem ministra a graça a todo instante.

Não obstante, de forma inimaginável, algumas pessoas sentem a tentação de abandonar a causa de Cristo, trocando as torrentes de água viva por cisternas secas. Um dos motivos pelos quais foi escrito o livro de Hebreus consistia em convencer tais pessoas a não procederem assim. As Escrituras declaram:

"Quem rejeitava a lei de Moisés morria sem misericórdia pelo depoimento de duas ou três testemunhas. *Quão mais severo castigo*, julgam vocês, merece aquele que pisou aos pés o Filho de Deus, que profanou o sangue da aliança pelo qual ele foi santificado, e insultou o Espírito da graça?" (Hebreus 10:28,29).

Se a rejeição à Lei de Deus acarretava em rápido julgamento nos dias do Antigo Testamento, então desprezar o *Filho de Deus* e seu sacrifício e o *Espírito de Deus* e sua graça são atitudes ainda mais temíveis de se imaginar. O Pai *não irá* fazer vistas grossas ante o desprezo ao Filho e ao Espírito: "Terrível coisa é cair nas mãos do Deus vivo" (Hebreus 10:31).

O Espírito de graças e de súplicas

Há algumas pessoas que minimizam a importância da profecia bíblica, inclusive algumas que se riem dela. Mark Twain disse: "Se o mundo vier a acabar, quero estar em Cincinnati — tudo sempre chega vinte anos depois em Cincinnati." Mas é importante ressaltar que 25% da Bíblia são de natureza profética, uma porção equivalente ao tamanho de todo o Novo Testamento. Você acredita que Deus iria devotar 25% de sua Palavra a um assunto *sem importância*? Eu, certamente, não acredito.

Estou aguardando pelo Arrebatamento e à espreita dele, a inauguração de um dos eventos proféticos mais importantes das Escrituras. Martinho Lutero, o pai da Reforma Protestante, dizia que só havia dois dias em seu calendário — o dia de hoje e "aquele dia"! E é assim que eu quero ser também! Quero viver, hoje, por "aquele dia".[2]

Uma das passagens proféticas de maior importância das Escrituras é Zacarias 12. Ela descreve a reconciliação do povo judeu com o Salvador, a quem tinham rejeitado. O referido evento acontecerá durante a Segunda Vinda de Cristo. Tente imaginar a emoção desse momento.

De um lado há o Senhor Jesus, o Rei rejeitado, que retornará como conquistador. Aquele que disse, com muita emoção: "Jerusalém, Jerusalém, você, que mata os profetas e apedreja os que lhe são enviados! Quantas vezes eu quis reunir os seus filhos, como a galinha reúne os seus pintinhos debaixo das suas asas, *mas vocês não quiseram!*" (Mateus 23:37).

De outro lado há a nação dos judeus. Eles sobreviveram aos horrores da Tribulação. Eles verão o incrível poder do Salvador glorificado retornando à terra com seus exércitos, para destruir os inimigos. Então, em um súbito momento de tempo, eles percebem que aqueles a quem eles tão rapidamente rejeitaram é o precioso Filho de Deus, e retornam a ele em fé. Quem preparou o caminho para essa reconciliação? *O Espírito Santo!*

Mais de quinhentos anos antes de Cristo, o Senhor descreveu a mesma cena para o profeta Zacarias:

> "Sobre a casa de Davi, e sobre os habitantes de Jerusalém, derramarei o Espírito de graça e de súplicas; e olharão para mim, a quem traspassaram; e pranteá-lo-ão sobre ele, como quem pranteia pelo filho unigênito; e chorarão amargamente por ele, como se chora amarga- mente pelo primogênito" (Zacarias 12:10, ACRF).

Quando o Senhor derramou seu Espírito sobre o povo sujo e abatido, ele quebrou a resistência daquelas pessoas de modo que pudessem experimentar o *favor* (a graça) de Deus, e isso libertou os corações para que pudessem se voltar a ele em *arrependimento*.

O termo "súplicas" usado na passagem para descrever o Espírito Santo refere-se a "um pedido menos formal... que a efusão de uma alma atormentada."[3] Se antes as pessoas se escondiam em cavernas e clamavam para as pedras: "Caiam sobre nós e escondam-nos da face daquele que está assentado no trono e da ira do Cordeiro!" (Apocalipse 6:16), agora podemos ir ao Senhor com humildade e amor. É isso que faz o Espírito Santo, a despeito do que fazemos. Ele nos ajuda a chegar ao Pai em liberdade para encontrar perdão e misericórdia em abundância, que estão disponíveis para todos.

O Espírito de sabedoria e de entendimento

O capítulo 11 do livro de Isaías é uma daquelas passagens apicais das Escrituras, de tão poderosa e emocionante. Ao descrever a vinda do Messias, ele usa uma trinca para descrever a obra do Espírito Santo na vida e no ministério de Cristo Jesus:

- O Espírito que dá sabedoria e entendimento.
- O Espírito que traz conselho e poder.
- O Espírito que dá conhecimento e temor do Senhor (v. 2).

Como parte da divindade, uma das características do Espírito Santo é a imutabilidade. Devido a ela, podemos esperar que o Espírito Santo manifeste essas mesmas qualidades em *nós*, quando permitimos que ele opere.

O primeiro trecho o descreve como o "Espírito da sabedoria e do entendimento" (Isaías 11:2). Sabedoria nada mais é do que viver com sagacidade — é a habilidade de aplicar o conhecimento da Palavra de Deus na vida cotidiana — e nada mais. Isso envolve usar o conhecimento da maneira adequada, visando a escolher os fins apropriados e também para atingir tais fins de maneira correta. Envolve a aplicação da verdade de Deus à experiência humana. Quando dominada corretamente, a sabedoria pode levar a uma vida feliz e repleta de sucesso.

Esse modo de viver com inteligência se manifestou na vida do Senhor Jesus desde a infância: quando ainda era pequeno, Jesus estava "enchendo-se de sabedoria" e "ia crescendo em sabedoria" (Lucas 2:40,52).

Tal sabedoria também era evidente em suas pregações: "Quando chegou o sábado, começou a ensinar na sinagoga, e muitos dos que o ouviam ficavam admirados. 'De onde lhe vêm estas coisas?', perguntavam eles. 'Que sabedoria é esta que lhe foi dada? E estes milagres que ele faz?'" (Marcos 6:2). As pessoas se maravilhavam com a sabedoria de suas palavras, com a sagacidade prática que suas palavras demonstravam. E você notou a conexão que essas pessoas faziam entre a sabedoria dos ensinamentos com a grandeza de sua obra: "sabedoria [...] e [...] milagres que ele faz!"? A sabedoria trata tanto de ações quanto de palavras.

Porque essa sabedoria é muito rara; a sabedoria das ações do Senhor Jesus muitas vezes atordoava e irritava aqueles que não possuíam o mesmo dom: o Senhor Jesus repetiu as palavras de seus críticos: "Veio o Filho do homem comendo e bebendo, e dizem: 'Aí está um comilão e beberrão, amigo de publicanos e pecadores.' Mas a sabedoria é comprovada pelas obras que a acompanham" (Mateus 11:19). E o crescimento da Igreja, robusto e devido ao Espírito, que se vê em cada continente, em cada país, em cada vila e em cada casa, em cada estado e em cada comunidade é um amplo testemunho da sabedoria da estratégia do Mestre: "Mas a sabedoria *é* comprovada por todos os seus discípulos" (Lucas 7:35).

O "entendimento" se refere ao discernimento da sabedoria, não ao mero acúmulo dos fatos. A ideia aqui é que uma pessoa que tem "entendimento" tem a habilidade de escolher com sabedoria entre as opções que aparecem em seu caminho. "*Bin* [a palavra em hebraico traduzida como "entendimento" em Isaías 11] é o poder do julgamento e da visão perceptiva, que é demonstrado por meio do uso dos conhecimentos."[4]

Esse tipo de percepção advém do Espírito Santo, e deve ser buscada de forma diligente por nós:

> Meu filho, se você aceitar as minhas palavras e guardar no coração os meus mandamentos; se der ouvidos à sabedoria e inclinar o coração para o discernimento; se clamar por entendimento e por discernimento gritar bem alto, se procurar a sabedoria como se procura a prata e buscá-la como quem busca um tesouro escondido, *então você entenderá o que é temer ao Senhor e achará o conhecimento de Deus*. Pois o Senhor é quem dá sabedoria; de sua boca procedem o conhecimento e o discernimento. (Provérbios 2:1-6).

Como o entendimento vem apenas de Deus, os ímpios acabam ganhando tal fama pela falta de habilidade para perceber a sabedoria do Senhor: "Os justos levam em conta os direitos dos pobres, mas os ímpios nem se importam com isso" (Provérbios 29:7).

Quanto conforto essas palavras trazem! Há muitas escolhas, alternativas e opções no mundo. Por vezes, é muito difícil escolher entre elas. Louvado seja Deus, que enviou o Espírito Santo para podermos ter *sabedoria* na vida e *entendimento* para escolhermos entre as alternativas com que deparamos.

O Espírito de conselho e de poder

No segundo trecho, Isaías descreve o Espírito Santo como o "Espírito que traz conselho e poder" (Isaías 11:2).

Com o conselho e o poder do Espírito Santo sob controle, as perspectivas que temos das coisas se tornam frescas e inspiradoras, então passamos a ver a vida com otimismo. Porém, sem eles, a presente existência se torna, na melhor das hipóteses, negra, sombria e deprimente. Bertrand Russell, um dos ateus mais proeminentes do nosso tempo, assim descreve sua perspectiva:

> A vida do homem é uma longa marcha através da noite, cercada de inimigos invisíveis, torturada por cansaço e dor, na direção de um objetivo que poucos podem esperar alcançar e onde ninguém pode permanecer por muito tempo. Um por um, à medida que marcham, nossos companheiros somem de nossas vistas, alcançados pelas ordens silenciosas da morte onipotente. A vida do homem é breve e sem poderes. Sobre ele, e sobre toda sua raça, recai a condenação lenta e certa, impiedosa e sombria. Cego para o bem e o mal, imprudente ante a destruição, questões onipotentes rolam implacavelmente. Para o homem, condenado hoje a perder seus entes queridos, e amanhã ele mesmo tendo que passar pelos portões da escuridão, resta apenas acalentar, antes que desapareçam como um sopro, os pensamentos sublimes que enobrecem seus poucos dias.[5]

Sou muito grato pelo Espírito Santo, como conselheiro, dar significado e propósito para a sua vida, coisas de que tanto necessitava esse homem sem Deus. Não há dúvida de que a citação de Russell reflete o modo com que os incrédulos enxergam a vida. Para nós, resta a tristeza por perceber que tais pessoas não veem significado na vida.

Como enfatizou o profeta Isaías, o Espírito Santo é o "Espírito do conselho e do poder." No capítulo 11, versículo 2, Isaías profetizava sobre a vinda do Senhor Jesus. É o conselho e o poder do Espírito Santo no mistério da Trindade que permite que o Senhor Jesus seja chamado "Maravilhoso Conselheiro" e "Deus Poderoso" (Isaías 9:6). "Os atributos do Espírito Santo caracterizariam o Messias. Por conta da sabedoria, do entendimento, do conselho e do conhecimento, ele é o Maravilhoso Conselheiro" (Isaías 9:6).[6]

O Espírito Santo também se delicia em aconselhar. Pare de tentar entender tudo por si só, deixe que o Espírito Santo o aconselhe. Pare de tentar reunir forças para atravessar um caminho árduo. Com o Espírito Santo, seu lema pode ser: "Não de qualquer jeito, mas de forma *triunfante*!".

Os bisavós de um amigo meu trocaram uma existência infrutífera no Kentucky por uma vida em Oklahoma porque ouviram que aquela era a terra da oportunidade. A terra que costumavam arar não era muito produtiva e, por consequência, eles nunca tinham muito para se sustentar. De forma resumida, eles se arrastavam pela existência. No fim das contas, venderam suas terras e mudaram de estado.

A pessoa que comprou a propriedade deles descobriu petróleo e se tornou rica. O motivo por que a terra não era boa para o plantio se devia à saturação de óleo, que impedia a plantação. Pense nisso! Por anos aquelas pessoas viveram próximas à miséria quando tudo de que precisavam estava sob seus pés, o bastante não só para sobreviverem, como também para prosperar! Se tivessem cavado um pouco mais fundo, uma fonte teria jorrado!

De modo semelhante, temos os recursos do Espírito Santo ao nosso dispor; não obstante, algumas pessoas vivem cheias de pobreza espiritual e de frustração, sem usar as riquezas que estão *imediatamente* disponíveis.

O Espírito não só aconselha, como compartilha o poder e a energia para realizar propósitos. Lembre-se, disse o Senhor Jesus: "Receberão poder quando o Espírito Santo descer sobre vocês" (Atos dos Apóstolos 1:8).

O Espírito de conhecimento e de temor do Senhor

O último trecho de Isaías 11 descreve o Espírito Santo como sendo "O Espírito que dá conhecimento e temor do Senhor."

Aqui, "conhecimento" se refere à compreensão que obtemos com os sentidos, tanto sobre como funciona o mundo quanto sobre a lei moral de Deus. Assim, o Espírito Santo nos dá a habilidade de olhar para o mundo e perceber sua obra e os propósitos que designa para ela. A Bíblia declara que "desde a criação do mundo os atributos invisíveis de Deus, seu eterno poder e sua natureza divina têm sido vistos claramente, sendo compreendidos por meio das coisas criadas" (Romanos 1:20). Quando estamos em sintonia com a orientação do Espírito Santo, temos uma compreensão mais completa do mundo que nos cerca. Assim, todos os dias podem se tornar dias de espanto e de maravilhas.

Porém o Espírito Santo não traz apenas conhecimento, ele também nos empresta o "temor do Senhor." É muito importante entender isso. Salomão, sob a inspiração do Espírito Santo, disse: "O temor do Senhor é o princípio do conhecimento, mas os insensatos desprezam a sabedoria e a disciplina" (Provérbios 1:7).

Não me entendam mal; sou muito grato pela ênfase dada à guerra espiritual nos dias de hoje e acredito que ela nos tornou mais sensíveis ao debate espiritual que nos cerca. Mas temo que, como efeito colateral de todo esse ensinamento, hoje homens e mulheres temem mais o Diabo do que a Deus. *Tema a Deus, e você não precisará temer o Diabo.* Você terá consciência do poder dele e agirá do mesmo modo que o arcanjo Miguel (Judas 1:8, 9), mas você não o temerá, pois "vocês são de Deus e os venceram, porque aquele que está em vocês é maior do que aquele que está no mundo" (1João 4:4).

A propósito, há uma diferença entre temer o Senhor e ter medo dele. Êxodo 20 expõe esse raciocínio com brilhantismo. A nação de Israel estava reunida no monte Sinai para realizar um pacto de comunhão com Javé e receber dele os Dez mandamentos. O monte Sinai estava repleto de "trovões e raios, uma densa nuvem cobriu o monte, e uma trombeta ressoou fortemente. Todos no acampamento tremeram de medo" (Êxodo 19:16).

Na verdade, a nação de Israel disse a Moisés: "Fala tu mesmo conosco, e ouviremos. Mas que Deus não fale conosco, para que não morramos" (Êxodo 20:19).

Então, Moisés disse as seguintes palavras notáveis: *"Não tenham medo! Deus veio prová-los, para que o temor de Deus esteja em vocês e os livre de pecar"* (v. 20). Ele disse: não *tenham medo*, mas *temam*! Consegue ver a diferença? O povo tremia ante o poder de Deus. Mas o que o Pai desejava é que tivessem um respeito saudável pelo poder dele, algo que levaria ao sentido de espanto que, por sua vez, os impediria de pecar. Assim, o "temor do Senhor" não significa *ter medo*, significa *compreender* e *respeitar* a Deus de modo a viver uma vida de amável obediência.

É o Espírito Santo que nos dá essa habilidade de temer ao Senhor.

O Espírito da vida

Amo essas palavras do Senhor Jesus: "Eu vim para que tenham vida, e a tenham plenamente" (João 10:10). Vida abundante — há algo de muito atraente nisso. Algo que diz dentro de nós: "Sim, eu *preciso* ter isso." É o *Espírito Santo* que provê essa vida abundante para nós. Disse o Senhor Jesus:

> O Espírito dá vida; a carne não produz nada que se aproveite. As palavras que eu lhes disse são espírito e vida" (João 6:63). A vida de que aqui se fala é a salvação, mas também é verdade que "o que Deus promete para a eternidade, ele começa a fazer nesta vida.[7]

Meu querido amigo, quando o Espírito do Senhor vem, ele traz *vida*, quebrando o poder do pecado cancelado e da morte, como diz o hino. E não se trata apenas de uma vida *eterna*, como também de uma vida *melhor* e *agora mesmo*. Disse Paulo: "A lei do Espírito de vida me libertou da lei do pecado e da morte" (Romanos 8:2).

Você está experimentando toda a vida que o Espírito Santo tem para oferecer? Alguém me disse uma frase que resume esse assunto de forma magnífica:

Acredito que só uma pessoa dentre mil conhece o truque de viver verdadeiramente no presente. A maioria de nós passa 58 minutos a cada hora ou vivendo no passado, lamentando por alegrias perdidas, sentindo vergonha pelas escolhas malfeitas (ambas inúteis e enfraquecedoras); ou vivendo no futuro pelo qual tanto ansiamos ou que tanto tememos. O único modo de viver é aceitar cada minuto como um milagre que não se repete, pois é exatamente isso que a vida é — um milagre que jamais se repetirá.[8]

O Espírito do Senhor está esperando agora para *curar* o seu passado, para *garantir* o seu futuro e para *libertar* você para que experimente a vida de abundância *agora*.

O Espírito Santo da promessa

Paulo declarou; aqueles que confiarem em Cristo como o Salvador estarão "selados com o Espírito Santo da promessa, que é a garantia da nossa herança" (Efésios 1:13,14). Vou falar mais sobre essa passagem no capítulo 9, mas, por agora, quero que você perceba duas coisas.

Primeiro, ele é o "Espírito Santo *da promessa*." Isto é, "o Espírito prometido."[9] No discurso feito no cenáculo, o Senhor Jesus *prometeu* enviar o Espírito Santo, mas o Senhor Jesus fez essa promessa *junto com* o Pai ("que o Pai enviará em meu nome" João 14:26; "eu enviarei a vocês da parte do Pai... que provém do Pai" João 15:26). Assim, o Espírito Santo foi prometido também pelo Pai, como está registrado em Atos dos Apóstolos 1:4: "promessa de meu Pai." Por conta da fé nas palavras do Filho e do Pai, aquele primeiro grupo em Jerusalém se ateve à palavra de Deus e aguardou pelo Espírito Santo, e Deus não os desapontou.

Não se esqueça de que "Deus não é homem para que minta, nem filho de homem para que se arrependa. Acaso ele fala, e deixa de agir? Acaso promete, e deixa de cumprir?" (Números 23:19). Certas pessoas gostariam que você acreditasse que a Bíblia não é verdadeira ou verdadeira por inteiro. Não importa as palavras que essas pessoas usam, o que estão fazendo é chamar cada um dos membros da Divindade de mentirosos. Há um ditado antigo, porém muito verdadeiro: "Deus disse, portanto eu creio. Ponto." E eu poderia acrescentar: "Vou viver de acordo com o que Deus diz." Assim como os ansiosos fiéis que se reuniram no cenáculo, aceite a palavra de Deus em *tudo* que ele diz.

Segundo, a moradia do Espírito Santo dentro de nós é uma promessa de que um dia receberemos tudo que foi prometido e preparado para nós: um *novo* corpo, uma *nova* natureza e um *novo* lar. O Espírito Santo que habita em nós demonstra, a todo instante, que Deus irá presentear-nos com a totalidade da nossa herança.

O Espírito da verdade

Um dos grandes títulos atribuídos à Promessa do Pai é "O Espírito da Verdade." O Espírito Santo tem um propósito específico, recebido de Deus, que é comunicar e compartilhar aquilo que é verdadeiro e válido. O Senhor Jesus o descreveu como "o Espírito da verdade. O mundo não pode recebê-lo, porque não o vê nem o conhece. Mas vocês o conhecem, pois ele vive com vocês e estará em vocês" (João 14:17).

Contudo ele não apenas ensina a verdade, ele *é* a verdade.

- Ele ensinará a você a verdade sobre *Jesus* (significado direto de João 14:17).[10]
- Ele ensinará a verdade sobre a Bíblia. O Senhor Jesus declarou: "Quando o Espírito da verdade vier, ele os guiará a toda a verdade" (João 16:13; 1Coríntios 2:10,11).
- Ele ensinará a verdade sobre *você mesmo*. Davi foi extremamente honesto quando perguntou ao Senhor: "Quem pode discernir os próprios erros? Absolve-me dos que desconheço!" (Salmos 19:12). Ninguém pode discernir completamente erros cometidos, mas, ao ouvir a voz do Espírito Santo e seguir suas orientações, os aspectos da vida que são invisíveis para nós serão refinados e sublimados pelo Espírito Santo. "E todos nós, que com a face descoberta contemplamos a glória do Senhor, segundo a sua imagem, estamos sendo transformados com glória cada vez maior, a qual vem do Senhor, que é o Espírito" (2Coríntios 3:18).

O Consolador

Vou entrar em maiores detalhes sobre isso no capítulo 9, mas o significado desse título é tão importante que quero apresentá-lo a vocês agora. Se você já teve de se apresentar para uma defesa em algum tribunal ou diante do governo, então sabe que experiência devastadora pode ser. Apesar de nosso sistema de justiça dizer que somos inocentes até que se prove o contrário, nós *sentimos* exatamente o contrário. Sentimo-nos impotentes, sozinhos e machucados. Desejo que sempre haja alguém para ajudar você a suportar o fardo!

E é *exatamente* isso que o Espírito Santo faz. Disse o Senhor: "Eu rogarei ao Pai, e ele vos dará outro Consolador, para que fique convosco para sempre" (João 14:16, ARCF). A palavra "consolador" vem do grego e deriva para *Paráclito* — significando "chamado para ajudar". Como um agente de defesa, um advogado, um ajudante que luta por nós, um ajudante que é tão bom no que faz que irá conceder descanso até mesmo aos medos indóceis.

Porém palavras são insuficientes para exprimir a afeição que sinto pelo Espírito Santo, pela maneira que ele me ajudou em muitas ocasiões. Ele tem sido um verdadeiro e regular auxiliador. E quando me apresento diante da multidão para pregar o evangelho, ele está lá para me ajudar. Como disse Paulo: "A minha palavra, e a minha pregação, não consistiram em palavras persuasivas de sabedoria humana, mas em demonstração de Espírito e de poder" (1Coríntios 2:4).

Louvado seja Deus por nosso *Consolador*.

O Espírito eterno

Como membro da Divindade, o Espírito Santo já estava presente no início dos tempos, e irá permanecer "até o fim dos tempos."

O autor do livro de Hebreus reconheceu a natureza eterna do Espírito quando escreveu que, se o sangue de bodes e touros era usados em sacrifícios, "quanto mais, então, o sangue de Cristo, que pelo *Espírito eterno* se ofereceu de forma imaculada a Deus, purificará a nossa consciência de atos que levam à morte, de modo que sirvamos ao Deus vivo?" (Hebreus 9:14).

Assim como o sacerdócio melquizedequiano de Cristo foi superior ao sacerdócio da lei do Antigo Testamento, também a redenção efetuada por meio do Espírito eterno é superior aos remédios temporários da lei — remédios designados não tanto para redimir o homem, mas para apontar a *necessidade* de redenção pela fé em Cristo, presente no homem.

Dizer que ele é um "Espírito eterno" equivale a dizer que ele é um "Espírito divino." "O termo *eterno* que também pode ser atribuído a Deus, o Pai, ou a Deus, o Filho, é aqui atribuído ao Espírito Santo. Como predicado do Deus sozinho, pode-se entender, assim, o Espírito como Deus."[11]

O Espírito

A Palavra de Deus concede muitos nomes maravilhosos ao Espírito Santo, mas, talvez, o nome mais simples seja também o nome mais profundo. Muitas vezes, ele é tratado nas Escrituras apenas por "o Espírito."

Foi esse o termo que João Batista usou quando descreveu o que aconteceu no batismo do Senhor Jesus. Ele disse: "Eu vi *o Espírito* descer do céu como pomba e permanecer sobre ele" (João 1:32). Pode-se até dizer o Espírito, o único Espírito, o *primeiro e único* Espírito, pois, afinal, em pessoa, nas obras e na experiência pessoal da morada dele, não há outro além dele.

O Senhor Jesus também usou as mesmas palavras. Ele declarou a Nicodemos: "Ninguém pode entrar no Reino de Deus, se não nascer da água e *do Espírito*" (João 3:5).

Mais de uma vez somos encorajados a ser "cheios *do Espírito*" (Atos dos Apóstolos 9:17; Efésios 5:18).

Os nomes dados ao Espírito Santo são repletos de significados e de glória. Mas eles não são atribuídos a ele para que possamos conhecer *sobre* ele. São nomes que podemos usar todos os dias *para* convidá-lo à intimidade da nossa vida.

Sim, ele é o Espírito do Pai e do Filho. Mas ele está pronto para ser seu Paráclito — seu Conselheiro, seu Ajudante, seu Professor e seu Guia.

CAPÍTULO 6

O vento do Espírito

"O Espírito Santo está me dizendo que você deve fundar uma igreja em Orlando; se não o fizer, outra pessoa fará no seu lugar. Deus tem um plano para a sua vida." Eu não poderia ter ficado mais chocado quando meu bom amigo Kenny Foreman me disse essas palavras, saídas do meio do nada, em um almoço, depois de um culto matinal na igreja dele em San Jose, na Califórnia, nos idos de 1982.

De verdade, fiquei tanto chocado quanto permaneci *cético*. Apesar de eu já saber que Deus desejava que eu fundasse uma igreja, também sentia que eu sabia exatamente onde ela deveria ser: em Phoenix, no Arizona. Eu era um evangelista naquela época, e minha base ficava em Orlando. Na verdade, tínhamos alugado uma sala de escritório em uma grande igreja de Orlando em que meu sogro ministrava.

Eu sabia que o Senhor estava me chamando para fundar uma igreja, sabia que havia um lugar em que isso *não* ocorreria: em Orlando, na Flórida. É verdade que eu amava as pessoas de Orlando, mas não passava disso. Eu não gostava do clima (e ainda continuo não gostando, na maior parte do ano). Eu odiava a umidade, a chuva, os insetos, os insetos e os insetos... Porém Phoenix, por outro lado — a belíssima Phoenix — era quente, ensolarada, seca e (comparando) livre de insetos. O clima lembrava bastante o de minha amada cidade natal, Jaffa.

Além disso, e de forma mais dolorosa, havia se tornado difícil para mim e para minha esposa permanecer em Orlando. Meu sogro teve de deixar sua igreja, e logo fomos avisados para procurar outra sala de escritório. As emoções associadas à saída de meu sogro eram extremamente dolorosas para minha esposa. Toda vez que íamos à igreja, ela começava a chorar. Suzanne não tinha o menor interesse em permanecer em Orlando, e aquela reação só confirmava essa sensação. Comecei a fazer viagens cada vez mais frequentes até Phoenix e passei a desenvolver um sentimento pela cidade; cheguei até a analisar algumas possíveis locações.

Então, veio a fatídica viagem para San Jose e as palavras inspiradas de meu amigo Kenny Foreman. Na verdade, aquela viagem foi inteira fora do comum. A primeira parte da viagem me levou a Dallas, e o Espírito Santo arranjou para que eu me sentasse ao lado de um leigo que era executivo da gerência do aeroporto de Orlando. Faz muito tempo que esqueci seu nome, mas jamais hei de esquecer a conduta dele e suas palavras. Ele era brilhante, eloquente e digno. O tipo de homem que deixa uma impressão marcante por onde passa.

Engatamos uma conversa no avião e não demorou para ele perguntar sobre minhas atividades. Contei a ele sobre o ministério e mostrei uma cópia de nossa circular que, naqueles tempos, se chamava *Day Spring*.

De imediato ele reparou na minha agenda de viagens, localizada no verso da circular. Ele olhou para a agenda e para mim com um olhar experiente, o tipo de olhar que um veterano de viagens lança a outro, o tipo de olhar de alguém que sabe por experiência própria quão cansativa seria a lista de viagens constante da circular. O olhar dele mais parecia uma pergunta: "Você vai mesmo viajar tanto assim?"

Apesar de eu ser uma pessoa muito reservada por natureza e apesar de conversar com estranhos em um avião ser a última das minhas vontades, de algum modo o Espírito Santo fez com que eu abrisse meu coração para aquele homem. "Sim, eu viajo bastante; além do mais, nos últimos tempos estive pensando em me mudar de Orlando."

Quem viu pareceu entender que eu acabara de dizer ao homem que o motor esquerdo do avião estava em chamas! Do nada, ele ficou bastante empolgado. Ele se inclinou na minha direção como um navegante que se inclina em direção ao vento norte e, demonstrando bastante interesse, perguntou: "Por que motivo você iria desejar sair de Orlando?" Então, contei um pouco sobre o afastamento de meu sogro, e fiquei surpreso por descobrir que ele entendia tudo do assunto.

Olhando direto em meus olhos, com um tom de confiança absoluta e inabalável, ele disse: "Se eu fosse você, não me mudaria. Está chegando o dia em que Orlando será como Atlanta ou Dallas — o mundo inteiro virá para conhecer Orlando." Depois, ele ficou quieto, e agravou o tom: "Você viaja o mundo todo, mas, se esperar o suficiente, *o mundo virá até você.*"

Eu tinha ficado impressionado com aquelas palavras, mas fiquei ainda mais impressionado com o clima em Phoenix. Assim, apesar do encontro com aquele executivo e das palavras de conselho de Kenny Foreman, eu estava decidido a ir para Phoenix como uma flecha afiada.

Dois meses depois, eu pregava em Tampa a pedido de um homem que eu não conhecia direito; adivinhe o que aconteceu? O culto estava se desenrolando quando, do nada, esse homem começou a dizer profecias para mim. Você consegue imaginar quais foram as palavras dele? "O Espírito Santo está me dizendo que você deve fundar uma igreja em Orlando; se não o fizer, outra pessoa fará no seu lugar. Deus tem um plano para a sua vida." Bem, naquele ponto, o Espírito Santo tinha conseguido, definitivamente, a minha atenção! Eu ainda me sentia uma flecha apontada para Phoenix, mas o arco amolecia cada vez mais.

Pouco tempo depois fui convidado para pregar por Tommy Reid, que lidera uma grande igreja em Buffalo, no estado de Nova York. Hoje em dia, Tommy é um dos meus melhores amigos — considero-o *meu* pastor.

Eu não havia contado para Tommy uma única vírgula sobre as palavras que me foram vaticinadas, mas, com uma certeza indescritível, Tommy me chamou depois do culto e disse: "O Espírito Santo está me dizendo que você deve fundar uma igreja em Orlando; se não o fizer, outra pessoa fará no seu lugar. Deus tem um plano para a sua vida." Depois, ele continuou: "O Espírito Santo quer que você funde uma igreja porque há pessoas se afogando; se você fizer o que ele pede, será como um bote salva-vidas que Deus abençoará para servir de resgate."

Àquela altura, eu percebia que o Espírito Santo estava se movendo, e eu me sentia de fato disposto a seguir as orientações dele, mesmo que elas apontassem para a permanência em Orlando. Comecei a visitar San Jose uma vez por mês. Em uma das viagens de volta, o Espírito Santo falou para meu coração o mesmo que havia dito, meses antes, por meio de outras pessoas: "Benny, você deve fundar uma igreja em Orlando; se não o fizer, outra pessoa fará no seu lugar. Eu tenho um plano para a sua vida.".

Eu estava disposto a seguir a orientação do Espírito Santo, mas sentia certa angústia na alma por aquelas palavras. Minha esposa havia sacrificado muitas coisas em nome do ministério, e estava muito infeliz em Orlando. Como eu poderia pedir a ela para ficar? Por isso, disse para o Espírito Santo que eu estava sofrendo com a orientação recebida: "Senhor, se tudo isso vem do Senhor, precisará falar com minha esposa, pois ela deseja sair de Orlando."

Quando voltei para Orlando, a volta do aeroporto para casa pareceu ter uma distância maior do que jamais teve. Conversas imaginárias com Suzanne povoavam minha mente, e muitas perguntas apertavam meu coração, uma atrás da outra: *E se ela não quiser ficar em Orlando? Como ela irá reagir quando eu contar tudo que o Senhor disse para mim?* Oh, como orei, no caminho de casa para que Deus falasse com ela, porque eu sabia que Suzanne ouviria a voz dele.

Suzanne me encontrou no portão de casa. Ela estava absolutamente radiante.

Querido, tenho algo para te contar!

Ótimo, Suzanne, mas, antes, tem algo que eu preciso dizer.

Não, o que tenho para contar é tão grande que você vai ter que esperar.

Bom, Suzanne, o que tenho para dizer também é grande, mas vá em frente.

Benny, o Espírito Santo me disse que você deve fundar uma igreja aqui em Orlando, e eu também acho que você deve fazer isso.

Eu queria cair de joelhos bem ali, tamanha a gratidão pelo Senhor. Não é clichê algum dizer: "Onde Deus guia, ele provê."

Que experiência gloriosa eu tive naquele dia, quando entrei na presença de Deus e comecei a agradecer pela orientação e pela direção do Espírito Santo. Conforme continuei a comungar com ele em oração, a realidade do que estava por vir para mim e para Suzanne foi se fazendo mais aparente. "Orlando?"

"Senhor, você tem certeza? Nunca tivemos grandes públicos quando ministrávamos em Orlando." Eu tinha certeza de que ouvira o Senhor e de que o Espírito Santo estava me guiando. No entanto, continuando a orar, eu disse: "Senhor Jesus, se você realmente deseja que eu funde uma igreja em Orlando, dê algum sinal de confirmação. Permita que eu alugue o auditório da Tupperware (um dos maiores de Orlando, na época) e *permita que ele lote*." Eu queria ter certeza e sabia que minha resposta só poderia vir por meios sobrenaturais.

O Senhor foi tão gracioso e compreensivo; ele respondeu com muita rapidez, com muita sabedoria para aumentar a minha fé. Reservamos o auditório e esperamos pelo dia. Começou a se espalhar a notícia daquele culto. Eu estava confiante e animado para ver como o Espírito Santo iria glorificar o Senhor Jesus naquele encontro.

Finalmente chegou o dia para o qual o Espírito Santo me preparou por meio das muitas palavras e dos muitos sinais de confirmação. Quando pisei no palco, meu coração se encheu de louvor a Deus ao ver todos os 2.200 assentos do auditório ocupados. O Espírito Santo não *me decepcionou*; ele fez *infinitamente mais do que tudo o que pedimos ou pensamos!* (Efésios 3:20). Assim, em março de 1983, fundamos o Orlando Christian Center, uma igreja que mais de sete mil pessoas chamam de lar. *A Deus seja toda a glória!*

Sou muito grato pela direção do maravilhoso Espírito do Senhor, "o sopro de Deus". Sem a orientação do Espírito Santo, eu estaria escrevendo este livro em Phoenix, e teria perdido a alegria de pastorear na grande congregação do Orlando Christian Center, como também perderia a excitação de ver o Espírito Santo criar um "bote salva-vidas" que resgatou e redimiu muitas vidas preciosas.

Sim, o abençoado Espírito Santo exerce papel vital e indispensável não só na orientação, mas também em muitas outras áreas desde a fundação dos tempos. Neste capítulo, vamos começar a explorar a incomparável obra do Espírito Santo, tanto ao longo da história quanto nos dias de hoje. Prepare-se, pois, depois de começar a *apreciar* e a *se apropriar* da obra do Espírito Santo, você nunca mais será o mesmo!

Veja, o sopro do Todo-poderoso, o Espírito Santo, é:

- o "vento" da *criação*, que moldou o universo a partir do caos;

- o "vento" da *animação*, que deu a Adão vida física e espiritual;
- o "vento" da *percepção*, que permite ouvir a brisa gentil da voz de Deus;
- o "vento" da *direção*, guiando gentilmente por meio dos caminhos que percorremos;
- o "vento" da *revitalização*, despertando e renovando todos os dias, dando força para a caminhada.

Milhões de pessoas conseguem recitar o primeiro versículo da Bíblia de cor: "No princípio Deus criou os céus e a terra" (Gênesis 1:1). O verso seguinte nos apresenta ao poder por trás da criação — o Espírito Santo de Deus. Somos ensinados que a terra não tinha forma e era vazia; e que as trevas cobriam a face do abismo, "e o Espírito de Deus se movia sobre a face das águas" (v. 2).

Em um universo de absoluta falta de forma, algo começou a se mover. De repente, houve uma fagulha de vida. Bem na superfície de um planeta vazio e estéril, algo estava se "movendo" pela superfície da terra.

Você se lembra do que aconteceu no primeiro dia da criação? *Deus falou.* As Escrituras contam: "Disse Deus: 'Haja luz', e houve luz" (v. 3).

É animador saber que o mundo chegou à existência por meio da palavra de Deus que trouxe luz e ordem ao centro da escuridão e do caos. No entanto muitas pessoas deixam de perceber que, antes de Deus falar (v. 3), o Espírito Santo se movia (v. 2). Foi assim que aconteceu na criação e é assim que ainda acontece hoje: *Antes de Deus falar, o Espírito sempre se move.* Esse padrão jamais mudou.

Quando as pessoas perguntam: "Benny, como posso ouvir a voz de Deus?" (a propósito, essa é uma ótima pergunta), eu sempre respondo: "Deixe que o Espírito do Senhor se mova antes."

Acendendo a palavra

O Pai, o Filho e o Espírito Santo estiveram presentes na criação. Eles são iguais — Trinos e Unos. O Pai é a Fonte (João 5:26), o Filho é o Canal dessa Fonte (Atos dos Apóstolos 2:22) e o Espírito Santo é o Poder que transita por meio desse Canal (Atos dos Apóstolos 1:8, 2:33). Ele libera a Fonte e toca a vida.

Desde o primeiro dia o Espírito do Senhor começou a agir. Ele acendeu a palavra de Deus para produzir luz em meio à escuridão.

Quando Isaías refletiu sobre as maravilhas da criação, ele perguntou:

> Quem definiu limites para o Espírito do Senhor, ou o instruiu como seu conselheiro? A quem o Senhor consultou que pudesse esclarecê-lo, e que lhe ensinasse a julgar com justiça? Quem lhe ensinou o conhecimento ou lhe aponta o caminho da sabedoria? (Isaías 40:13,14).

Nosso Deus é um Deus Uno. O Espírito Santo é uma das três pessoas da Divindade e compartilha por completo os atributos da Divindade.

Muitas vezes me pego cantando a letra de uma música que conheço há anos: "Foi preciso um milagre para colocar as estrelas no lugar. Foi preciso um milagre para pendurar o mundo no espaço.".

A fonte desses milagres é o Espírito Santo. Jó escreveu:

> "Com seu sopro os céus ficaram límpidos; sua mão feriu a serpente arisca. E isso tudo é apenas a borda das suas obras! Um suave sussurro é o que ouvimos dele. Mas quem poderá compreender o trovão do seu poder?" (Jó 26:13,14).

O forte, porém quieto, Espírito de Deus esteve totalmente envolvido com tudo que o Pai desenhou — desde a estrela brilhante até a tempestade trovejante. Aquilo que conhecemos, no entanto, é apenas uma fração de sua obra criativa.

Basta uma palavra do Criador para acontecerem grandes coisas:

- Ele falou, e a terra seca se separou das águas (Gênesis 1:9).
- Ele falou, e a vegetação começou a brotar (v. 11).
- Ele falou, e houve a luz do dia e a escuridão (v. 14).
- Ele falou, e os peixes começaram a nadar e os pássaros começaram a voar (v. 20).

- Ele falou e surgiram os animais (v. 24).

Oh, o poder da voz divina! Como declarou o salmista:

> Mediante a palavra do Senhor foram feitos os céus, E os corpos celestes, pelo sopro de sua boca. Pois ele falou, e tudo se fez; ele ordenou, e tudo surgiu (Salmos 33:6, 9).

A palavra continha a autoridade de toda a Divindade.
Mas o Pai estava lá? Sim. O Espírito Santo estava presente? Totalmente. E o Filho de Deus estava lá também, pois João disse:

> No princípio era aquele que é a Palavra. Ele estava com Deus, e era Deus. Ela estava com Deus no princípio. Todas as coisas foram feitas por intermédio dele; sem ele, nada do que existe teria sido feito. (João 1:1-3).

O autor de Hebreus deixa bem claro que Deus falou ao mundo "por meio do Filho, a quem constituiu herdeiro de todas as coisas e por meio de quem fez o universo" (Hebreus 1:2).

O sopro da vida

O fato de o Pai ter falado revela uma verdade importante. Assim como o respirar carrega a voz, de forma semelhante o Espírito Santo transporta a voz do Pai. Pode-se até dizer que o Espírito Santo é o *"expirar"* do Pai. É por isso que sou tão dependente do Espírito Santo. Sem ele, eu jamais conseguiria ouvir a voz de Deus (1Coríntios 2:6-16).

O *"inspirar"* do Espírito Santo se torna central para compreender o que aconteceu no sexto dia. Então disse Deus:

> "Façamos o homem à nossa imagem, conforme a nossa semelhança. Domine ele sobre os peixes do mar, sobre as aves do céu, sobre os animais grandes de toda a terra e sobre todos os pequenos animais que se movem rente ao chão" (Gênesis 1:26).

Observe atentamente como as coisas aconteceram. O Senhor fez o homem com o pó da terra "e soprou em suas narinas o fôlego de vida, e o homem se tornou um ser vivente" (Gênesis 2:7).

O ilustre estudioso da Bíblia J. Rodman Williams diz: "O Sopro que Deus exala nas narinas do homem é mais do que sopro físico (apesar de sê-lo, também). É também um sopro espiritual, porque Deus é espírito."[1] Repare na associação entre o Espírito de Deus e o sopro de Deus em Jó 33:4: "O Espírito de Deus me fez; o sopro do Todo-poderoso me dá vida"; e também em João 20:22: "E com isso, soprou sobre eles e disse: 'Recebam o Espírito Santo.'"

Você consegue imaginar o que aconteceu quando Adão foi criado? Ao abrir os olhos, a primeira coisa de que tomou consciência foi do sopro de Deus, o Espírito Santo movendo-se por meio dele, nele e ao seu redor.

Gosto de pensar que Adão foi a primeira pessoa a ser apresentada ao Espírito Santo. Adão foi criado como resultado da "palavra" pronunciada por Deus. Mas tal palavra foi animada pelo Espírito. Assim, pode-se dizer até que Adão experimentou do Espírito Santo *mesmo antes* de conhecer o Pai — ele ainda podia sentir o Espírito Santo dentro de si.

É o que acontece com você durante a salvação. A primeira pessoa de que você se torna ciente é o Espírito Santo. Ele é a pessoa que convence e que arrasta você ao local da entrega. Você pode não saber o nome dele nem quem ele é, mas você tem consciência da presença que o arrasta até o Salvador. Você sente. Você experimenta.

Enquanto eu era adolescente em Toronto, foi o Espírito Santo que me apresentou ao Senhor Jesus, quando comecei a ficar conhecido dele. Então eu conheci o Pai. Mas meu primeiro contato foi com o Espírito Santo.

O Senhor nos dá tanto o sopro (vida) quanto o espírito. Foi o Todo-poderoso "que criou o céu e o estendeu, que espalhou a terra e tudo o que dela procede, que dá fôlego aos seus moradores e vida aos que andam nela" (Isaías 42:5). Ele também é quem "forma o espírito do homem dentro dele" (Zacarias 12:1).

Porém o Espírito do Senhor não só esteve presente e foi de vital importância para a criação da vida, como também esteve envolvido em outras duas funções importantes.

1. O Espírito Santo sustém a vida

O Espírito de Deus é a tábua de salvação do planeta. Eis como o salmista descreve a dependência de toda a vida no Espírito Santo: "Quando escondes o rosto, entram em pânico; quando lhes retiras o fôlego, morrem e voltam ao pó. Quando sopras o teu fôlego, eles são criados, e renovas a face da terra" (Salmos 104:29, 30). Sem ele, seríamos como um mergulhador de águas profundas cujo suprimento de oxigênio é subitamente interrompido. Ao Espírito Santo foi dada uma tarefa enorme: *criar, manter e renovar* — tanto o corpo físico quanto o mundo material.

O autor do livro de Hebreus conta que a tarefa do Filho também inclui ficar "sustentando todas as coisas por sua palavra poderosa" (Hebreus 1:3).

Quando o Espírito Santo chega, tudo se torna novo e restaurado. Diz o salmista: "Quando sopras o teu fôlego, eles são criados, e renovas a face da terra" (Salmos 104:30).

Por causa do incrível poder sustentador de Deus, o medo e o assombro podem ser removidos, trocados por vitalidade e força, como diz o Senhor em Isaías: "Por isso não tema, pois estou com você; não tenha medo, pois sou o seu Deus. Eu o fortalecerei e o ajudarei; Eu o segurarei com a minha mão direita vitoriosa" (Isaías 41:10).

Por que eu estou respirando? Por que eu estou vivo? As Escrituras declaram que isso acontece porque o Espírito de Deus colocou seu sopro em minhas narinas (Jó 27:3). Ele permite que eu viva. Não só de forma espiritual, mas ele é também a fonte do meu corpo físico. A Palavra de Deus declara que o mesmo Espírito que ressuscitou o Senhor Jesus dos mortos habita em você, fiel, e ele irá ressuscitar seu corpo mortal.

A vida sem o Espírito Santo não é vida. O capítulo 8 do livro de Romanos traz um testemunho triunfante dessa verdade. Eu poderia citar o capítulo inteiro, mas vamos olhar para algumas joias preciosas:

> A mentalidade da carne é morte, mas a mentalidade do Espírito é vida e paz; pois se vocês viverem de acordo com a carne, morrerão; mas, se pelo Espírito fizerem morrer os atos do cor-

po, viverão, porque todos os que são guiados pelo Espírito de Deus são filhos de Deus. (Romanos 8:6,13,14).

Eu agradeço a Deus todos os dias por ter enviado o Espírito Santo para alimentar, nutrir e preservar minha vida. Como Jó, eu sei que "o Espírito de Deus me fez; o sopro do Todo-poderoso me dá vida" (Jó 33:4). Repare no tempo verbal aqui: "me *dá* vida" — isto é, a todo instante, dia após dia ele sustenta e dá vida. Esta é uma das razões por que é tão importante ter um relacionamento vital com o Espírito Santo.

2. O Espírito Santo transmite a ordem

Um amigo arquiteto certa vez me disse: "Minha maior alegria é desenhar um edifício espetacular e acompanhar cada passo do processo da construção."

Foi assim que Deus deve ter se sentido quando seu poder começou a se mover na face das águas. Dia após dia houve um novo ato de criação e o Espírito de Deus se revelou cada vez mais.

Lembre-se disso: o pecado não havia entrado no mundo até o sexto dia do projeto de construção de Deus. Por causa disso, aquela época não era de conflito ou de confusão. Depois de cada fase da criação, ele parava para dizer: "Ficou bom" (Gênesis 1:10,12,18,21,25). Então, depois do Espírito Santo ter soprado vida em Adão e Eva, ele olhou para tudo que tinha feito e viu que "tudo havia ficado *muito* bom" (v. 31). O que começou bem evoluiu para ficar ainda melhor.

Talvez eu seja fruto da minha infância, porque sou perfeccionista. Das roupas ao escritório, quero sempre que tudo fique limpo e arrumado. Na minha casa, há um retrato meu quando criança. Desse retrato, fica óbvio que, mesmo naquela época, tudo tinha que estar certo — começando pelo cabelo, passando pela roupa e chegando aos sapatos — tudo tinha que estar no devido lugar.

Muitas vezes, quando olho para essa fotografia, começo a refletir sobre as memórias daquela fase de minha vida. Lembro com vividez a escola que eu frequentava em Jaffa. Eu era cuidado por freiras católicas, bastante exatas e estritas. Todas as manhãs, começávamos o dia com uma inspeção rigorosa. Tudo era conferido: roupas, unhas, cabelo e até orelhas.

Uma das freiras trazia uma vara na mão. Se as unhas estivessem sujas ou se algo estivesse fora do lugar — Zap! Eu ganhava uma sova da vara.

Eu não abandonei o perfeccionismo quando deixei Israel. Depois de mudarmos de Jaffa para Toronto, meu pai disse para meus irmãos mais velhos que teríamos de trabalhar depois da escola. Isso era algo totalmente novo para mim. Eu arranjei um trabalho em um posto de gasolina, mas, infelizmente, o emprego não durou. Ora, toda vez que eu terminava de abastecer um carro, eu me dirigia ao banheiro para lavar as mãos (força do hábito de minha infância). Era um posto bastante concorrido, e os carros faziam fila esperando o meu retorno.

Fui despedido no mesmo dia.

No Antigo Testamento, aprendemos que Moisés conduziu os filhos de Israel segundo um plano organizado. O modo com que Israel distribuiu as tendas ao redor do tabernáculo era bastante organizado. A viagem rumo à Terra Prometida também era bastante precisa e específica.

Durante as cruzadas, ajo com o mesmo senso de organização. Insisto para ter o som, as luzes, a organização do palco e até mesmo a temperatura do ar na mais perfeita ordem. Sinto-me perturbado quando as coisas não saem redondas ou quando algo não funciona de acordo com o planejado.

Eu acredito que Deus honra as pessoas quando elas são organizadas. Mesmo na minha devoção pessoal e nas leituras da Bíblia, uso sete lápis de cores diferentes para sublinhar as Escrituras segundo categorias variadas.

Em nosso ministério, a organização nos permitiu alcançar um vasto número de pessoas em nome do Senhor Jesus. E o bom planejamento financeiro é um dos motivos por que nosso ministério é economicamente sólido. O Espírito Santo nos honrou com tal dom.

Porém, permita que eu dê um alerta. Apesar de fazermos planos, jamais devemos tentar organizar o Espírito Santo. Ele não pode ser colocado em uma caixa, nem ele deseja isso. Deve-se permitir que ele realize sua vontade perfeita. *Sempre vá de acordo com os planos dele, sem esperar que ele flua de acordo com os seus próprios planos.*

Anos atrás, Deus disse para mim: "Se você organizar um culto, eu o honrarei. Mas jamais permita que a organização se torne uma prisão." Nunca piso em um palco sem estar preparado, mas não permito que minha preparação anteceda os planos dele.

Em 1Coríntios 12, ele é o Espírito do poder. No capítulo 13, ele é o Espírito do amor. No capítulo 14, ele é o Espírito da ordem. Esses três estão *sempre* operando juntos. Você jamais verá ordem sem amor e sem poder. Nem conseguirá encontrar amor sem poder e sem ordem.

Lá vem o vento

Algumas pessoas perguntam se podemos sentir fisicamente o vento do Espírito, ou o movimento dele, hoje. Se você estiver esperando uma resposta negativa, sou a pessoa errada para responder. Tenho dividido a história do meu primeiro encontro com o Espírito Santo durante muito tempo. Como talvez você se lembre, tudo aconteceu em um encontro conduzido por Kathryn Kuhlman, em Pittsburgh. Por vários minutos, uma brisa incomum — mais semelhante a uma onda — se moveu através de mim.

Experimentar um vento tangível e produzido pelo Espírito nunca foi algo rotineiro na minha vida, mas, em várias cruzadas, eu e centenas de pessoas conseguimos experimentar a manifestação do sopro do Espírito Santo. Mais especificamente, isso aconteceu em Atlanta, no estado da Geórgia; em Pretória, na África do Sul; em Baltimore, no estado de Maryland e em Worcester, no estado de Massachusetts.

Ao longo de toda a Bíblia, o vento representa um símbolo espiritual. O que disse o Senhor Jesus a Nicodemos, membro do conselho judaico, quando ele perguntou sobre nascer de novo? Disse o Senhor: "O vento sopra onde quer. Você o escuta, mas não pode dizer de onde vem nem para onde vai. Assim acontece com todos os nascidos do Espírito" (João 3:8).

Aqueles que recebem a salvação são como veículos nas mãos de Deus, levando a outras pessoas o Espírito Santo que dá vida. Como o vento, você começa a ser transformado pelo Espírito do Senhor.

Depois da ascensão de Cristo aos céus, o prometido Espírito Santo desceu sobre o cenáculo no dia de Pentecoste. Desta feita, ele foi mais do que o mero som de uma brisa. "De repente veio do céu um som, como de um vento muito forte, e encheu toda a casa na qual estavam assentados" (Atos dos Apóstolos 2:2). Ouviu-se o som de uma forte torrente de vento, que passava com muito ímpeto.

Qual é a previsão?

Não faz muito tempo um jovem estudante da Bíblia me perguntou: "Benny, como é compreender o Espírito Santo tão bem a ponto de saber o que ele vai fazer em um culto?"

"Meu jovem", respondi, "de onde você tirou essa ideia? Eu *nunca* sei o que o Espírito Santo vai fazer em um culto."

As Escrituras nos informam: "Assim como você não conhece o caminho do vento, nem como o corpo é formado no ventre de uma mulher, também não pode compreender as obras de Deus, o Criador de todas as coisas" (Eclesiastes 11:5).

Você já teve a chance de ver um profissional da previsão do tempo, na televisão, cercado por gráficos e computadores de última geração, tentando prever chuvas e, mesmo assim, no dia seguinte, nem uma mísera nuvem aparece no céu? Pois eu já vi. O homem do tempo se prepara e usa todos os recursos de que dispõe; porém, lá no fundo, ele sabe que o clima pode mudar em apenas um minuto. E é isso que aprendi sobre o Espírito Santo. Por mais que tentemos, não podemos predizer como ele irá agir.

E como isso me afeta? Eu sempre declarei que o Espírito Santo é imprevisível. Por conseguinte, quando se segue o Espírito Santo, como tento com o maior esforço possível, por vezes você também acaba parecendo imprevisível. Agora, faça um balanço disso com o que eu disse sobre a ordem e a previsibilidade — sempre ordeiro, nem sempre previsível.

Há uma grande diferença entre ser conduzido pelo Espírito Santo e entre ser guiado por um livro de oração ou por uma "Ordem de Culto" impressa. Quando um servo do Senhor começa a fluir no poder do Espírito Santo, toda a igreja acaba sentindo o "vento" da mudança. Há uma diferença óbvia em um culto quando o Espírito Santo está presente e no controle.

Quando fico diante de milhares de pessoas em uma cruzada milagrosa, nunca sei o que vai acontecer. Então você pergunta: "Benny, está dizendo que você não planeja cada passo do seu culto?".

Sim, é o que digo, pois, quando se é conduzido pelo Espírito Santo, apenas os planos dele interessam. Por favor, não me entenda errado; eu *nunca* inicio um culto sem estar preparado. Presto bastante atenção em cada detalhe: temperatura do auditório, som e iluminação, até mesmo assentos do palco. Sei quem irá conduzir o coro e até o que eles irão cantar. Sei quem irá tocar o piano e quem irá tocar o órgão, bem como o que os músicos irão cantar durante o culto. Reviso com bastante cuidado a lista de músicas e indico as que eu considero serem as mais apropriadas. Basicamente, sei de cada detalhe sobre o que vai acontecer *antes* de eu pisar no palco. Porém, a partir do momento em que dou o primeiro passo, nunca sei o que irá acontecer porque, naquele ponto, todo o planejamento abre espaço para os propósitos divinos.

Em alguns casos eu não sei nem mesmo a próxima palavra que sairá de minha boca. Quando o Espírito Santo está no comando, tudo flui em perfeita harmonia e com enorme facilidade. Nada consegue me distrair ou desviar a minha atenção do louvor ao Senhor, pois o Espírito Santo sempre aponta para o Senhor Jesus.

Não sou contra agendas, planos e preparações, porque acredito que o Senhor merece o melhor que pudermos fazer. Um planejamento apropriado demonstra uma boa administração de tempo e de talento. Mas quando o Espírito Santo conduz o culto, toda a preparação se torna ponto de partida, em vez de ponto de chegada.

Acontece muitas vezes de os músicos não cantarem canções que ensaiaram. Acontece de eu não pregar a mensagem, preparada durante vários dias. Por quê? Porque o Espírito Santo guia com perfeição e, quando a presença dele agracia um culto, toda a agenda some ante a luz da gloriosa presença. Os sedentos bebem de uma fonte que nunca seca e os famintos são alimentados. De repente, nada mais importa. Tudo que você quer é se glorificar na maravilhosa presença divina.

Deixe o vento tomar conta

Você já viu uma asa-delta pegar uma brisa de ar quente e pairar preguiçosamente cada vez mais alto? Imagine — uma estrutura leve que não tem motor e que veleja sem esforço em um oceano de ar. É fascinante observar esse voo tranquilo, capturado voluntariamente por uma corrente de ar.

Apesar de jamais ter voado de asa-delta, acho que entendo qual deve ser a sensação. Em um sentido espiritual, acho que já tive experiências semelhantes. Lembro-me muitas vezes de estar em um palco adorando o Senhor com milhares de pessoas cantando canções de louvor e de adoração a ele durante um culto. Começamos cantando uma estrofe simples, ou uma música conhecida. Se o Espírito de Deus estiver na canção, posso sentir, então cantamos de novo. Ao repetir, posso sentir como se estivesse subindo. Cantamos de novo e vamos ainda mais alto. O sopro do Espírito começa a elevar os corações e as vozes cada vez mais alto, assim como o vento leva a asa-delta, até que somos levados à presença do Senhor.

O que acontece quando a música não traz consigo a bênção? Troco de música imediatamente. Se o refrão não continua a nos elevar à presença divina, não o canto mais de uma vez. Se a canção seguinte serve para conduzir o louvor e carrega em si a bênção, então a canto até que Deus tenha tocado cada coração presente ao culto. Não coloco fronteiras no caminho pelo qual o Espírito se move. Experimentar esse precioso toque da presença divina é o objetivo, e eu troco de música tantas vezes quanto for necessário para sermos elevados aos céus.

Você pode então perguntar: "Benny, o que você faz se o Espírito Santo não unge a música ou o hino de louvor?"

Eu começo a pregar.

Conforme prego, faço uso dos mesmos princípios. Lembre-se: se você se puser diante de uma plateia para proclamar a Palavra de Deus, evite memorizar a mensagem e, absolutamente, evite se preparar *demais*. Estude o máximo que puder e organize seus pensamentos, mas tenha completa consciência da obra do Espírito Santo.

Se o Senhor toca uma declaração sua — torne a repeti-la. Ela irá elevar o culto. Pode ser que, em algum ponto da mensagem, você se sinta compelido a parar de pregar e começar a ministrar, como muitas vezes acontece comigo. Tenho certeza de que você sabe qual é a diferença. A pregação proclama o Evangelho. O ministério consiste em ir ao encontro das necessidades espirituais dos ouvintes enquanto se flui no Espírito de Deus.

Os músicos que fazem parte de nossos cultos são tão sensíveis à presença da bênção que tudo que tenho de fazer é um leve movimento com o dedo para que eles saibam que eu "senti" a bênção do Senhor. Imediatamente eles começam a tocar um hino de louvor conforme o vento do Espírito nos leva cada vez mais alto.

O que acontece a seguir? Permito que o Espírito Santo conduza o culto e *sigo* toda orientação que ele dá. Se existe alguma coisa que aprendi em mais de duas décadas de ministério, é isto: o Espírito Santo responde à fome. O anseio e o desejo do povo por ele fazem com que ele chegue mais perto.

Quando eu era garoto, costumava me divertir pegando um galão de gasolina ou de óleo e transferindo o líquido para outro recipiente com uma pequena mangueira de borracha. Essa mangueira se chama sifão. Por vezes era preciso chupar a mangueira para fazer o líquido fluir, mas, quando ele começava, não parava até que todo o combustível tivesse se transferido para o outro recipiente.

É assim que funciona com o Espírito Santo. Em um culto eu funciono como uma mangueira (e nada mais!) que o Espírito Santo usa para fluir e preencher alguém que está vazio.

Durante um culto, busco com frequência as pessoas que estão sem o brilho da bênção de Deus. Pode ser um ministro sentado atrás de mim, um adolescente da primeira fileira ou um avô que esteja a meia distância na plateia. Quando o Espírito do Senhor me leva a ministrar, caminho até a pessoa e coloco as mãos sobre ela. É como se estivesse inserindo energia em um corpo "vivo", em vez de em um dispositivo morto.

Quando apenas uma pessoa recebe uma bênção, tal fato produz eletricidade que se espalha rapidamente para os outros. O processo continua a se multiplicar até todos os presentes serem tocados pelo Espírito Santo.

O que acontece com Benny Hinn em uma situação dessas? A bênção sobre mim se intensifica; ela dobra e até triplica.

Por que eu oro com pessoas que estão prontas para receber algo de Deus? Porque isso ajuda a construir o ambiente da bênção para que todos os presentes, até mesmo aqueles que *não* estão famintos, criem um senso de expectativa e sejam imediatamente atraídos para o Senhor.

Por favor, permita que eu compartilhe com você algo sobre o Espírito Santo que aprendi por experiência própria. Conforme ele nos usa, um poderoso "conhecimento" varre nosso ser. Ele nos diz o que fazer — mesmo que não saibamos o motivo.

- Moisés não sabia o que iria acontecer exatamente quando iniciou a busca pela Terra Prometida.
- O rio não se separou para os Filhos de Israel até os sacerdotes que carregavam a Arca da Aliança colocarem os pés na água (Josué 3:13-17).
- As jornadas missionárias do apóstolo Paulo eram constantemente redirecionadas de acordo com os planos do Espírito Santo.

Qualquer capitão de um navio poderá dizer a você que é impossível manobrar um navio grande até que ele se ponha em movimento. A Grande Comissão não diz: "Quando seus planos estiverem prontos, você pode começar." Ela diz: "Comece."

Talvez você se pergunte: "Mas e se eu não souber o que dizer quando testemunhar?" Não se preocupe! Mexa-se junto. Compartilhe o Evangelho e confie no Espírito Santo, pois Deus declara "Abra a sua boca, e eu o alimentarei" (Salmos 81:10).

Pode ter certeza: o Espírito Santo *já está* se movendo — é melhor que você se mova com ele. Você não está mais em uma sala de aula esperando o sinal tocar para que você dê o próximo passo do dia. Esta é a vida real, e o Espírito do Senhor quer realizar uma grande obra por meio de você. Comece a se mexer.

Eu sempre disse: "Se o Espírito Santo consegue transformar o pó em homem, o que irá acontecer quando 'o sopro do Todo-poderoso' tocar o homem novamente?"

O Senhor Jesus disse: "O Espírito dá vida; a carne não produz nada que se aproveite. As palavras que eu lhes disse são espírito e vida" (João 6:63).

É o Espírito Santo quem vivifica você. "E, se o Espírito daquele que ressuscitou Jesus dentre os mortos habita em vocês, aquele que ressuscitou a Cristo dentre os mortos também dará vida a seus corpos mortais, por meio do seu Espírito, que habita em vocês" (Romanos 8:11).

Tal tarefa é impossível para a carne. Quando o homem permite que a bênção do Espírito Santo toque e transforme, a palavra dele transmite vida, não morte. O apóstolo Paulo nos diz que somos "ministros de uma nova aliança, não da letra, mas do Espírito; pois a letra mata, mas o Espírito vivifica" (2Coríntios 3:6).

O Espírito Santo tem o poder de transformar a morte em vida. Deus pediu a Ezequiel: "Profetize ao espírito; profetize, filho do homem, e diga-lhe: 'Assim diz o Soberano Senhor: Venha desde os quatro ventos, ó espírito, e sopre dentro desses mortos, para que vivam'" (Ezequiel 37:9). A palavra em hebraico para "sopro", *ruach*, é traduzida como "Espírito" no versículo 14, que poderia, verdadeiramente, ser a melhor tradução para a referida palavra.[2]

O profeta Isaías ouviu uma voz que dizia:

"Clame", ao que ele respondeu: "O que clamarei?" "Que toda a humanidade é como a relva, e toda a sua glória como as flores do campo. A relva murcha e cai a sua flor, quando o vento do Senhor sopra sobre eles; o povo não passa de relva. A relva murcha, e as flores caem, mas a palavra de nosso Deus permanece para sempre" (Isaías 40:6-8).

Eis aqui o profeta dando um aviso. Todos os homens são como relva, e toda a glória deles é como uma flor. O mesmo Espírito Santo que compartilha a vida pode trazer o julgamento e até a morte (Atos dos Apóstolos 5:1-11). Não se esqueça de que, quando se peca contra o Espírito, aquele que peca corre o risco de perder o Espírito para sempre. Os perniciosos não conhecem o maravilhoso poder do Espírito de trazer o julgamento e de remover a vida.

O sopro do Todo-poderoso em um fiel serve para vivificar. Mas quando ele assopra em um pecador, pode trazer a morte. É por tal motivo que ele deve ser temido.

O Senhor deseja que nós sejamos

Como árvore plantada à beira de águas correntes, Dá fruto no tempo certo,
E suas folhas não murcham. Tudo o que ele faz prospera!
Não é o caso dos ímpios!
São como palha que o vento leva.
(Salmos 1:3,4)

O vento do Espírito de Deus remove o joio — o símbolo da iniquidade. Aqueles que resistem ao Espírito Santo são levados embora, mas aqueles que cedem a ele são levados à presença divina.

Aqueles que acham que podem se esconder do "Vento" precisam reler as manchetes a respeito do furacão Andrews ou do furacão Hugo. Se os ventos naturais conseguem arrancar construções com fundação e tudo, imagine o que o Sopro (ou Vento) do Todo-poderoso pode fazer na vida dos filhos de Deus.

Assim, com o vento do Espírito Santo sob suas asas, você poderá alcançar alturas na sua vida cristã que você jamais sonhou serem possíveis. Como disse Dwight L. Moody: "Se você nasceu do Espírito Santo, você não *terá* de servir a Deus — você o fará naturalmente."[3] Entenda o recado: o *sobrenatural* faz o *impossível* parecer *natural*!

Como algo "sem forma e vazio" consegue se transformar em um mundo de belezas? Como Deus pôde até mesmo pensar em confiar sua mensagem de cura e de libertação a um filho gago e consciencioso como eu? Isso acontece apenas devido ao poder do Sopro de Deus.

Você está pronto para o "vento do Espírito" soprar sobre você?

CAPÍTULO 7

A obra do Espírito na vida de Cristo

Já aconteceu de você começar a orar e descobrir que, conforme você ora do fundo do coração, as preces parecem ricochetear na parede e voltar para você? Quando isso aconteceu comigo, pouco depois de eu ser salvo, eu não compreendia. Não havia vida, não havia poder, não havia intensidade na minha vida de oração. Porém, no dia em que conheci o Espírito Santo, tudo mudou.

Quando Kathryn Kuhlman me apresentou para o Espírito Santo, de imediato eu quis saber mais sobre ele. Quando conheci o Espírito Santo, o que mais me impressionou foi a intensidade da fome pelo Senhor Jesus que passei a sentir; eu queria saber cada vez mais sobre o Senhor.

De repente, houve uma erupção na minha vontade de conhecer o Senhor Jesus de um modo que eu jamais havia experimentado. Comecei a entender que eu estava tentando conhecer o Senhor Jesus completamente sozinho. Mas quando o Espírito Santo invadiu a minha experiência cristã, comecei a entender o papel que ele exerce e seu propósito. Descobri que conhecer o Espírito Santo é o único meio pelo qual conseguimos conhecer Cristo com maior profundidade.

Quando tentei conhecer o Senhor Jesus por conta própria, foi uma luta tremenda. Eu orava como qualquer outro cristão oraria, mas nada acontecia. Eu estava me debatendo; minhas orações batiam na parede e voltavam para mim. Não havia vida, não havia intensidade, não havia fome. Eu estava tentando criar essa fome sem a participação do Espírito Santo, não obtive sucesso. Eu estava tentando criar a sensação de fome. Era tudo mental, tudo carnal. Mas quando o Espírito Santo veio, uma fome divina começou a nascer na alma; então, fui transformado.

A declaração de Paulo

Quando o Espírito Santo veio, uma oração nasceu por conta da presença, oração que ainda arde em mim com grande amor e desejo. Como Paulo, eu digo: "Quero conhecer a Cristo, ao poder da sua ressurreição e à participação em seus sofrimentos, tornando-me como ele em sua morte para, de alguma forma, alcançar a ressurreição dentre os mortos" (Filipenses 3:10,11).

Ora, o Espírito Santo não veio para realizar aquilo que ele mesmo deseja. O Senhor Jesus em pessoa declarou a missão do Espírito Santo quando disse: "Ele me glorificará, porque receberá do que é meu e o tornará conhecido a vocês" (João 16:14).

Jesus Cristo é a figura central da história mundial; ′é o Espírito Santo que o revela aos corações humanos.

Filho do Espírito

Poucas pessoas já pararam para refletir sobre o importante papel do Espírito Santo no nascimento do Senhor Jesus. Maria era uma virgem de Nazaré que estava prometida em casamento para um homem chamado José. Ela ficou surpresa quando o anjo Gabriel apareceu e disse: "Você ficará grávida e dará à luz um filho, e lhe porá o nome de Jesus" (Lucas 1:31).

As palavras de Gabriel muito a perturbaram. "Como acontecerá isso", perguntou Maria ao anjo, "se sou virgem?" (v. 34). Respondeu o anjo: "O Espírito Santo virá sobre você, e o poder do Altíssimo a cobrirá com a sua sombra. Assim, aquele que há de nascer será chamado santo, Filho de Deus" (Lucas 1:35).

Era costume da época os pais arranjarem o casamento dos filhos. Um contrato de casamento era negociado entre os pais de um homem e os pais de uma mulher, seguindo-se um período de um ano de espera. Apesar de tanto o homem quanto a mulher seguirem vivendo cada um com seus pais, eles eram considerados casados e se chamavam marido e esposa. O período de espera tinha a intenção de demonstrar a fidelidade da noiva e sua pureza como virgem. Se ela não engravidasse nesse período de um ano, ela era considerada pura, o contrato era firmado e o casal poderia começar a vida juntos. Caso contrário, o casamento era anulado, e a noiva poderia até acabar apedrejada.[1]

Quando José ouviu a história de que sua noiva "achou-se grávida", ele ficou disposto a se divorciar secretamente para evitar a humilhação pública e a desgraça (Mateus 1:18,19). Então, em um sonho, um anjo do Senhor pediu que ele não temesse em aceitar Maria como sua esposa, "pois o que nela foi gerado procede do Espírito Santo" (v. 20).

Que milagre divino! Para que Deus pudesse enviar seu Filho, o Espírito Santo desceu sobre Maria e concebeu nela o próprio Filho do Deus Vivo. Aquele que é Uno com o Deus Eterno foi feito carne e adentrou o mundo como um bebê. A Palavra de Deus tornou-se semente no ventre da mulher. "A Palavra tornou-se carne e viveu entre nós" (João 1:14). Quando penso sobre Deus se tornar carne, eu o vejo consagrando nossa carne para sempre com dignidade.

Foi nada menos que o poder do Espírito Santo que fez nascer o Filho de Deus na forma humana. Todos os dias eu agradeço a Deus por ele, que não tem limites, a quem os céus não conseguem conter, ter vindo para a terra em forma de carne apenas para nos salvar.

A confirmação

Oito dias após o nascimento do Senhor Jesus, o Espírito de Deus já estava trabalhando de novo. Havia em Jerusalém um homem "justo e piedoso" chamado Simeão que "esperava a consolação de Israel; e o Espírito Santo estava sobre ele. Fora-lhe revelado pelo Espírito Santo que ele não morreria antes de ver o Cristo do Senhor" (Lucas 2:25, 26).

"Movido pelo Espírito" (v. 27), Simeão correu para o templo onde o Senhor Jesus deveria ser consagrado. Deve ter sido uma cena tocante quando Simeão "o tomou nos braços e louvou a Deus, dizendo: 'Ó Soberano, como prometeste, agora podes despedir em paz o teu servo. Pois os meus olhos já viram a tua salvação'" (Lucas 2:28-30).

A propósito, Simeão é um exemplo das maravilhas que acontecem com uma pessoa que está em comunhão com o Espírito Santo. Repare como o

Espírito Santo estava "sobre ele" (v. 25); o Espírito Santo revelou a verdade para ele (v. 26); e como o Espírito Santo guiava seus passos (v. 27).

Desde os primeiros dias da encarnação, Jesus Cristo experimentou o conselho e a orientação do Espírito Santo como Isaías havia previsto (Isaías 11:2).

O Senhor não falava segundo sua própria autoridade, mas dizia: "O Pai que me enviou me ordenou o que dizer e o que falar" (João 12:49).

O Senhor Jesus tinha plena consciência de que as palavras que ele dizia não eram escolhidas por ele, mas vinham do Pai, como escreveu João Batista sobre ele: "Pois aquele que Deus enviou fala as palavras de Deus, porque ele dá o Espírito sem limitações" (João 3:34).

Assim como Cristo prometeu que o Espírito Santo "ensinará todas as coisas" (João 14:26), Deus permitiu que Cristo experimentasse dessa mesma instrução. O Senhor Jesus confiava na orientação e na direção do Espírito Santo para realizar o que o Pai ordenava que ele fizesse; pois, na Antiga Aliança, vemos as Escrituras dizendo que é o Espírito Santo quem instrui: "Deste o teu bom Espírito para instruí-los" (Neemias 9:20).

Deus e homem

Enquanto o Senhor Jesus esteve na terra, ele foi Deus completo e homem completo. O apóstolo Paulo o chamava "o homem Cristo Jesus" (1Timóteo 2:5).

Precisamos lembrar que, enquanto Jesus Cristo esteve na terra, ele foi inteiramente divino e inteiramente humano. Ele era o Deus-homem. E, como homem pleno:

Ele sabia o que era ter fome. "Depois de jejuar quarenta dias e quarenta noites, teve fome" (Mateus 4:2).

Ele experimentou a sede. "Mais tarde, sabendo então que tudo estava concluído, para que a Escritura se cumprisse, Jesus disse: 'Tenho sede'" (João 19:28).

Ele se cansava quando viajava. "Havia ali o poço de Jacó. Jesus, cansado da viagem, sentou-se à beira do poço. Isto se deu por volta do meio-dia" (João 4:6).

Ele se entristecia com as pessoas. "Irado, olhou para os que estavam à sua volta e, profundamente entristecido por causa dos seus corações endurecidos, disse ao homem: 'Estenda a mão.' Ele a estendeu, e ela foi restaurada" (Marcos 3:5).

Ele experimentou a alegria. "Naquela hora Jesus, exultando no Espírito Santo, disse: 'Eu te louvo, Pai, Senhor do céu e da terra, porque escondeste estas coisas dos sábios e cultos e as revelaste aos pequeninos. Sim, Pai, pois assim foi do teu agrado'" (Lucas 10:21).

Ele sentia compaixão pelos outros, porque sabia o que se passava com eles. "Ao ver as multidões, teve compaixão delas, porque estavam aflitas e desamparadas, como ovelhas sem pastor" (Mateus 9:36). "Jesus teve compaixão deles e tocou nos olhos deles. Imediatamente eles recuperaram a visão e o seguiram" (Mateus 20:34).

Como homem, Jesus confiava na orientação vital do Espírito Santo. O mesmo Espírito Santo que estava operando na vida de Cristo é o Espírito Santo que deseja operar em sua vida hoje.

"O céu se abriu"

João Batista, primo do Senhor Jesus, era, talvez, o pregador mais famoso de Israel. Ele pregava o arrependimento, e foi enviado por Deus "para deixar um povo preparado para o Senhor" (Lucas 1:17).

A ele vinha "gente de Jerusalém, de toda a Judeia e de toda a região ao redor do Jordão" e, "confessando os seus pecados, eram batizados por ele no rio Jordão" (Mateus 3: 5, 6).

Disse João: "Eu os batizo com água para arrependimento. Mas depois de mim vem alguém mais poderoso do que eu, tanto que não sou digno nem de levar as suas sandálias. Ele os batizará com o Espírito Santo e com fogo" (Mateus 3:11).

Algum tempo depois disso, o Senhor Jesus apresentou-se a João, depois de uma viagem da Galileia até o rio Jordão para ser batizado. Você consegue imaginar como João deve ter se sentido? É claro, João tentou desencorajar Jesus, dizendo: "Eu preciso ser batizado por ti, e tu vens a mim?" (Mateus 3:14). Mas o Senhor o convenceu, dizendo: "Convém que assim façamos, para cumprir toda a justiça" (v. 15). João concordou e "quando todo o povo estava sendo batizado, também Jesus o foi" (Lucas 3:21).

As três pessoas da Trindade se fizeram manifestas naquele dia. Oh, como eu gostaria de estar lá quando o Senhor Jesus se levantou da água. A Bíblia declara que "o céu se abriu, e o Espírito Santo desceu sobre ele em forma corpórea, como pomba. Então veio do céu uma voz: 'Tu és o meu Filho amado; em ti me agrado'" (Lucas 3:21, 22).

É de extremo significado o Espírito Santo ter aparecido de forma visível, porque seis coisas importantes aconteceram no batismo do Senhor Jesus:

1. *O batismo marcou o início do ministério messiânico de Cristo.* R. A. Torrey diz que "foi no Jordão, na ocasião do batismo, que Jesus foi ungido com o Poder e com o Espírito Santo, e ele não começou a ministrar publicamente até que fosse batizado com o Espírito Santo."[2]

2. *O batismo mostrou para a humanidade a importância do batismo com o Espírito Santo em um ministério.* O Senhor Jesus jamais daria início a seu ministério sem o poder especial do Espírito Santo em sua vida. E como isso serve de exemplo para nós! Que belo incentivo para buscarmos uma comunhão mais íntima com o Espírito Santo antes de tentarmos passos maiores em nome do Espírito Santo! R. A. Torrey, novamente, resume muito bem o raciocínio: "Se mesmo ele, que nos deixou um exemplo para que seguíssemos seus passos, não se aventurou no ministério para o qual o Pai o havia enviado até que fosse definitivamente batizado pelo Espírito Santo, quem somos nós para ousarmos fazer o contrário? [...] É evidente que o batismo no Espírito Santo é uma preparação absolutamente necessária para a obra efetiva de Cristo ao longo de toda a nossa obra."[3]

3. *O batismo serviu "para cumprir toda a justiça"* (Mateus 3:15).

A presença do Espírito Santo, cujo próprio nome é Santo, foi uma confirmação manifesta da justiça de Cristo. A presença do Espírito declarava que Jesus Cristo foi justo ao se identificar com os pecadores durante o batismo.[4]

4. *O batismo demonstrou que o Senhor Jesus pertencia a Deus e que estava oficialmente aprovado por ele.* Pois o Pai declarou: "Tu és o meu Filho amado; em ti *me agrado*."

5. *O batismo demonstrou a aprovação de Deus pela identificação do Filho com a humanidade através do rito.* Como disse Louis Barbieri: "Se o Messias pretendia trazer a justiça aos pecadores, ele precisava se identificar com eles. Portanto, foi a vontade de Deus que ele fosse batizado por João de modo a se identificar [...] com os pecadores."[5]

6. *O batismo mostrou para a humanidade a importância do batismo na água, não para a salvação, mas para a identificação com o Salvador e com a morte, o sepultamento e a ressurreição dele* (Atos dos Apóstolos 2:38; 10:48; Mateus 28:19). Imediatamente após o batismo, "Jesus, cheio do Espírito Santo, voltou do Jordão e foi levado pelo Espírito ao deserto" (Lucas 4:1).

Levado à tentação

Muitas pessoas se surpreendem ao ler que, depois de o Senhor Jesus ter sido preenchido de forma plena com o Espírito Santo, ele foi imediatamente levado, pelo mesmo Espírito Santo, a sofrer a maior tentação de sua vida. Marcos até chega a dizer que o Espírito Santo o *impeliu* para o deserto (Marcos 1:12). Que palavra notável! John Grassmick assim explica:

> A palavra [impeliu] vem de um verbo muito forte (*ekballo*), que significa 'compelir, expulsar, ordenar' [...] A ideia aqui é a de uma forte compulsão moral por meio da qual o Espírito forçou Jesus a assumir uma postura ofensiva contra a tentação, em vez de evitá-la.[6]

Conseguiu entender? Cristo veio para quebrar a força do pecado e, em vez de esperar pela vinda de Satanás, o Espírito Santo fez com que Cristo o "encarasse" quase imediatamente. O poder do homem forte é ser quebrado pelo Deus-homem — agora!

Nos 40 dias seguintes, o Senhor Jesus passou sem comida e foi tentado por Satanás. Primeiro, disse o Diabo: "Se você é o Filho de Deus, mande a esta pedra que se transforme em pão" (Lucas 4:3).

O Senhor Jesus respondeu com a Palavra. Ele disse: "Está escrito que nem só de pão viverá o homem, mas de toda a palavra de Deus" (Lucas 4:4, ACRF).

Depois, Satanás conduziu o Senhor Jesus até um lugar alto e mostrou para ele todos os reinos do mundo. Disse o Diabo: "Me foram dados e posso dá-los a quem eu quiser. Então, se você me adorar, tudo será seu" (Lucas 4:6,7).

Novamente, o Senhor respondeu com a Palavra. Ele declarou: "Vai-te para trás de mim, Satanás; porque está escrito: 'Adorarás o Senhor teu Deus, e só a ele servirás'" (Lucas 4:8, ACRF).

Finalmente, o Diabo levou o Senhor Jesus para Jerusalém e fez com que ele ficasse no mais alto pináculo do templo, e disse: "Se você é o Filho de Deus, jogue-se daqui para baixo" (Lucas 4:9). Satanás chega até a citar o Salmos 91:11: "Ele dará ordens a seus anjos a seu respeito, para lhe guardarem" (v. 10).

Como o Senhor Jesus respondeu? Você adivinhou. Ele usou a Palavra de Deus, e declarou: "Dito está: 'Não ponha à prova o Senhor, o seu Deus'" (v. 12).

A mesma palavra que Cristo Jesus usou naquela ocasião está disponível para você e para mim, hoje. A mensagem é clara. O único modo de lidar com o massacre do tinhoso é por meio de uma vida cheia do Espírito e centrada na Palavra. A Palavra de Deus promete que você *pode* conquistar por meio de Cristo (Judas 9; Romanos 8:31-37).

Você acha que eu, de algum modo, estou protegido dos ataques de Satanás? Absolutamente não! Mas será que tenho o poder, pelo do Espírito Santo para sair vitorioso? Absolutamente sim! Noite após noite, sempre que o Espírito do Senhor está prestes a fazer uma obra maravilhosa em nossas cruzadas, Satanás tenta de todo artifício imaginável para me distrair. Ele já tentou de tudo, desde enfraquecer o meu poder até causar um rebuliço na plateia. Ainda pior, ele já tentou sussurrar em meus ouvidos: "Benny, o Senhor não está aqui hoje. Ninguém será salvo. Ninguém será curado. Não haverá bênção alguma." Foi então que chamei o Espírito Santo para vir e me ajudar.

Então, o Senhor retornou para a Galileia "no poder do Espírito", e por toda aquela região se espalhou a sua fama (Lucas 4:14). Ele tinha lutado e vencido Satanás. Lembre-se, se você confiar no poder do Espírito Santo, como fez Cristo *mesmo em meio* à tentação, você vencerá no poder dele, saindo pronto e preparado para a vida e para o ministério.

Foi com esse mesmo poder que o Senhor deu início a seu ministério na sinagoga de Nazaré — cidade onde fora criado. No Sabbath, como era o costume da época, as pessoas se apresentavam para ler um pergaminho que lhes era passado. Naquele dia, ao Senhor Jesus foram dados os escritos de Isaías. Ao desenrolar o pergaminho, ele localizou a passagem que dizia (Isaías 61:1,2):

> O Espírito do Senhor está sobre mim, porque ele me ungiu para pregar boas novas aos pobres. Ele me enviou para proclamar liberdade aos presos e recuperação da vista aos cegos, para libertar os oprimidos e proclamar o ano da graça do Senhor.
> (Lucas 4:19)

Antes de Cristo dar início ao seu ministério, três fatos importantes aconteceram. Primeiro, ele foi batizado; segundo, ele foi ungido e capacitado pelo Espírito Santo; e, terceiro, ele foi orientado pelo Espírito Santo.[7]

Repare cuidadosamente o que fez o Senhor Jesus *depois de o Espírito Santo ter descido sobre ele*:

- Ele pregou o Evangelho.
- Ele curou os de coração quebrado.
- Ele pregou a libertação aos presos.
- Ele trouxe visão para os que estavam na escuridão.
- Ele trouxe liberdade para os oprimidos — os que tinham necessidade de cura espiritual.
- Ele proclamou que a era da salvação *havia chegado*.

O raciocínio é claro, não é? Se o Salvador fez todas essas coisas depois de o Espírito Santo tê-lo preparado, quão mais não poderemos!

Quando o Mestre terminou de ler na sinagoga, ele enrolou os pergaminhos e os devolveu ao ajudante. Então, enquanto todos ainda o olhavam, disse o Senhor: "Hoje se cumpriu a Escritura que vocês acabaram de ouvir" (v. 21).

Jesus Cristo, como Deus, não precisava de unção — ele era e *é* a Fonte da bênção. Mas Cristo, o homem, era totalmente dependente do poder do Espírito Santo. Sem esse poder, ele não serviria para realizar sua missão.

Que comecem os milagres

Somente depois da unção do Senhor pelo Espírito Santo, do encontro com Satanás e da proclamação na sinagoga é que os milagres começaram a acontecer. O Senhor Jesus foi a Cafarnaum e expulsou um demônio de um homem (Lucas 4:35), curou a sogra de Simão que tinha uma febre alta (v. 39) e, "ao pôr do sol, o povo trouxe a Jesus todos os que tinham vários tipos de doenças; e ele os curou, impondo as mãos sobre cada um deles" (v. 40).

Jesus Cristo ministrou com o poder do Espírito Santo em cada um dos milagres que aconteceram durante seu ministério — desde transformar a água em vinho até a cura dos dez leprosos. Lembre-se, não havia milagres antes de o Espírito Santo descer sobre ele no rio Jordão.

Depois que Jesus iniciou seu ministério, grandes multidões passaram a segui-lo, mas ele os advertiu para "que não dissessem quem ele era" (Mateus 12:16), de modo que a profecia de Isaías pudesse se realizar:

> Eis o meu servo, a quem escolhi, o meu amado, em quem tenho prazer. Porei sobre ele o meu Espírito, e ele anunciará justiça às nações. Não discutirá nem gritará; ninguém ouvirá sua voz nas ruas. Não quebrará o caniço rachado, não apagará o pavio fumegante, até que leve à vitória a justiça (vv. 18-20, citando Isaías 42:1-3).

O Senhor Jesus, cheio do Espírito de Deus, tinha uma missão específica para realizar. Em sua primeira vinda, ele não deveria ser um rei conquistador, mas um cordeiro gentil.

Para multiplicar o ministério e o treinamento de seus seguidores, o Senhor Jesus enviou 70 de seus discípulos para que curassem os enfermos e pregassem o Reino de Deus. Quando eles retornaram e relataram que até os demônios se sujeitavam a eles pelo nome de Jesus, o Salvador se sentiu "exultando no Espírito Santo" (Lucas 10:21). O Senhor revelou a origem e o significado de seu poder extraordinário quando disse: "Se é *pelo Espírito de Deus* que eu expulso demônios, então chegou a vocês *o Reino de Deus*" (Mateus 12:28). Não obstante, o Senhor Jesus teve muito cuidado em colocar esses acontecimentos sob a devida perspectiva para seus seguidores quando declarou: "Contudo, alegrem-se, não porque os espíritos se submetem a vocês, mas porque seus nomes estão escritos nos céus" (Lucas 10:20).

Serei sempre grato ao Dr. Oral Roberts por criar as bases dos ministérios de cura da minha geração. A grande lição que aprendi com ele é que o Espírito de Deus é *ativo* e que o poder dele é liberado pela fé.

Mesmo sendo verdade que Deus é soberano e pode fazer o que desejar, também é verdade que Deus se delicia quando demonstramos o amor por meio da confiança suficiente nele, a ponto de fazermos o que ele pede. E não quero dizer aqui que isso não passa de um acordo mental com Deus — quero dizer sobre a fé que se manifesta em ações. Essa é a fé real, e a resposta amorosa de Deus a ela equivale a colocar seu poder de ressurreição à nossa disposição (Efésios 1:19-23; Hebreus 10:32-35).

Muitas vezes, em nossas cruzadas, peço que as pessoas toquem a parte do corpo que desejam que Deus cure. Então, incentivo que passem a mexer o braço machucado ou a dobrar a perna que tem problemas. Tais movimentos, em si, de nada adiantam, mas servem *sim* para demonstrar a fé das pessoas no poder de cura de Deus. Nas Escrituras, vemos repetidas vezes o Senhor Jesus pedir aos enfermos que *façam* algo *antes* de o milagre acontecer.

Ao homem com a mão atrofiada, ele disse: "Estenda a mão" (Mateus 12:13).
Ao paralítico que não andava havia 38 anos, ele disse: "Levante-se! Pegue a sua maca e ande" (João 5:8).

Aos dez leprosos, ele disse: "Vão mostrar-se aos sacerdotes" (Lucas 17:14).

O apóstolo Pedro pagou um enorme tributo a esses feitos quando disse a todos os que queriam ouvir "como Deus ungiu a Jesus de Nazaré com o Espírito Santo e poder, e como ele andou por toda parte fazendo o bem e curando todos os oprimidos pelo Diabo, porque Deus estava com ele" (Atos dos Apóstolos 10:38).

Vida com vitória

Viver uma vida sem pecado parece algo bastante atraente — e igualmente inalcançável. É possível viver uma vida sem pecado? O Senhor Jesus conseguiu, mas nós jamais conseguiremos, pois nossos corpos semeados em "fraqueza" necessitam ressuscitar em "poder" (1Coríntios 15:43).

Porém a promessa é de que um dia a corrupção perderá para a justiça. E que o pecado será completamente derrotado em nossa vida. No meio tempo, como diz João: "Se afirmarmos que estamos sem pecado, enganamo-nos a nós mesmos, e a verdade não está em nós. Se confessarmos os nossos pecados, ele é fiel e justo para perdoar os nossos pecados e nos purificar de toda injustiça" (1João 1:8,9). Mas devo acrescentar que o poder de viver com vitória está disponível para nós a todo instante por conta do que fez o Senhor Jesus no Calvário por você e por mim.

O autor de Hebreus diz que "não temos um sumo sacerdote que não possa compadecer-se das nossas fraquezas, mas sim alguém que, como nós, passou por todo tipo de tentação, porém sem pecado" (Hebreus 4:15). É por esse motivo que você e eu temos de recorrer a ele em cada momento de fraqueza. Nós o encontraremos sempre pronto para nos libertar até a última gota. Como o livro de Hebreus também declara: "Ele é capaz de salvar definitivamente aqueles que, por meio dele, aproximam-se de Deus, pois vive sempre para interceder por eles" (Hebreus 7:25).

O mesmo Espírito Santo que permitiu ao Senhor Jesus resistir às tentações de Satanás está disposto a nos oferecer proteção. A Palavra declara:

"Porque, tendo em vista o que ele mesmo sofreu quando tentado, ele é capaz de socorrer aqueles que também estão sendo tentados" (Hebreus 2:18).

O que devemos fazer quando vacilamos? As Escrituras declaram: "Se confessarmos os nossos pecados, ele é fiel e justo para perdoar os nossos pecados e nos purificar de toda injustiça" (1 João 1:9). A palavra traduzida como "confessarmos", em grego, é *homologeo*, que significa "dizer a mesma coisa, concordar, conceder, admitir, confessar."[8]

Pare de tentar justificar, de tentar qualificar e de explicar — apenas concorde com Deus: seu pecado é simplesmente isso, *pecado*. E quando se concorda com Deus a respeito daquele comportamento, você não torna a repeti-lo. Você acaba virando as costas para aquele pecado, mudando sua mente e *se arrependendo*. Só assim você será livre para desfrutar de uma comunhão irrestrita com o Espírito Santo em sua vida.

O dia em que o espírito saiu

Teria sido impossível para Cristo suportar a cruz sem a presença do Espírito Santo. No Getsêmani, antecipando os terríveis eventos que viriam, o Senhor Jesus clamou: "A minha alma está profundamente triste, numa tristeza mortal" (Marcos 14:34). A agonia dele era tanta que "o seu suor era como gotas de sangue que caíam no chão" (Lucas 22:44).

Durante dois dias inteiros de traições, surras, açoites, provações e abandono, tanto por parte dos apóstolos quanto da multidão que o seguia. Além de todas as indignidades físicas que ele sofreu, o Salvador já estava física e emocionalmente exausto muito antes de chegar ao Calvário. Sem o Espírito Santo sobre ele, o Senhor teria morrido muito antes de ser pendurado na cruz.

Quando o Senhor Jesus chegou ao Calvário, seu próprio sangue, agora endurecido e ressecado, o cobria da cabeça aos pés; sua língua estava colada ao céu da boca; ele estava abatido, machucado e não tinha nenhuma energia. Não obstante, pelo poder de Deus o Senhor Jesus ainda conseguiu suportar a agonia da crucificação durante seis horas, tomando o pecado do mundo sobre si. Durante esse período de intenso sofrimento, o Senhor suplicou, em voz alta: "Meu Deus! Meu Deus! Por que me abandonaste?" (Marcos 15:34).

Como Deus não consegue olhar para o pecado, ele deve ter fechado os olhos. Nesse período de grande sofrimento, o Senhor Jesus se tornou pecado por nós. Ele, "com um alto brado", entregando seu espírito, "expirou" (Marcos 15:37; Lucas 23:46).

Naquela triste noite, o corpo do Senhor Jesus Cristo foi tirado da cruz e colocado em uma sepultura emprestada. O "Rei dos Judeus", a quem o povo desprezava e ridicularizava fora removido da face da terra. Ao menos, era o que se pensava.

Três dias depois, o Espírito Santo já estava operando de novo. Ele entrou naquela sepultura e a vida tornou a fluir pelo corpo do Senhor Jesus. Ele foi milagrosamente levantado dos mortos. Disse Paulo:

> Se *o Espírito daquele que ressuscitou Jesus dentre os mortos* habita em vocês, aquele que ressuscitou a Cristo dentre os mortos também dará vida a seus corpos mortais, por meio do seu Espírito, que habita em vocês. (Romanos 8:11).

Foi o mesmo Espírito Santo que "cobriu" Maria na concepção do Senhor Jesus, que o ungiu, que o impeliu e lhe deu poder.

Logo após a Ressurreição, os discípulos trancaram as portas da casa em que se encontravam por temerem represálias dos líderes judeus. Para o espanto de todos, o Senhor Jesus apareceu em meio aos discípulos, que foram tomados de grande alegria.

Então Jesus disse: "'Paz seja com vocês! Assim como o Pai me enviou, eu os envio'. E com isso, soprou sobre eles e disse: 'Recebam o Espírito Santo'" (João 20:21,22).

Pela primeira vez em seu ministério, o Senhor Jesus compartilhou o Espírito de Deus com outras pessoas. Como escreveu Andrew Murray: "Nosso Senhor teve de morrer antes de poder batizar com o Espírito Santo."[9]

Mas isso era apenas um aperitivo do que estava por vir depois que Cristo ascendeu aos céus e que o Espírito Santo foi derramado sobre todos aqueles que o buscam.

O Espírito de Deus deu a Jesus o poder de suportar a cruz e o levantou dos mortos. Em Betânia, Jesus "levantou as mãos e os abençoou" e ascendeu ao Pai (Lucas 24:50). Eu não posso provar, mas acredito ter sido o Espírito Santo que desceu e o ergueu com as mãos estendidas. Em minha opinião, foi o Espírito Santo que o devolveu à Glória.

Estamos falando do Espírito Santo. Falamos daquele que mantém o mundo coeso (Jó 34:14,15). Ele é o Espírito Santo poderoso.

A voz que ouvimos

Quando se levantou dos mortos, o Senhor fez algo que continua a fazer até hoje; ele falou por meio do Espírito Santo. As Escrituras nos dizem que foi "por meio do Espírito Santo" que o Senhor Jesus deu "instruções [...] aos apóstolos que havia escolhido" (Atos 1:2).

O Espírito Santo é a voz de Deus que conseguimos ouvir. Ele é a manifestação de Deus em nosso coração.

Quando o Senhor Jesus adentrou a sala do trono de Deus, acredito que ele disse: "Pai, o trabalho está feito. Agora é hora de enviar o Espírito Santo à terra. Você permitiu que ele me acompanhasse; eu prometi para minha Igreja que o Espírito Santo permaneceria com eles." O Senhor Jesus disse aos discípulos que ele enviaria "o Espírito da verdade."

"O mundo não pode recebê-lo, porque não o vê nem o conhece. Mas vocês o conhecem, pois ele vive com vocês e estará em vocês" (João 14:17).

O Senhor Jesus o chamou "outro Consolador", outro como ele, que logo viria e habitaria em nós para sempre. Ele não disse: "Vocês poderão vê-lo e então poderão conhecê-lo"; o Mestre dizia: "Vocês *já* o conhecem. Vocês estão olhando para ele. Ele é Meu Espírito. O mesmo com quem vocês têm andado. Somos Uno no mistério da Trindade."

Os discípulos conheciam o Senhor, mas havia algo novo — uma revelação do Espírito de Cristo. Será que o mundo reconheceria o Consolador prometido? Não. Porque eles não conheciam o Senhor Jesus.

Hoje, quando o Espírito Santo entra em uma vida, ele atrai aquela vida e aquele coração para Jesus Cristo, porque sempre aponta na direção de Jesus. Quando o Espírito Santo fala, o Senhor Jesus fala também. Ele é o

Espírito de Cristo e, apesar de serem pessoas diferentes na Trindade, não se pode dividi-los nem separá-los.

Hoje, Cristo se senta à mão direita do Pai no céu, intercedendo por você e por mim. Ele continua Filho de Deus e Filho do Homem.

Meu amigo, sem o Espírito Santo, o Senhor Jesus jamais teria vindo ao mundo. Ele jamais teria tomado para si os pecados na cruz, e jamais teria se levantado da sepultura.

Se o Senhor Jesus tanto dependia do Espírito Santo enquanto estava na terra, será que nós conseguimos depender menos?

Billy Graham diz:

> Se quisermos viver uma vida sã no mundo moderno, se desejamos ser homens e mulheres que vivem de forma vitoriosa, precisamos do presente duplo que Deus nos ofereceu: primeiro, a obra do Filho de Deus *por* nós; segundo, a obra do Espírito de Deus *em nós*.[10]

O mesmo Espírito Santo que desceu sobre o Senhor Jesus está preparado para dar poder à sua vida hoje. Apenas se entregue a ele, dê a ele todo o espaço para ele dar poder a você.

CAPÍTULO 8

De pecador a santo

A obra do Espírito na vida de um pecador

> Acredito que cada indivíduo que passa pela maravilhosa experiência de receber Jesus considere seu próprio testemunho como sendo único e que sinta a necessidade de compartilhar tal experiência com outras pessoas, de modo que elas também possam experimentar a indescritível alegria que toma conta de nós. Em seu livro *Bom Dia, Espírito Santo* você compartilhou sua história. Por favor, tenha a gentileza de ouvir enquanto divido a minha história, ou, melhor dizendo, NOSSA história, porque três pessoas receberam Jesus como resultado da sua influência.

Esse era o parágrafo inicial de uma carta que recebi no fim de 1992 de um professor associado da Universidade da Flórida. A história dele dava uma visão fascinante da obra convincente do Espírito Santo — história essa que irei compartilhar daqui a pouco.

Mesmo antes de chegarmos ao Senhor, é o Espírito Santo que primeiro nos atrai para perto dele, pois a Bíblia diz: "Quando ele [o Espírito Santo] vier, convencerá o mundo do pecado, da justiça e do juízo" (João 16:8). Lembre-se, o Espírito Santo estava com você mesmo antes da salvação, pois foi ele quem veio convencer você de seu pecado e fazer do Senhor Jesus uma realidade em sua vida. Depois de você confiar em Cristo, então o Espírito Santo habitou. É por isso que o Senhor declarou: "O mundo não pode recebê-lo, porque não o vê nem o conhece. Mas vocês o conhecem, pois ele vive com vocês e estará em vocês" (João 14:17).

Também declarou o Senhor: "Ninguém pode vir a mim, se o Pai, que me enviou, não o atrair; e eu o ressuscitarei no último dia" (João 6:44). Ele continuou, e declarou: "Mas eu, quando for levantado da terra, atrairei todos a mim" (João 12:32). E como é que isso acontece? Por meio da obra e do poder do Espírito Santo!

Depois de receber centenas de cartas de pessoas que haviam entregado o coração para o Senhor, estou convencido de que o Espírito Santo é criativo, inventivo e imaginativo no modo como ele atrai homens e mulheres para o Salvador — seja em uma cruzada, seja no nosso programa na televisão ou mesmo pela leitura de um dos meus livros. Ele nunca se diminui nem limita as formas com que lida com os homens; pelo contrário, ele lida com cada pessoa de forma sensível e individual, gentilmente atraindo e direcionando homens e mulheres para o Senhor Jesus.

Um dos exemplos que me vêm à mente aconteceu há pouco em uma Cruzada de Milagres. Perto do término do culto, um homem hindu subiu no palco e começou a contar como ele havia vindo para o encontro. Ele tinha visto uma multidão se reunindo na cidade em que ele vivia e, quando ele passava perto, "algo" pareceu atrair sua a atenção em direção à multidão. Ele circundou a multidão muitas vezes antes de se aproximar. Quando chegou mais perto, encontrou quem buscava havia mais de dois anos — o Senhor Jesus. Diante de mim no palco, ele disse, com lágrimas de alegria: "Nesta noite eu encontrei aquilo que tanto desejava. Tenho procurado por Jesus durante muito tempo e hoje eu o encontrei!" Apesar de o Espírito Santo agir sempre de forma peculiar e por diferentes circunstâncias em cada indivíduo, as Escrituras declaram que há quatro meios específicos pelos quais o Espírito Santo se move na direção do coração de uma pessoa incrédula.

1. O Espírito Santo convence o mundo do pecado

Antes de o Senhor Jesus retornar ao Pai, ele disse: "Quando ele [o Espírito Santo] vier, convencerá o mundo do pecado, da justiça e do juízo. Do pecado, porque os homens não creem em mim" (João 16:8,9).

Foi o que aconteceu com o professor que reservou um tempo para me escrever dividindo sua história. Na carta, ele falou sobre uma série de eventos inexplicáveis que haviam acontecido em sua vida, incluindo o desaparecimento mágico de um bloqueio em uma aorta poucas horas antes de uma cirurgia. Toda vez que algo do tipo acontecia, a esposa dele, que frequentava a igreja, dava o crédito a Deus. Isso o enfurecia — afinal, ele era um homem muito escolado e lógico. "Ninguém consegue me 'enganar' a ponto de me fazer acreditar em uma bobeira dessas!", ele disse.

A carta prosseguia, dizendo:

> Minha mulher ficava me falando sobre os ensinamentos maravilhosos que ela experimentava e o quanto ela amava Jesus por tudo que estava aprendendo. Minha experiência religiosa consistia apenas em uma vaga memória de uma missa de apenas uma hora e também de comer rosquinhas e salmão com meus amigos judeus em uma manhã de domingo em que minha esposa ia para a igreja.
>
> Um dia, ela chegou com o livro *Bom Dia, Espírito Santo*. Como eu havia acabado de ler um romance e ela estava dormindo, resolvi experimentar um pouco da "ficção de Benny Hinn", para variar. Imaginei que, ao ler o livro, poderia encontrar alguns bons argumentos para usar contra minha esposa."
>
> Zás!" "O que posso dizer? Quando terminei de ler *Bom Dia, Espírito Santo,* eu percebi quão raso eu estava sendo e notei o modo terrível como eu ridicularizava Deus, Jesus e, sim, até mesmo o Espírito Santo! Eu não percebia o grande pecador eu estava sendo. Enquanto minha esposa continuou dormindo, fui até o quarto de hóspedes e chorei durante horas, pedindo que Jesus me perdoasse. Então, senti a maior alegria da minha vida ao entregar minha vida para Jesus Cristo.
>
> Na manhã seguinte, deixei o livro na loja de um amigo e sugeri que ele lesse, devido ao passado comum em Israel. Quando encontrei meu amigo um dia depois, ele disse: "Acho que quero conhecer esse Benny Hinn, já que nós dois viemos da mesma região em Israel.

A carta continuava:

> Naquele domingo em que você convidou todos que desejassem aceitar Jesus a dar um passo adiante, meu amigo, a esposa dele e eu praticamente corremos em direção à frente da igreja. Naquele dia, nós três recebemos Jesus aos olhos do público."

"Obrigado por compartilhar o seu amigo, o Espírito Santo, conosco. A eternidade seria impossível sem ele!

O Senhor disse que o primeiro pecado que o Espírito Santo condenaria no mundo era a descrença em sua existência. Como o Dr. Lewis Sperry Chafer, fundador do Seminário Teológico de Dallas, corretamente observa:

> A iluminação não vem dos pecados. Se viesse dos pecados individuais, eles não conseguiriam alcançar mais do que a intensificação do remorso e da vergonha, sem prover cura alguma. A iluminação do Espírito Santo diz respeito a um único pecado, que é o pecado de não receber a Cristo e a sua salvação.[1]

A resposta do povo para o primeiro sermão de Pedro é a mesma resposta daqueles que são condenados pelo Espírito Santo: "Seus corações ficaram aflitos, e eles perguntaram a Pedro e aos outros apóstolos: 'Irmãos, que faremos?'" (Atos dos Apóstolos 2:37). Pedro respondeu: "Arrependam-se, e cada um de vocês seja batizado em nome de Jesus Cristo, para perdão dos seus pecados, e receberão o dom do Espírito Santo. Pois a promessa é para vocês, para os seus filhos e para todos os que estão longe, para todos quantos o Senhor, o nosso Deus chamar" (Atos dos Apóstolos 2:38,39).

2. O Espírito Santo convence o mundo da justiça de Cristo

Como você percebeu que, por mais justo que fosse, você jamais seria justo o bastante aos olhos de Deus? Que aqueles "99%" justo não eram suficientes? Ora, isso aconteceu porque o Espírito Santo que convenceu você mostrou que apenas por meio da retidão do Senhor é que você poderia ser justificado. Pois o Senhor Jesus disse que o Espírito Santo iria convencer a partir "da justiça, porque vou para o Pai, e vocês não me verão mais" (João 16:10).

Foi o Espírito Santo que convenceu você do fato de que sua retidão não era suficiente para ganhar a aprovação do Pai — mas que a retidão de Cristo era! E foi o Espírito Santo que convenceu você a acreditar naquilo que fez Cristo na cruz para merecer o favor do Pai — que você precisava da poderosa justiça de Cristo porque você não tinha em si o suficiente.

Pedro compreendeu essa verdade gloriosa no dia do Pentecoste, quando disse que Cristo, sendo "exaltado à direita de Deus, ele recebeu do Pai o Espírito Santo prometido e derramou o que vocês agora veem e ouvem" (Atos dos Apóstolos 2:33). Pedro sabia que era por causa da obra do Espírito Santo que, naquele dia, muitos foram convencidos ao ouvir o Evangelho não "somente em palavra, mas também em poder, no Espírito Santo e em plena convicção" (1Tessalonicenses 1:5).

As Escrituras são absolutamente claras quanto à retidão de Cristo. 2Coríntios 5:21 declara: "Deus *tornou* pecado por nós aquele que não tinha pecado, para que nele nos tornássemos justiça de Deus" (2Coríntios 5:21).

3. O Espírito Santo convence o mundo do julgamento

As pessoas precisam entender as consequências de seus atos. Elas precisam saber que há uma punição eterna esperando aqueles que voltam as costas para Cristo.

O Senhor Jesus disse que o Espírito Santo nos convenceria "do juízo, porque o príncipe deste mundo já está condenado" (João 16:11). Colossenses 2:13,14 diz:

> Quando vocês estavam mortos em pecados e na incircuncisão da sua carne, Deus os vivificou juntamente com Cristo. Ele nos perdoou todas as transgressões, e cancelou a escrita de dívida, que consistia em ordenanças, e que nos era contrária. Ele a removeu, pregando-a na cruz" (Colossenses 2:13,14). Por causa disso, o versículo 15 diz: "Tendo despojado os poderes e as autoridades, fez deles um espetáculo público, triunfando sobre eles na cruz.

O homem, por si só, jamais será convencido de que necessita de julgamento. É apenas o Espírito Santo que consegue produzir tal consciência. E quando ele o faz, uma gloriosa transformação acontece.

A transformação de Smidgie

Ao descer os degraus dos fundos do palco depois da cruzada de Cincinnati, reparei que um de meus associados, David Palmquist, esperava por mim acompanhado de um homem e uma mulher. "Esta é Smidgie", disse David. "Você poderia orar por ela, pastor Benny?"

Andando devagar em direção ao carro que me esperava, toquei levemente a testa dela. "Toque-a, Senhor. Visite a vida dela com todo seu poder e sua glória! Abençoe seu marido também." Eles se prostraram no chão e ali ficaram, deliciando-se na glória de Deus. Vários meses depois, eu os encontrei de novo em uma cruzada, quando ela me contou uma história incrível.

"Eu nasci em uma família judaica e fui criada como judia reformada. Apesar de não frequentarmos tanto a sinagoga quanto os judeus ortodoxos, nós sempre observávamos os dias santos. A educação e o materialismo eram bastante valorizados em casa. Movida pelo desejo de ter sucesso na vida, decidi ser advogada."

"Como advogada bem-sucedida em Nova York, eu desfrutava de todo o estilo de vida material que aquela vida proporcionava. Meu marido, que não era judeu, trabalhava como empreiteiro e atendia principalmente ao primeiro escalão da sociedade. De forma resumida, eu estava contente pelo modo com que as coisas se desenrolavam na minha vida. Eu amava meu marido, nosso casamento era ótimo e, no trabalho, eu estava indo muito bem na escalada rumo ao topo profissional. Eu sempre dizia para o meu marido: 'Sou judia porque recebi de herança', mas, por dentro, eu não tinha o menor senso de Deus — o tipo de segurança que vem de um ser superior — e isso me perturbava."

"Comecei a explorar diversos caminhos procurando por satisfação. Acabei seguindo a filosofia hindu e algumas religiões orientais. Tornei-me guru; no meio hindu, significa que as pessoas buscavam meus conselhos em troca de 100 a 150 dólares por hora. Comecei a me envolver com canalização, aquilo que algumas das celebridades de Hollywood andam falando, e com meditação transcendental."

"Na verdade, trabalhei lado a lado com Maharishi Mahesh Yogi. Eu tinha um mantra, tive um dos mais avançados treinamentos — conseguia até levitar. Meditava duas vezes por dia, uma hora e meia pela manhã e uma hora e meia pela noite. A meditação transcendental supostamente traz paz e conforto para a vida. Meu eu era tão vazia por dentro que continuava procurando algo que fosse verdadeiramente satisfatório."

"Minha busca por um poder maior não me levava a lugar algum. Foi mais ou menos por aí que me lembro de estar na casa de uma amiga que me falava algo sobre o cristianismo. Lembro-me de pensar: 'Oh, acho que vou entregar meu coração ao Senhor. Vai ser legal!' Mas não passou disso. Eu ainda estava buscando por algo que me desse satisfação, ainda que essa busca só me levasse a mais um caminho sem fim."

"Algum tempo depois, meu marido e eu recebemos uma ligação de um homem que havíamos conhecido por acaso. Ele estava atravessando uma crise e se encontrava em grandes apuros. Como parecia ser uma situação desesperadora, decidimos ajudar e passar algumas horas com ele."

"Quando chegamos, tentamos consolar e animá-lo. Conversamos por algum tempo e, por fim, fomos parar na cozinha. Enquanto conversávamos, algo chamou minha atenção em outro quarto do apartamento. Eu comecei a ouvir uma música, muito diferente de tudo que eu já tinha ouvido. Então me virei para ver de onde vinha o som. Depois, comecei a ouvir um homem falando. A música e o homem faziam com que eu me sentisse estranha — quase como se alguém pegasse meu coração, colocasse a mão dentro dele e fisicamente me conduzisse da cozinha até a sala."

"Lá, eu vi um homem na tela da televisão. Eu não entendia sobre o que ele falava — não tenho certeza nem mesmo hoje. Sentei-me no sofá, com os olhos transfixados na tela. Conforme assistia, comecei a sentir como se algo estivesse estilhaçando meu coração em mil pedaços. Apesar de ser uma pessoa bastante reservada, comecei a chorar. Eu não sabia dizer o que havia de errado, mas também não conseguia parar de chorar. Lá estava eu, no apartamento de um desconhecido, caindo em pranto por nenhum motivo aparente. Em lágrimas, tentei racionalizar e compreender o que estava acontecendo. Afinal, eu sempre fora uma mulher de boa educação; eu deveria ser capaz de descobrir. Sem nenhum sucesso, acabei por concluir que o homem da televisão estaria me lembrando de minha mãe, que havia falecido quando eu ainda era jovem. Sim, havia algumas similaridades. Tinha de ser a resposta." "Então me recompus e me preparei para sair do aposento. Prestes a nos despedir, nosso anfitrião se virou e apanhou uma fita de vídeo. Ele a entregou para mim e disse: 'Pode levar. Assista quando tiver um tempo.'"

"Na semana seguinte, minha agenda foi bastante complicada, incluindo longas sessões na corte. Quando finalmente tive um tempinho longe do trabalho, fui para casa a fim de relaxar. Ao sentar no sofá da sala, reparei na fita de vídeo que o homem me havia emprestado. Curiosa e sozinha em casa, liguei o aparelho de vídeo e me sentei. Lá estavam o homem e a música novamente — e também a sensação estranha. Eu estava sentada, com o coração partido, em pedaços. Caí de joelhos, chorando incontrolavelmente. Eu estava totalmente sozinha e completamente alquebrada. De repente, me vi jogada no chão, pedindo que Deus me perdoasse pelas coisas que eu nem sequer lembrava. Voltei bastante no tempo, quando eu era apenas uma garotinha. Por duas horas e meia eu fiquei no chão, soluçando e orando. Durante todo esse tempo, o homem no vídeo (que, agora sei, era o pastor Benny Hinn), continuou falando."

"Depois de duas horas e meia, consegui parar de chorar. E eu me sentia totalmente diferente — como se um fardo grande e pesado tivesse sido removido. Naquele dia, eu realmente nasci de novo, sozinha em minha sala, com um vídeo do pastor Benny Hinn na televisão. Mas eu já não me sentia mais sozinha. Agora, Jesus estava comigo e, de algum jeito, eu sabia que ele jamais iria me deixar."

1. O Espírito Santo dá testemunho sobre Jesus

Você tenta falar sobre o Senhor para alguém de novo e de novo. Então, um dia, a pessoa exclama: "Oh, finalmente entendo o que você estava dizendo!" Essa compreensão é obra do Espírito Santo.

Pouco antes de Cristo ir à cruz, ele disse a seus discípulos: "Quando vier o Conselheiro, que eu enviarei a vocês da parte do Pai, o Espírito da verdade que provém do Pai, ele testemunhará a meu respeito" (João 15:26).

Paulo escreveu para os Coríntios, dizendo que "ninguém pode dizer: 'Jesus é Senhor', a não ser pelo Espírito Santo" (1Coríntios 12:3).

Acontece muito de o Espírito Santo usar a Palavra de Deus escrita para convencer uma pessoa. "Pois a palavra de Deus é viva e eficaz, e mais afiada que qualquer espada de dois gumes; ela penetra a ponto de dividir alma e espírito, juntas e medulas, e julga os pensamentos e intenções do coração" (Hebreus 4:12).

O Espírito Santo usa a Palavra de Deus porque o Espírito Santo *inspirou* a Palavra de Deus: "Pois jamais a profecia teve origem na vontade humana, mas homens falaram da parte de Deus, *impelidos* pelo Espírito Santo" (2Pedro 1:21). Trata-se da Palavra *dele*.

Aqui vai um aviso: jamais devemos esquecer que as Escrituras nos avisam a respeito dos perigos de resistir aos poderes do Espírito Santo. Disse o Senhor: "Meu Espírito não contenderá com ele para sempre" (Gênesis 6:3). A rejeição constante pode nos tornar tão endurecidos à súplica a ponto de nunca mais ouvirmos a voz dele.

Eis aqui outro aviso: se o Espírito Santo está chamando você para que divida o Evangelho com alguém, obedeça *sempre* à orientação dele: "Pois ele diz: 'Eu o ouvi no tempo favorável e o socorri no dia da salvação.' Digo-lhes que agora é o tempo favorável, agora é o dia da salvação!" (2Coríntios 6:2).

O autor do livro dos Provérbios coloca da seguinte forma: "Quem insiste no erro depois de muita repreensão, será destruído, sem aviso e irremediavelmente" (Provérbios 29:1).

Querido amigo, por favor, não se arrisque.

Hoje, o Espírito de Deus está na terra para convencer os corações do pecado e para preparar o caminho por meio do qual recebemos Cristo (João 16:7-11).

Como experimentamos o novo nascimento? Disse o Senhor Jesus: "Porque Deus tanto amou o mundo que deu o seu Filho Unigênito, para que todo o que nele crer não pereça, mas tenha a vida eterna" (João 3:16).

Como pastor, muitos me perguntam: "Pastor Benny, como posso saber se nasci de novo?"

Minha resposta é tão simples quanto João 5:24: "Eu lhes asseguro: Quem ouve a minha palavra e crê naquele que me enviou, tem a vida eterna e não será condenado, mas já passou da morte para a vida" (João 5:24). Tento ajudar a pessoa que não tem segurança a compreender que é o Senhor Jesus que fala as palavras dessa passagem, então, faço a seguinte pergunta: "Você ouviu as palavras dele e confiou nele?" Isto é: "Você confia em Cristo como seu Salvador pessoal?" Depois de explicar o evangelho, pergunto se a pessoa confia em Cristo. Se ela não confia em Cristo como o Salvador, então convido a pessoa para experimentar, ajudando a compreender toda a importância das palavras do Salvador em João 5:24, onde Cristo garante:

- A vida eterna.
- Não haver condenação.
- Passagem da morte para a vida.

Todas as dúvidas sussurradas pelo maligno devem ser imediatamente removidas por meio do poderoso nome do Senhor Jesus. Querido amigo, se você não tem certeza da sua salvação, por que não acabar com a dúvida e confiar em Cristo agora?

A obra do Espírito Santo na vida do fiel

Como iremos descobrir nos próximos dois capítulos, o Espírito Santo opera em nossa vida de diferentes maneiras. No momento da conversão, no entanto, há duas coisas importantes que ele realiza.

2. O Espírito Santo regenera

Ao confiar no Senhor Jesus Cristo pela fé e ao nos arrependermos dos pecados, algo maravilhoso acontece. Somos regenerados — "nascidos de novo."

O Senhor Jesus disse a Nicodemos: "O que nasce da carne é carne, mas o que nasce do Espírito é espírito" (João 3:6). Tito 3:5 diz que é "não por causa de atos de justiça por nós praticados, mas devido à sua misericórdia, ele nos salvou pelo lavar regenerador e renovador do Espírito Santo."

Por nossa própria conta, seria impossível encontrar soluções para nossos dilemas. "Quem não tem o Espírito não aceita as coisas que vêm do Espírito de Deus, pois lhe são loucura; e não é capaz de entendê-las, porque elas são discernidas espiritualmente" (1Coríntios 2:14).

O Espírito Santo torna a conversão possível, já que ele prepara os corações para que as pessoas recebam o Senhor: "Contudo, aos que o receberam, aos que creram em seu nome, deu-lhes o direito de se tornarem filhos de Deus" (João 1:12). E Pedro declara que não ficamos mais presos pelos hábitos da carne. Em vez disso, tornamo-nos "participantes da natureza divina" (2Pedro 1:4).

R. A. Torrey disse:

> Às vezes me perguntam: "Você acredita na conversão imediata?" Pois eu acredito em algo ainda mais maravilhoso que a conversão repentina. Acredito na regeneração instantânea. A conversão é algo meramente exterior, é a virada na vida. A regeneração alcança as profundezas da alma interior, e transforma pensamentos, sentimentos, a vontade e todo o mais do homem interior.[2]

3. O Espírito Santo liberta

Por causa do pecado de Adão, todos nascemos com uma natureza pecadora e sob uma sentença de morte, absolutamente incapazes de fazermos algo por conta própria. Na cruz, Cristo pagou o preço por nossos pecados. Quando o aceitamos pela fé, essa sentença de morte é suspensa para sempre. Nós somos libertos! Paulo disse para a igreja em Roma:

> Portanto, agora já não há condenação para os que estão em Cristo Jesus, porque por meio de Cristo Jesus a lei do Espírito de vida me libertou da lei do pecado e da morte. Porque, aquilo que a lei fora incapaz de fazer por estar enfraquecida pela car-

ne, Deus o fez, enviando seu próprio Filho, à semelhança do homem pecador, como oferta pelo pecado. E assim condenou o pecado na carne, a fim de que as justas exigências da lei fossem plenamente satisfeitas em nós, que não vivemos segundo a carne, mas segundo o Espírito. (Romanos 8:1-4).

Nós podemos escolher entre a morte e a vida. "Pois se vocês viverem de acordo com a carne, morrerão; mas, se pelo Espírito fizerem morrer os atos do corpo, viverão" (Romanos 8:13).

No livro *The Holy Spirit* [O Espírito Santo], Billy Graham diz:

O processo do novo nascimento, do ponto de vista divino, não é complicado. O Espírito de Deus, tomando da Palavra de Deus, faz um filho de Deus. Nós nascemos de novo pela atuação do Espírito Santo que, por sua vez, usa a Palavra de Deus divinamente inspirada. O Espírito de Deus dá vida às pessoas. A partir do momento em que nascemos de novo, o Espírito passa a morar em nós para sempre. Recebemos vida *eterna*.[3]

Assim como o Espírito do Senhor estava "com vocês" para convencê-los do pecado antes da conversão (João 14:17), ele também "estará em vocês" (v. 17) depois de vocês confiarem em Cristo.

Sete coisas que acontecem quando o Espírito Santo transforma

O poder transformador do Espírito Santo vai além de qualquer medida. Os benefícios de sua graça excedem qualquer habilidade para descrever. Mas eis aqui o que se pode esperar quando o Espírito Santo se torna parte da sua caminhada diária.

Primeiro: ele irá transformar seu deserto em um lugar frutífero.

Adoro visitar a Terra Santa. Afinal, ela é tanto meu *antigo* lar quanto será minha *futura* morada no fim dos tempos. Quando acompanho algumas pessoas até lá, elas se surpreendem ao notar quão desolada e estéril é a terra ali. Pode ser difícil imaginar como alguém consegue viver ali, quanto mais pensar que poderiam brigar por aquela terra. As Escrituras dizem exatamente a verdade quando se referem à Terra Santa como um deserto, um descampado, ermo. Porém, por mais desolada que seja aquela terra, declara Isaías: "O deserto e a terra ressequida se regozijarão; o ermo exultará e florescerá como a tulipa" (Isaías 35:1). Por ter crescido em Israel, pude ver tudo isso acontecendo à minha volta — mas o tempo das primícias de hoje não se compara ao tempo futuro de tamanha abundância.

Isaías também nos diz que "até que sobre nós o Espírito seja derramado do alto, e o deserto se transforme em campo fértil, e o campo fértil pareça uma floresta" (Isaías 32:15).

A ideia de viver em um deserto não é agradável. É um lugar infértil; um lugar de cobras, escorpiões e de morte. Mas o Espírito Santo pode transformar a paisagem em um jardim — um lugar de beleza e abundância.

Como cristãos, quando fazemos uma colheita, exaltamos e louvamos ao Senhor. O Mestre disse: "Meu Pai é glorificado pelo fato de vocês darem muito fruto" (João 15:8).

É o Espírito Santo que enriquece nosso solo e envia a chuva para preparar o banquete de ação de graças. É ele que torna a colheita possível.

E os frutos não são seus, são dele. É por isso que as Escrituras nos chamam "frutos do Espírito." Quando estendemos os cestos, ele os preenche até transbordarem.

Talvez você esteja pensando: "Mas eu não vivo no deserto, meu jardim já está plantado." Isso não é problema algum para Deus. Ele diz que seu pomar será abençoado até que seu "campo fértil pareça uma floresta" (Isaías 32:15).

Segundo: ele fará com que você caminhe com Deus.

É impossível caminhar com o Senhor sem que o Espírito Santo nos ajude. O Senhor disse por meio do profeta Ezequiel: "Porei o meu Espírito em vocês e os levarei a agirem segundo os meus decretos e a obedecerem fielmente às minhas leis" (Ezequiel 36:27).

Um cristão novo pode olhar para as leis de Deus e dizer: "Não há como observar todas essas regras e orientações!" E ele está certo. Como disse Howard Hendricks: "A vida cristã não é difícil — é impossível!" Por conta própria, você irá falhar. Pois é o Espírito Santo que permitirá a você caminhar segundo as regras de Deus e também é ele que lhe permite obedecer aos decretos divinos. Mais ainda, é ele quem irá fazer com que você *obedeça* à vontade divina.

Há muitos anos, eu também descobri que era o poder do Espírito Santo que nos permite viver a vida cristã. Não fosse por esse poder, eu não estaria onde estou hoje enquanto cristão. Ele tem sido meu poder, minha fortaleza e minha segurança. Lembre-se, sem o Espírito Santo, jamais poderemos caminhar com Deus.

Deus diz que é o Espírito Santo que "permitirá que andemos" sem precisarmos cair. E também é o poder do Espírito Santo que "é poderoso para impedi-los de cair e para apresentá-los diante da sua glória sem mácula e com grande alegria" (Judas 1:24).

Querido amigo, o Dr. Bill Bright, presidente da *Campus Cruzade For Christ International*, diz:

> Quando estamos cheios do Espírito Santo, estamos cheios de Jesus Cristo. Deixamos de pensar em Cristo como sendo alguém que nos ajuda a realizar uma tarefa cristã, em vez disso Jesus Cristo é quem realiza a obra por meio de nós.[4]

Terceiro: você irá conhecer a presença de Deus.

Uma das passagens mais consoladoras das Escrituras é Ezequiel 39:29, quando o amoroso Pai Celestial diz: "Não mais esconderei deles o rosto, pois derramarei o meu Espírito sobre a nação de Israel" (Ezequiel 39:29).

Eu não saberia dizer o quanto essa passagem significou para mim ao longo de todos esses anos, especialmente nos momentos em que Deus parecia distante e quando minhas orações soavam pouco mais que ruídos vazios. O Espírito Santo faz com que a presença do Pai se torne realidade em nossa vida e, como resultado, sentimos a proximidade dele. Posso dizer, devido a experiências pessoais, que o Espírito Santo deseja ser bastante íntimo de você. Tudo que você tem a fazer é sussurrar o nome "Jesus", e ele estará com você.

Sua vida de oração irá mudar radicalmente quando você sentir a proximidade dele. Quando eu precisava experimentar a proximidade do meu Pai Celestial, eu costumava ir até meu quarto e dizer: "Espírito Santo, me ajude a orar." Oh, e como ele respondia! Em vez de lutar com repetições vazias e orações mortas durante dez minutos, eu comungava com o Senhor por meio do Espírito Santo por horas e horas.

Hoje, faço questão de esvaziar minha agenda para passar algum tempo em companhia do Senhor todas as manhãs. Enquanto ouço músicas de louvor, leio a Palavra e converso com Deus — com a mesma naturalidade com que converso com qualquer outra pessoa. Então, começo a sentir algo que só consigo descrever como a "quentura" da presença de Deus em meu coração.

Eu peço: "Espírito Santo, ajude-me. Não consigo orar, mas você consegue. Ajude-me." E ele sempre responde.

Comece hoje. Busque passar algum tempo na presença do Senhor.

Quarto: você irá compreender a palavra de Deus.

Um dos benefícios mais animadores da vida com o Espírito Santo é que ele torna possível compreender a Palavra. Deus diz: "Eu lhes darei um espírito de sabedoria e lhes revelarei os meus pensamentos" (Provérbios 1:23).

Se você quer que a Bíblia se torne viva, convide o Espírito Santo para ler com você. Ele pode tornar claras como água as mais obscuras e veladas passagens.

O mesmo Espírito Santo que repousa no Senhor Jesus habita em você — se você confia nele — o Espírito do Senhor ainda consegue produzir os mesmos resultados:

"O Espírito do Senhor repousará sobre ele, o Espírito que dá sabedoria e entendimento, o Espírito que traz conselho e poder, o Espírito que dá conhecimento e temor do Senhor" (Isaías 11:2).

Ter contato com as Escrituras apenas não é o suficiente — o Espírito Santo precisa ter certeza de que "a Palavra de Deus *permanece*" (1João 2:14).

Quinto: você será uma nova pessoa.

As pessoas gastam milhões de dólares para transformar o corpo, tentam dietas exóticas, frequentam *spas* de luxo e gastam horas sob a lâmina de um cirurgião plástico, tudo isso com a esperança de refazer a imagem por meio de procedimentos superficiais. Depois de serem aspiradas, levantadas, preenchidas, reduzidas, aumentadas, polidas e costuradas — o que é que têm? Além de uma despesa médica elevada, não mais do que os mesmos espíritos sedentos que tinham antes, ainda estão desesperadas e necessitadas do Espírito Santo.

No entanto, a transformação produzida pelo Espírito de Deus não é cosmética. Ele muda de dentro para fora. É uma transformação *total*. "Portanto, se alguém está em Cristo, é nova criação. As coisas antigas já passaram; eis que surgiram coisas novas!" (2Coríntios 5:17).

É por meio do Espírito do Senhor que se torna possível "revestir-se do novo homem, criado para ser semelhante a Deus em justiça e em santidade" (Efésios 4:24). Tudo em você se torna fresco quando Deus assume o controle.

"Darei a vocês um coração novo e porei um espírito novo em vocês; tirarei de vocês o coração de pedra e lhes darei um coração de carne", declara o Senhor na Palavra (Ezequiel 36:26).

Foi por causa do Espírito Santo que Samuel pôde dizer a Saul que o Espírito Santo viria sobre ele e que ele seria transformado em "um novo homem" (1Samuel 10:6). O mesmo ainda é verdadeiro hoje: o Espírito Santo, como um cavalheiro, está esperando para transformar você, para libertar você, para preencher você e para permitir-lhe que alcance o destino final em Cristo. Prepare-se para a grande transformação!

Sexto: ele trará descanso.

O Espírito do Senhor não o deixa confuso, nem estressado. Em vez disso, ele o conduz por um caminho em que tudo é calmo e tranquilo. "Na quietude e na confiança está o seu vigor" (Isaías 30:15).

Eu jamais tive notícias de o Espírito Santo ter causado um ataque cardíaco ou alguma tristeza. Ele é o Deus da beleza e do descanso. Sempre.

Isaías descreve o descanso que o Espírito Santo dá à nação de Israel depois de conduzir o povo para fora do Egito, por meio do deserto, em direção à Terra Prometida, escrevendo: "Como o gado que desce à planície, foi-lhes dado descanso pelo Espírito do Senhor. Foi assim que guiaste o teu povo para fazer para ti um nome glorioso" (Isaías 63:14).

Por que o gado gosta de descer até a planície? Porque é lá que os rios correm e onde está o pasto. É lá que o gado encontra paz e descanso.

O Senhor é o meu pastor; De nada terei falta.
Em verdes pastagens me faz repousar

E me conduz a águas tranquilas; Restaura-me o vigor. (Salmos 23:1-3)

Muitas pessoas reclamam do excesso de estresse na vida, mas a chave para o alívio não está em uma receita médica, em um cruzeiro ou em aprender a dizer "não". A chave é o Espírito Santo!

Sétimo: ele trará excelência para sua vida.

O Espírito do Senhor não é um artesão barato, nem uma manufatura vagabunda. Ele prima pela qualidade e pela perfeição.

No Antigo Testamento, "Daniel sobrepujava a estes presidentes e aos sátrapas, porque nele havia um espírito *excelente*; e o rei pensava em constituí-lo sobre o reino todo" (Daniel 6:3, Sociedade Bíblica Britânica).

A medida de comparação não estava na habilidade dele como guerreiro, nem em suas riquezas — o fator decisivo foi o "espírito excelente" que havia em seu coração. A palavra "excelente" literalmente significa "preeminente" ou "insuperável." O rei da Babilônia notou a atitude de Daniel e desejou dar a ele uma promoção.

Homens e mulheres que desejam um salário mais alto ou chegar a um cargo mais elevado dentro da empresa, muitas vezes, acabam decepcionados quando são preteridos. Decisões corporativas nem sempre são tomadas com base no histórico educacional ou no tempo de serviço. Em vez disso, muitas pessoas acabam subindo ou descendo por mérito apenas do desempenho.

Você se lembra do que aconteceu na vida de José? O faraó reconheceu o Espírito Santo na vida dele e ele foi feito primeiro-ministro (Gênesis 41:38).

Todos os dias precisamos permitir que o Espírito do Senhor traga qualidade e distinção à nossa jornada cristã.

O Espírito Santo é uma força transformadora. Se ele consegue transformar um deserto em um jardim e transformar o mais vil dos pecadores de escravo do pecado em filho de Deus, pense no que ele tem preparado para você!

CAPÍTULO 9

Transformado de dentro para fora

— Você tem um minuto, pastor? — perguntou David Palmquist, um de meus pastores associados, enquanto deixávamos a sala de reuniões depois de uma reunião rotineira de planejamento. — Acabei de receber uma ligação maravilhosa de um de nossos parceiros.

— É claro, David — respondi. — Conte-me mais.

—Você se lembra de Smidgie, a advogada de Nova York? Você a conheceu e também a seu marido em Cincinnati.

Sim, é claro — respondi. — Eu me lembro dela. Ela e o marido são parceiros fiéis e muito queridos por mim.

Acenando positivamente com a cabeça, David continuou. — Falei com ela pouco antes de a reunião começar. Há alguns meses ela ligou, muito preocupada com o pai. Nós oramos pelo telefone e pedimos que Deus operasse um milagre na vida dela. E foi exatamente o que aconteceu!

"Ela dividiu um incrível testemunho comigo. Ela contou que, durante anos, ela e o pai foram inseparáveis. Na verdade, ela era praticamente sombra dele. Aonde o pai ia, todos sabiam que Smidgie estaria logo atrás.

"A mãe dela faleceu alguns anos atrás e, quando isso aconteceu, ela e o pai se separaram. Falando com ela, parecia que isso jamais poderia acontecer, mas eles eram mais como estranhos que se respeitavam do que pai e filha. Logo, a relação foi muito além de uma simples separação — criou-se um grande abismo entre eles. As conversas amenas em público estavam lá, mas a relação entre eles desaparecera.

"As posses materiais, o sucesso financeiro, a educação e o golfe, de acordo com Smidgie, tornaram-se os quatro pilares significativos na vida do pai, elementos a partir dos quais ele media o valor de sua vida. Essa era a identidade dele. Apesar de a posse material ser de grande importância para ele, ele era um homem bastante generoso. Smidgie dizia que ele não hesitaria em levar você e todos os seus amigos para um jantar e pagar a conta, além de dar uma gorjeta tão substancial ao garçom que serviria até para ajudá-lo com a faculdade.

"Apesar de o pai ser religioso e se considerar um judeu ativo, ele não falava muito sobre Deus em casa. Enquanto ela crescia, seu irmão comemorou o *bar mitzvá*, eles celebravam todos os grandes dias sagrados e o pai era um judeu atento (evitando misturar carnes e laticínios etc.). Mas nem em casa, nem na vida de Smidgie, havia qualquer consciência sobre Deus.

"Depois da maravilhosa experiência de conversão que ela e o marido viveram, tornaram-se nossos parceiros, pastor Benny", David continuou. "Eles têm apoiado com fé o ministério em todo o mundo, muitas vezes entregando bem mais que o compromisso mensal de 30 dólares. A vida deles foi tocada pelo Senhor de forma tão maravilhosa que ela disse querer fazer o que for possível para ajudar a proclamar a mensagem de salvação e o poder de cura de Deus por todo o mundo. Eles também começaram a frequentar as cruzadas mensais de milagres, reservando algum tempo longe do trabalho para viajar com as cruzadas.

"Smidgie me disse que, apesar de seu pai ter conhecimento de tudo isso, ele jamais perguntou a ela: 'Quem é o pastor Benny?' ou 'O que são essas cruzadas que você anda frequentando?' Ao contrário, ele jamais demonstrou qualquer interesse ou curiosidade. Como eles não tinham mais um relacionamento, ela também não fez muita questão de dizer.

"Tudo começou a mudar quando, durante um telefonema rápido, o pai de Smidgie disse para ela: 'Então, você está indo a outra cruzada, Smidgie? Bem, divirta-se. Quando você volta?' Ainda em choque, ela respondeu às perguntas. Smidgie disse que ele jamais havia tocado no assunto das idas às cruzadas.

"Por volta da mesma época o pai dela, que é um homem de negócios, muito inteligente, agressivo e bem-sucedido no ramo de vestuário em Nova York, decidiu realizar um exame de saúde completo. A intenção era simplesmente prevenir — ele não pensava que havia algo de errado. Depois da rotina de exames, ele ouviu que tudo estava "absolutamente perfeito." No entanto, um dos médicos ligou para ele alguns dias depois e disse: 'Sabe de uma coisa? Eu gostaria que você voltasse aqui e fizesse outro Raio X do tórax porque algo me escapou. Não sei como isso foi acontecer'.

"Smidgie disse que o pai ficou espantado com o pedido. 'Um médico de ponta como ele deixou escapar algo?', dizia o pai. 'Você consegue acreditar? O que é que ele pode ter deixado de ver?'

"Dias depois, o pai voltou ao consultório e, após todos os exames e demais procedimentos terem sido realizados, o médico disse: 'Como você acabou de se recuperar de um caso brando de pneumonia, pode haver ou uma infecção em seus pulmões, ou pode ser câncer'.

"Smidgie disse que o pai olhou para o médico com olhos totalmente descrentes. 'Você só pode estar brincando! Estou indo para minha casa na Flórida para dar uma descansada e para jogar golfe por umas três semanas!' 'Vá em frente', respondeu o médico. 'Dê uma descansada por algum tempo, relaxe bastante, jogue muito golfe e, quando voltar, faremos mais alguns exames para ver o que está acontecendo.'

"Antes de ir para a Flórida, o pai de Smidgie ligou para ela e disse: 'Smidgie, você poderia orar por mim?'

"Apesar de ser algo totalmente inesperado, ela respondeu: 'Sim, vou orar' sem qualquer hesitação. Eles falaram por mais alguns minutos e depois ele voou para a Flórida a fim de jogar algumas partidas de golfe sob o sol.

"Depois de o pai seguir viagem, ela e o marido decidiram enviar para ele um livro que haviam lido *Bom dia, Espírito Santo*. Ela contou que escreveu uma pequena nota explicando que aquele era um dos livros favoritos do casal, e que havia sido escrito por um homem a quem consideravam seu pastor, ainda que eles não vivessem em Orlando. Depois, deixaram o pai e o futuro dele nas mãos do Senhor.

"Dois dias depois eles receberam uma ligação do pai de Smidgie agradecendo pelo livro enviado. Ele contou como havia começado a ler o livro e, sem conseguir deixá-lo de lado, acabou lendo o livro inteiro. O pai contou que havia lido e relido o livro até que as páginas quase começaram a cair. Prestes a encerrar a ligação, ele então anunciou: 'Depois de ler este livro, algo maravilhoso aconteceu — eu entreguei meu coração ao Senhor!'"

A essa altura o rosto de David estava radiante de alegria, que só aumentava à medida que ele contava.

— Smidgie e o marido ficaram empolgados com a notícia! Eles pegaram vários dos vídeos que você produziu e despacharam para a Flórida.

"Depois de assistir a um deles, o pai dela fez uma oração: 'Você poderia me dar outra chance, Senhor? Se o fizer, prometo entregar minha vida a você e prometo sempre servi-lo.'

"Daquele momento em diante, o pai começou a mudar. Não muito tempo depois, ele ligou para ela certa noite e disse: 'Tenho que perguntar uma coisa para você, querida. Senti tanto a sua falta, Smidgie. Quero minha garotinha de volta. O que me diz?'

"O relacionamento deles foi restaurado e agora eles podiam desfrutar de uma relação ainda mais rica antes da separação. Hoje, o pai dela liga com frequência, algumas vezes até três vezes por dia, ela diz, apenas para dizer o quanto ele ama Jesus Cristo e o novo companheiro dele, o Espírito Santo, com quem ele conversa de manhã até de noite, assim como lera em *Bom dia, Espírito Santo*.

"Ao voltar das férias de três semanas na Flórida, ele realizou uma nova bateria de exames como o médico havia sugerido. Depois de rever todas as informações, o doutor disse: 'Não sei o que foi que vimos antes, mas não há nada aqui agora. Você está absolutamente perfeito!'

"Smidgie disse que assim que o pai deixou o consultório médico naquele dia, podia-se notar um novo gingado no andar dele e seu coração borbulhava de contentamento com as notícias. Logo que chegou em casa, ele ligou para a filha e disse: 'Enquanto saía do consultório, eu disse para o Espírito Santo e para Jesus que se eu tivesse que passar por tudo isso de novo — pensar que eu estava com câncer ou sei lá — apenas para conhecer Jesus e experimentar a alegria e a realidade da presença dele em minha vida, eu faria tudo de novo. Agora, tenho minha garotinha de volta, e nosso relacionamento também está restaurado — hoje é meu dia de sorte!'"

Assim como o Senhor tocou o pai de Smidgie e transformou a vida dele, o mesmo pode acontecer com você. Ele irá transformá-lo por dentro, basta você pedir. A gloriosa presença e o poder dele irão começar a fluir por meio de você, e irão afetar todo o mundo à sua volta. Quando isso acontecer, por onde você for e todas as pessoas com quem você tiver contato irão perceber que haverá algo de diferente em você. Você está pronto?

Primeiro, vamos dar uma olhada em como ele transforma o *interior* antes de fluir por meio de você para chegar ao mundo ao seu redor. No capítulo seguinte, você irá aprender sobre a obra *exterior* e sobre a *superior*.

Já discutimos sobre o poder de convencimento do Espírito Santo para trazer as pessoas a Cristo, mas tal discussão foi apenas o começo. A transformação ocorrerá de dentro para fora. A razão pela qual ele transforma segundo essa maneira é porque ele habita em você. O Apóstolo Paulo perguntou para os cristãos em Corinto: "Vocês não sabem que são santuário de Deus e que o Espírito de Deus habita em vocês?" (1Coríntios 3:16). Mas tal transformação não é apenas possível, ela também é de *vital* importância.

Perceba, o Espírito Santo habita em você como resultado direto do sangue de Jesus derramado na cruz. Ele nos comprou com o sangue, e comprou todo o espírito, a alma e o corpo. Nós pertencemos a ele — não somos escravos de nossos desejos, mas livres para seguir a vontade dele.

O Espírito traz vida em vez de morte

Quero dividir algo com você — um dos principais motivos pelos quais tenho tanta fome de estar na presença do Espírito Santo é por ele ser *muito vivo*. Eu amo experimentar a vida dele. Quando falo sobre a vida, quero dizer três coisas. *Primeiro*, nós experimentamos a vida dele quando nascemos de novo. O Senhor deixou isso claro quando falou com Nicodemos em João 3: "Digo-lhe a verdade: Ninguém pode entrar no Reino de Deus, se não nascer da água e do Espírito. O que nasce da carne é carne, mas o que nasce do Espírito é espírito" (vv. 5-6). Jesus ainda acrescentou um ponto final ao assunto quando declarou: "O Espírito dá vida; a carne não produz nada que se aproveite. As palavras que eu lhes disse são espírito e vida" (João 6:63).

Segundo, nós experimentamos a vida do Espírito quando somos tocados por seu poder ressuscitador, quando somos reanimados. Em Romanos 8, Paulo declara: Se o Espírito daquele que ressuscitou Jesus dentre os mortos habita em vocês, aquele que ressuscitou a Cristo dentre os mortos também dará vida a seus corpos mortais, por meio do seu Espírito, que habita em vocês" (Romanos 8:11). Aleluia pela sepultura vazia!

Terceiro, nós experimentamos a vida do Espírito quando ele toca a nossa mente e permite que pensemos sobre as coisas de Deus. Repare nessa marcante passagem em Romanos 8:

> Quem vive segundo a carne tem a mente voltada para o que a carne deseja; mas quem vive de acordo com o Espírito tem a mente voltada para o que o Espírito deseja. A mentalidade da carne é morte, mas a mentalidade do Espírito é vida e paz. (vv. 5-6)

Aquele que vive de acordo com o Espírito Santo tem a mente voltada para o Espírito Santo. E qual é o resultado disso? *Vida* e *paz*.

O Espírito Santo é nosso selo e nossa garantia

Depois de receber Jesus Cristo como o Salvador, algo maravilhoso acontece. A Bíblia declara: "Nele, quando vocês ouviram e creram na palavra da verdade, o evangelho que os salvou, vocês foram selados com o Espírito Santo da promessa" (Efésios 1:13). Esse selo garante três coisas:

- Posse: ele sela e nos faz dele.
- Autenticidade: ele sela para mostrar que pertencemos a ele.
- Completude: ele sela para garantir que seremos dele por inteiro, *com* ele e *como* ele.

No mundo antigo, as pessoas costumavam marcar o que consideravam valioso para que não houvesse dúvida sobre a posse. Quando confiamos em Cristo, Deus coloca um selo de posse em nós quando nos dá o Espírito

Santo. A Bíblia diz: "Nos selou como sua propriedade e pôs o seu Espírito em nossos corações" (2Coríntios 1:22).

Os selos também funcionavam como uma garantia oficial da certeza do conteúdo de algo em particular.[1] Como você sabe que alguém é verdadeiramente um cristão? A resposta é simples — a pessoa tem o Espírito Santo? "E, se alguém não tem o Espírito de Cristo, não pertence a Cristo" (Romanos 8:9). Sem selo, sem autenticidade.

O selo do Espírito Santo na vida do fiel é a garantia de Deus de que ele irá redimir, que irá formar o Cristo em nós e, finalmente, que irá nos libertar completamente do poder e da presença do pecado.

O selo do Espírito Santo, por mais maravilhoso que seja, é apenas um depósito, uma garantia antecipada das maravilhas que esperam por nós:

> Quando vocês ouviram e creram na palavra da verdade, o evangelho que os salvou, vocês foram selados com o Espírito Santo da promessa, que é a garantia da nossa herança até a redenção daqueles que pertencem a Deus, para o louvor da sua glória (Efésios 1:13,14).

Pode ter certeza; a experiência que temos do Espírito Santo *é* apenas um aperitivo, pois o pagamento completo será da mesma natureza que o depósito antecipado.[2]

É por tal motivo que Paulo nos dá um aviso tão solene em Efésios 4:30. Deus tem nossa posse, ele nos autenticou e permitiu que sentíssemos o gosto da glória, inclusive Deus se comprometeu a nos trazer para glória. Em face de todas essas coisas maravilhosas, jamais devemos entristecer "o Espírito Santo de Deus, com o qual vocês foram selados para o dia da redenção" (Efésios 4:30).

O Espírito santifica

Na Palavra, o Senhor Jesus declara que todo fiel deve ser santificado — separado para Deus, tanto em sua *posição* quanto na vida *prática*. Você entende o que significa ser "separado"? Tente imaginar: quando você vai ao mercado e escolhe uma caixa de sabão em pó em detrimento das muitas outras que continuam na prateleira e a coloca em seu carrinho, a caixa que você escolheu foi "separada", ela está reservada para seu uso. O mesmo acontece quando nós confiamos em Cristo, Deus nos seleciona, coloca-nos em sua família e nos "separa", assim santificando-nos para seu próprio uso.

E como é que somos "separados"? *Pelo do Espírito Santo.* A Bíblia diz: "Desde o princípio Deus os escolheu para serem salvos mediante a obra santificadora do Espírito e a fé na verdade" (2Tessalonicenses 2:13). No momento em que nascemos de novo, tornamo-nos *santos* à vista de Deus, porque a retidão de Jesus Cristo é aplicada em nossa vida através do Espírito Santo.

> "As Escrituras ensinam que, no momento em que o homem acredita em Cristo, ele é santificado. Isto fica claro pelo fato de os fiéis serem chamados de santos no Novo Testamento a despeito de quaisquer conquistas espirituais (1Coríntios 1:2; Efésios 1:1; Colossenses 1:2; Hebreus 10:10; Judas 1:3). Dos coríntios, Paulo diz explicitamente que eles "foram justificados" (1Coríntios 6:11), apesar de também declarar que eles ainda eram "carnais" (1Coríntios 3:3).[3]

Em outras palavras, apesar dos coríntios não agirem de forma particularmente santificada, a Bíblia declara que eles *foram* (até onde Deus sabia) santificados.

Mas não apenas somos santificados *em posição* durante a salvação; somos também chamados para viver segundo essa elevada posição em Cristo ao viver essa santificação, de forma *prática*, como exemplo de uma vida de santidade pessoal. Também nesse aspecto da santificação o Espírito Santo desempenha papel crucial em quatro áreas principais.

- *Primeiro*, ele liberta da prisão de morte de nossa natureza pecadora. "Porque por meio de Cristo Jesus a lei do Espírito de vida me libertou da lei do pecado e da morte" (Romanos 8:2).

- *Segundo*, ele luta ativamente contra a manifestação da natureza pecadora em nossa vida: "Pois a carne deseja o que é contrário ao Espírito; e o Espírito, o que é contrário à carne. Eles estão em conflito um com o outro, de modo que vocês não fazem o que desejam" (Gálatas 5:17).
- *Terceiro*, ele se alia a você quando você decide arrancar o pecado pela raiz. "Pois se vocês viverem de acordo com a carne, morrerão; mas, se pelo Espírito fizerem morrer os atos do corpo, viverão" (Romanos 8:13). Ele trabalha junto conosco quando criamos a coragem de levar a sério as palavras de Deus para nós: "Esforcem-se para viver em paz com todos e para serem santos; sem santidade ninguém verá o Senhor" (Hebreus 12:14).
- *Quarto*, ele combate ativamente o pecado em nossa vida. Quando nos entregamos a ele, a presença divina em nossa vida contrabalanceia, de forma ativa e automática, a nossa natureza pecaminosa. A manifestação dessa obra de combater é fruto do Espírito. Como disse Roy Hession no livro *A Senda do Calvário*:

"Uma vida vitoriosa e um culto efetivo e conquistador de almas não são produtos de nossos próprios esforços e de um trabalho árduo, mas simples frutos do Espírito Santo. Não somos chamados para produzir os frutos, mas para carregá-los, apenas.[4]

O Espírito Santo produz os frutos — tudo que temos de fazer, portanto, é manifestar sua obra!

O Espírito transmite o caráter de Deus

É devido à permanência do Espírito Santo em nós, que passamos a compreender suas maneiras e a refletir as qualidades e a natureza dele.

Porém Deus não apenas mora em nós; mas, assim que passamos a conhecê-lo, passamos também a assumir o próprio caráter dele. O véu que nos separava é removido, "e todos nós, que com a face descoberta contemplamos a glória do Senhor, segundo a sua imagem, estamos sendo transformados com glória cada vez maior, a qual vem do Senhor, que é o Espírito" (2Coríntios 3:18). Oh, como gosto disso!

Perceba, o Espírito Santo não só nos reforma como também *transforma* o caráter que temos no caráter de Deus "com glória cada vez maior" (v. 18). Como Dean Alford diz com propriedade: "A transformação é efetuada *por meio do Espírito*, o Autor e Sustentáculo da vida espiritual, que 'toma as coisas de Cristo e *as mostra* para nós' (...), que nos santifica até sermos santos como Cristo."[5]

O Espírito fortalece o homem interior

Quando adolescente, eu sempre pensava sobre o meu tamanho. Secretamente, eu desejava ser maior. Mesmo depois de me tornar um cristão, eu pensava: "Senhor, como você pode usar alguém tão pequeno como eu?"

Quando chegou a hora de eu dar início ao meu ministério, esses pensamentos já não duraram . Toda vez que eu começava a proclamar a Palavra de Deus, sentia um gigante se erguendo dentro de mim — repleto de força e de autoridade. Por vezes eu conseguia me ouvir pregando e pensava: "Será que sou eu mesmo? ".

Desde o começo dos tempos, a referência de medição dos homens tem sido a aparência exterior, mas o Senhor olha para o coração. O programa de exercícios divino mira o fortalecimento *interior* do homem ou da mulher, do menino ou da menina.

A oração do Apóstolo Paulo, na carta aos em efésios, pedia que o Senhor fortalecesse a Igreja por meio do Espírito no homem interior, de acordo com as riquezas de sua glória (Efésios 3:16). Ele também pedia que os homens fossem "cheios de toda a plenitude de Deus" (v. 19).

Conforme o Espírito Santo começa a operar nas profundezas da sua alma, ele fortifica espiritualmente e com maturidade, que provê um nível ainda maior de fé, e que permite que você confie em Deus por conta do *impossível* e acredite nele por tudo que é *invisível*. Não importa o obstáculo nem os desafios que você enfrenta. Você dirá junto do salmista: "O Senhor é a minha luz e a minha salvação; de quem terei temor? O Senhor é o meu forte refúgio; de quem terei medo?" (Salmos 27:1). Essa força vem de dentro de você conforme o Espírito Santo traz uma fé destemida, por vezes até *violenta*, para sua vida.

O Espírito liberta

"Ora, o Senhor é o Espírito e, onde está o Espírito do Senhor, ali há liberdade" (2Coríntios 3:17).

Apesar de a lei nos ensinar o que devemos fazer, ela não contém em si a habilidade de nos ajudar a observar a própria lei. Ficamos escravos do pecado. Mas Cristo, ao atender todos os requisitos da lei com sua vida sem pecados, por meio de sua morte sacrificial e da ressurreição triunfante, preparou o terreno para a vinda do Espírito Santo e para que ele nos libertasse do pecado. Assim, temos a habilidade interior de nos conformarmos ao caráter de Deus e de observar a lei do Espírito Santo. Fomos libertos do *pecado* pelo Espírito Santo *para* servirmos a Deus.

Jamais esquecerei a primeira reunião com meu assistente, Curtis Johnson, por causa do que aconteceu com ele. Ele era um jovem a quem conheci quase por acaso muitos anos antes em um estacionamento de igreja, quem diria! Vi que ele vagava pelo estacionamento enquanto eu deixava o local. Como eu não o conhecia, parei para perguntar: "Você está bem?"

Conversando, descobri que ele não comia havia três dias e era um viciado que estava desesperado para se livrar da escravidão em que se metera. Apesar de ter procurado ajuda em diversas organizações, ele ainda estava escravizado pelas drogas. Ele sabia que sua vida de dependente não o levaria a lugar algum, e estava desesperado e procurando ajuda.

Dei a ele algum dinheiro e disse para ele procurar se alimentar. Então, pedi que ele voltasse para conversarmos mais.

Mais tarde, depois de conversarmos e orarmos, ele foi gloriosamente salvo e liberto de todos os grilhões em sua vida. Ele começou a frequentar nossa igreja regularmente e a crescer no âmbito espiritual. Deus o tocou de forma sobrenatural, e um milagre começou a acontecer em sua vida. À medida que passavam os meses e as semanas, ele se fortalecia nas coisas do Senhor.

Com o passado já atrás de si, ele passou a procurar maneiras pelas quais pudesse servir ao Senhor, e as portas começaram a se abrir para ele.

Isso aconteceu há muitos anos, e ainda me empolgo em contar que aquele jovem que foi liberto da prisão das drogas foi verdadeiramente liberto para servir. Ele serve fielmente em cada um dos cultos que eu ministro, e tem sido uma grande bênção para mim. Ele viaja com nossa equipe, tanto nos Estados Unidos quanto pelo resto do mundo, e está presente em todos os nossos cultos; é um exemplo vivo e verdadeiro do que significa ser livre do pecado para servir. Ele tem um amor enorme pelo Senhor Jesus e tem empregado sua vida em serviço ao Mestre. A Deus seja toda a glória!

Como disse Paulo: "A lei do Espírito de vida me libertou da lei do pecado e da morte" (Romanos 8:2).

Sempre me alegro de dizer às pessoas que o céu ficará repleto de pessoas imperfeitas que foram feitas perfeitas pela obra de Cristo no Calvário. Essa mesma obra magnífica está disponível para nós pelo do Espírito divino.

O Espírito traz renovação

No fascinante livro *The Day America Told the Truth* [O dia em que a América falou a verdade], os autores perguntam a cidadãos norte-americanos sobre o que mais gostariam de mudar em si mesmos para poderem realizar todo o potencial que têm como humanos.[6] Como você responderia a essa pergunta? O que você diria? Ainda que sua resposta aponte na direção do aumento da reflexão interna e da busca espiritual, há duas respostas que dominaram o pensamento do povo norte-americano:

- Gostaria de ser rico.
- Gostaria de ser magro.

Certamente são respostas patéticas e rasas — e jamais dariam uma capa de jornal, não é mesmo? Talvez essas respostas não surpreendam você porque, você sabe, é quase impossível abrir uma revista ou assistir à televisão sem topar com comerciais ou infomerciais oferecendo promessas de saúde, riqueza, juventude e vitalidade — desde *spas* que visam à perda de peso a suplementos de vitaminas, passando por equipamentos de ginástica.

Tentar voltar os ponteiros da saúde física, no entanto, é uma solução apenas temporária. Por mais fácil que seja comprar uma propriedade sem qualquer dinheiro ou deixar a barriga chapada, a renovação espiritual jamais estará disponível por meio de uma linha de telefone do tipo 0800, pois não pode ser comprada — ela é oferecida *de graça* a você *pelo do Espírito Santo*.

Quem é a fonte dessa renovação? *O abençoado Espírito Santo.* "Não por causa de atos de justiça por nós praticados, mas devido à sua misericórdia, ele nos salvou pelo lavar regenerador e renovador do Espírito Santo" (Tito 3:5). Você percebeu? O Espírito Santo não só *regenera* como também *renova*. A renovação, aqui, não significa voltar os ponteiros do relógio, significa um novo você! Uma nova *qualidade* de vida. Um produto que enxugue a sua barriga pode fazer com que você se sinta melhor, mas o Espírito Santo lhe dará *um novo ser*, e ajudará você em seus "exercícios espirituais." A Bíblia pede:

> Rejeite, porém, as fábulas profanas e de velhas caducas e exercite-se na piedade. O exercício físico é de pouco proveito; a piedade, porém, para tudo é proveitosa, porque tem promessa da vida presente e da futura. (1 Timóteo 4:7,8)

O Espírito traz esperança

Esperança significa olhar para frente com confiança ou expectativa.[7] A esperança se baseia no amor, isto é, que aquele que nos ama irá cumprir o que prometeu por conta do amor, e a Bíblia diz que o Espírito Santo provê esperança quando passamos por momentos de dificuldade.

Como filho amado de Deus, você pode contar que ele será ativo nos tempos de dificuldade que atingirem você. Como resultado de tudo isso, temos: "A tribulação produz perseverança; a perseverança, um caráter aprovado; e o caráter aprovado, esperança" (Romanos 5:3,4).

A Bíblia continua o raciocínio, dizendo: "E a esperança não nos decepciona, porque Deus derramou seu amor em nossos corações, por meio do Espírito Santo que ele nos concedeu" (Romanos 5:5). O amor de Deus, derramado em nossos corações pelo Espírito Santo, é a prova de tudo isso. Como a chuva gentil que alimenta a planta, o Espírito Santo derrama em nossos corações a "chuva" da renovação espiritual e do encorajamento durante os tempos de dificuldade.[8]

Deus dá esperança e, quando confiamos nele nos tempos difíceis, envia uma forte torrente de alegria e de paz no coração, tanto que acabamos até transbordando de esperança. Como? Pelo poder do Espírito Santo: "Que o Deus da esperança os encha de toda alegria e paz, por sua confiança nele, para que vocês transbordem de esperança, pelo poder do Espírito Santo" (Romanos 15:13).

Porém o Espírito não dá esperanças apenas em meio às dificuldades do presente, ele também dá esperanças pelas alegrias do futuro: "Pois é mediante o Espírito que nós aguardamos pela fé a justiça que é a nossa esperança" (Gálatas 5:5). Você está com saudades do céu? Você se pega ansiando pelo Arrebatamento? Você diz: "Venha logo, Senhor Jesus"? Você anseia por um novo corpo e por uma nova natureza? Pois eu sim. A Bíblia chama isso de "a bendita esperança: gloriosa manifestação de nosso grande Deus e Salvador, Jesus Cristo" (Tito 2:13). Gálatas 5:5 declara que o Espírito Santo que habita em nós é fonte dessa esperança.

O Espírito Santo traz consolo

A primeira vez em que Jesus se referiu ao Espírito Santo como o "Consolador" foi na noite anterior à traição. Respondendo à tristeza dos discípulos pelo fato de ele os estar deixando, disse Jesus: "Eu rogarei ao Pai, e ele vos dará *outro Consolador*, para que fique convosco para sempre" (João 14:16, ARCF).

A palavra "consolador" é um tanto interessante. Ela também é traduzida por palavras como "conselheiro" ou "ajudante." "Trata-se de um termo legal, mas com um significado mais amplo do que conselheiro de defesa' [...] Refere-se a qualquer pessoa que ajude um indivíduo com problemas relativos à lei."[9] Desse modo, o Espírito Santo habita em nós e nos aconselha, nos ajuda, nos consola e toma para si nossas causas quando precisamos de ajuda.

O que pretendia Jesus quando disse que haveria *outro* (do grego *allos*) Consolador? Ele queria dizer que o Espírito Santo vindouro seria *semelhante a ele próprio*. Ele estava dizendo: "Outro além de mim e junto comigo, semelhante a mim. Ele fará em minha ausência o que eu faria se estivesse fisicamente, presente com vocês."[10] Fica muito claro, agora, entender por que o Espírito Santo pode ser chamado "Espírito de Cristo" (Romanos 8:9) e "o Espírito de seu Filho" (Gálatas 4:6).

O Senhor Jesus prometeu que enviaria um Ajudante como ele mesmo e, no dia de Pentecoste, quando veio o Espírito Santo, o Salvador cumpriu sua promessa. A poderosa obra do Espírito Santo, no Pentecoste, resultou em milhares de pessoas crendo em Cristo e experimentando pela primeira vez a obra consoladora do Espírito Santo. Como resultado de tudo isso, igrejas foram fundadas na Judeia, na Galileia e em Samaria. Mesmo durante os tempos de perseguição, a igreja daqueles primeiros fiéis, "encorajada pelo Espírito Santo, crescia em número, vivendo no temor do Senhor" (Atos dos Apóstolos 9:31).

O Espírito traz segurança

Uma das principais passagens das Escrituras é Gálatas 4:1-6:

> "Digo, porém, que, enquanto o herdeiro é menor de idade, em nada difere de um escravo, embora seja dono de tudo. No entanto, ele está sujeito a guardiães e administradores até o tempo determinado por seu pai. Assim também nós, quando éramos menores, estávamos escravizados aos princípios elementares do mundo. Mas, quando chegou a plenitude do tempo, Deus enviou seu Filho, nascido de mulher, nascido debaixo da lei, a fim de redimir os que estavam sob a lei, para que recebêssemos a adoção de filhos. E, porque vocês são filhos, Deus enviou o Espírito de seu Filho aos seus corações, o qual clama: "Aba, Pai".

Quero que aqueles de vocês que experimentaram a dor no coração por algum problema de família durante a infância prestem bastante atenção. Nenhum de nós *vem* de uma família perfeita, nem nenhum de nós consegue *criar* uma família perfeita, por mais que tentemos. Talvez a sua infância seja lembrada pelos abusos, pela falta de amor, pela insegurança ou pelo estado de confusão. Por trás da ira e da negação existem sentimentos profundos de dor e um intenso questionamento em relação ao seu valor ou capacidade de amar como pessoa.

Acredite em mim, sou semelhante a você. Eu vivi durante uma guerra, passei pela agonia de uma mudança transcontinental, por línguas diferentes, escolas, amigos, países e culturas diferentes. Experimentei a devastação da rejeição paterna quando nasci de novo, mas confiei em Jesus como meu Salvador. Quando Cristo me encontrou, eu era uma pessoa destruída sem qualquer apreço por minha autoimagem; não obstante, foi exatamente nesses pontos que o Espírito Santo me deu o consolo e a segurança de que eu pertencia a ele — de que eu realmente pertencia a Jesus, meu Salvador, e a Deus, meu Pai Celestial.

Ora, quando confiamos em Cristo, o Espírito Santo nos transforma de estranhos a filhos de Deus, adotando-nos para a maravilhosa família de Deus. Por vezes, como que de forma instintiva, algumas crianças provocam as outras, acusando-as de não serem filhos biológicos de seus pais, mas adotadas como se uma criança adotada fosse inferior a um filho biológico. Deus adota cada um de nós para sua própria família, fazendo-nos herdeiros de Deus e coerdeiros com o Filho amado, Jesus, dando-nos privilégios que decorrem da adoção.

Como quer que tenha sido a sua criação, quando confiamos em Cristo, acabamos nos tornando membros da melhor família que existe. Um dos maiores feitos do Espírito é que ele "testemunha ao nosso espírito que somos filhos de Deus" (Romanos 8:16).

Em nosso íntimo, recebemos a compreensão de que deixamos de ser estranhos. Toda a inferioridade, toda a sensação de não pertencer, toda a raiva — tudo isso é removido e substituído pela gentil voz do Espírito

Santo, que diz: "Tudo ficou para trás agora, o Pai ama você e você pertence à família dele."

Isso acontece no nível do espírito — o testemunho é dado não *para* o nosso espírito, mas *com* o nosso espírito e *pelo* Espírito Santo. A expressão "dar testemunho" significa confirmar ou atestar em favor de alguém. A expressão aparece muitas vezes em documentos oficiais do século primeiro ao lado da assinatura da pessoa que testemunhou o fechamento de um acordo, dando, assim, validade aos nomes das pessoas que o assinaram.[11] Você consegue compreender o significado de tal imagem? O Espírito Santo dialoga com nosso espírito, dizendo: "Sim, eu estava lá quando você confiou em Cristo. Sim, você foi adotado pela família de Deus, pois eu testemunhei. Sim, você é um membro pleno da família. Sim, Deus é seu amoroso Pai Celestial. Não, você não precisa ficar inseguro a respeito da sua nova família".

O Espírito Santo e a mente do fiel
O Espírito Santo revela as coisas de Deus

Desde os primeiros e vacilantes passos da minha caminhada com o Espírito Santo, eu sabia que estaria perdido sem as revelações dele. O Espírito Santo se alegra em revelar para nós tudo aquilo que transcende o raciocínio próprio. Ora, "ninguém conhece as coisas de Deus, a não ser o Espírito de Deus" (1Coríntios 2:11). Deus se alegra em tornar a verdade conhecida para nós pelo do Espírito Santo. A Palavra diz que Deus a "revelou a nós por meio do Espírito" (v. 10).

Eu já passei milhares de horas estudando a Bíblia e refletindo sobre praticamente todas as palavras, mas nada se compara ao que acontece quando o Espírito Santo começa a revelar para você as coisas do Reino.

Você pode decorar todos os dicionários, todas as enciclopédias e todos os livros que explicam a Bíblia que já foram escritos e, ainda permanecer bem distante do verdadeiro conhecimento *espiritual*. Não me entenda errado, tenho uma grande biblioteca e sou um leitor voraz, mas apenas o Espírito pode revelar os mistérios de Deus em sua totalidade. Afinal, ele é o próprio autor do Livro.

O Senhor mostrou para o Apóstolo Paulo coisas que ele jamais descobriria por conta própria. É isso que significa a palavra grega traduzida como "mistério." Por exemplo, Deus disse a ele que tanto judeus quanto gentios deveriam compor o corpo de Cristo. Esse era um conhecimento que "não foi dado a conhecer aos homens doutras gerações, mas agora foi revelado pelo Espírito aos santos apóstolos e profetas de Deus" (Efésios 3:5).

A Bíblia diz que não nos foi o espírito do mundo, "mas o Espírito procedente de Deus, para que entendamos as coisas que Deus nos tem dado gratuitamente" (1Coríntios 2:12).

O cidadão comum não consegue compreender as coisas do Espírito "pois lhe são loucura; e não é capaz de entendê-las, porque elas são discernidas espiritualmente. Mas quem é espiritual discerne todas as coisas" (vv. 14-15).

Aqueles que se recusam a "se ligar" à Fonte da sabedoria espiritual jamais poderão compreender o que o Senhor compartilha conosco, por mais estudiosos que sejam e por mais que investiguem diligentemente. O que sempre irá nos diferenciar é que "temos a mente de Cristo" (v. 16).

O Espírito Santo traz à lembrança as obras de Cristo

Jesus estendeu a maravilhosa promessa do Espírito Santo de consolar os apóstolos pouco antes de sua captura e da crucificação: "[O Conselheiro] lhes fará lembrar tudo o que eu lhes disse" (João 14:26). Essa promessa maravilhosa continua valendo nos dias de hoje.

Durante a revelação de quase todas as mensagens, o Espírito traz à minha lembrança coisas que eu não planejava pregar sobre o Senhor Jesus. É o Espírito Santo realizando sua obra. Como qualquer pregador do Evangelho digno do chamado, acredito que o Senhor espera que eu esteja totalmente preparado para a responsabilidade de alimentar seus cordeiros, e acredito que parte da promessa de Jesus acontece aqui enquanto eu estudo. Devo dizer, no entanto, por maior que seja a dedicação que emprego na preparação das mensagens, que o Senhor também tem assuntos que ele deseja comunicar, e eu desejo muito ser sensível a essa vontade.

Algumas pessoas se surpreendem quando eu mostro meu livro de rascunho dos sermões, o qual guardo no escritório — já que acabam imaginando que há algum tipo de conflito entre preparar as mensagens e estar aberto à condução do Espírito Santo. Mas nada poderia estar mais distante da verdade! A realidade é que eu confio no Espírito Santo, tanto enquanto estudo quanto quando prego o que o Espírito Santo me levou a preparar.

O Espírito Santo ensina a verdade

Como fiéis orientados pelo Espírito, podemos confiar que o Espírito Santo nos revela a verdade ao mesmo tempo em que nos protege do erro. Podemos confiar, pois isso é prometido aos que conhecem a Deus. "Nós viemos de Deus, e todo aquele que conhece a Deus nos ouve; mas quem não vem de Deus não nos ouve. Dessa forma reconhecemos o Espírito da verdade e o espírito do erro" (1João 4:6).

Experimentei algo semelhante há pouco tempo enquanto folheava alguns livros em uma enorme livraria. Um lançamento me chamou a atenção e, como eu já ouvira um pouco sobre o livro algumas semanas antes, pensei em dar uma olhada rápida.

O título dava certa medida de curiosidade em relação ao conteúdo. Ler a orelha do livro me revelou que ele tratava de uma experiência de pós-morte do autor. Continuei folheando o livro, lendo o título de alguns capítulos e parando para ler uma ou outra página. Enquanto eu explorava o conteúdo do livro, "algo" fez com que eu parasse e observasse com maior atenção a página aberta diante dos meus olhos. Parecia que um alarme interno havia disparado. "O que há de errado?" perguntei-me.

Assim que a pergunta me veio à mente, meus olhos depararam com um trecho que explicava de forma muito clara minha confusão interna. Tratava-se de um livro com uma mensagem da Nova Era! Mas a história estava muito bem disfarçada e soava como muitas outras histórias incríveis que eu já havia lido sobre indivíduos que tinham passado por uma experiência de pós-morte, voltando a viver e compartilhando as visões sobre a eternidade com outros fiéis.

Devolvi rapidamente o livro à prateleira e deixei a livraria. Enquanto voltava, comecei a pensar como o diabo era sutil em esconder mentiras e falsidades dentro das capas de livros aparentemente inocentes. Mas como foi glorioso perceber que meu maravilhoso Companheiro, o Espírito Santo, nunca me deixava e caminhava ao meu lado até naquela livraria. Foi ele quem lançou a luz na escuridão furtiva, escondida no livro.

Então, como podemos saber se algo contém verdade ou erro? Não podemos fazer um julgamento baseado apenas em como nos sentimos em relação à situação. A primeira coisa que procuro saber em um livro é o que ele diz sobre o Senhor Jesus, que é o Caminho, a Verdade e a Vida (João 14:6).

Hoje, "o Espírito é quem dá testemunho, porque o Espírito é a verdade" (1 João 5:6). O Espírito Santo é um instrutor, mas também é bem mais que isso, ele é a verdade. Ele é o professor que ensina o que é digno de confiança e o que é seguro. Ele é a fonte de toda a verdade.

O Espírito Santo faz com que você se ocupe de assuntos espirituais

Tenho um amigo a quem respeito muito e que também está envolvido com o ministério. Ele esteve presente na Cruzada de Milagres de Atlanta em 1994. Quando chegou ao estádio, ele perguntou se poderia falar rapidamente comigo. Como o culto estava prestes a começar, não nos encontramos, então ele se dirigiu ao assento a ele reservado.

A presença do Espírito Santo era tão intensa durante todo aquele culto, que desde o primeiro acorde entoado pelo coral a atmosfera estava elétrica – carregada com o poder e a presença de Deus.

A ordem dos cultos foi semelhante à de outras cruzadas. Desfrutamos de um louvor muito rico, enquanto milhares de pessoas se juntavam a nós em uníssono para elevar o nome de Jesus Cristo. A música especial dos profissionais muito contribuía para aquele culto, que só fazia aumentar em poder e em intensidade.

Conforme a bênção descia milagrosamente, a intensidade da presença de Deus aumentava vertiginosamente. A bênção do Espírito Santo era evidente. A plateia lotada estava repleta do poder de Deus, e milagres começavam a acontecer em todo o lugar. As pessoas do local estavam de pé quando eu pedi para que os que fossem curados viessem à frente do palco para testemunhar sobre o toque curador de Deus. Houve testemunhos gloriosos de cura e muitas lágrimas de alegria e gratidão, conforme pessoa após pessoa declarava: "Estou curado!" Quando o culto se aproximava do fim, convidei aqueles que desejavam pedir a Jesus Cristo que perdoasse os pecados e se tornasse Senhor e Salvador para se aproximarem do palco e experimentarem o maior dos milagres — a salvação. De todo lugar, pessoas responderam imediatamente. Levou muito tempo para que todos pudessem se acomodar na frente do palco.

Enquanto eu fazia a oração dos pecadores com aqueles que haviam respondido, olhei para o mar de rostos diante de mim. Alguns oravam com vontade e com certeza, outros choravam de forma incontrolável pelo arrependimento. Uma transformação eterna acontecia bem diante dos meus olhos.

Ao final da oração, eu estava prestes a encerrar o culto e dispensar a multidão, quando um jovem casal que estava no altar lotado chamou a minha atenção. Aparentemente, não havia que os pudesse distinguir do resto da multidão. Parei por um momento. Então, apontando na direção deles, eu disse: "Tragam o casal para o palco."

Enquanto me olhavam, comecei a falar com ambos usando de bastante coragem. Apesar de não conhecê-los nem de jamais tê-los visto, as palavras que eu dizia pareciam tocá-los. O casal permaneceu de mãos dadas, tremendo e chorando, enquanto eu falava como eles haviam fugido de Deus, tentando ignorar um chamado divino para o ministério. Ao mesmo tempo em que eu falava, eles acenavam a cabeça, confirmando tudo que eu dizia. Coloquei as mãos sobre eles e pedi que o Senhor os libertasse das prisões que os mantinham cativos. Cada palavra que eu pronunciei saiu com enorme força e poder.

Então, parei por um instante para perguntar: "Quem são essas pessoas?" Um ministro convidado que estava sentado no palco se adiantou. Ele também estava chorando. Então, ele foi até casal e os abraçou. Olhei para aquele trio com um olhar questionador enquanto eles ali permaneciam chorando abraçados.

Por fim o ministro se virou para mim e começou a falar. Enxugando as lágrimas, ele começou a contar que o jovem era o sobrinho e se a esposa dele. Ele disse que havia recebido uma ligação perturbadora de ambos na noite anterior. "Tio", disse o sobrinho, "estamos no fundo do poço; não conseguimos mais aguentar, pois as drogas, o álcool e muitas outras coisas têm tanto poder sobre nossa vida que não acreditamos que haja esperança alguma." Podia-se notar um sentimento de desespero total naquela voz.

O sobrinho contou como ele tinha até feito uma tentativa de overdose de drogas com álcool na noite anterior, esperando que pudesse dar fim à própria vida. Porém, a mãe do rapaz o encontrou e, enquanto orava com fervor, procurou ajuda médica. A ligação que o sobrinho havia feito era claramente um pedido de ajuda.

Depois de uma demorada conversa ao telefone, o tio havia conseguido convencer o casal a tomar o primeiro voo disponível para encontrá-lo e comparecer à cruzada. "Esperem apenas 24 horas", ele disse, "e venham para cá me encontrar. Estou indo em uma cruzada de Benny Hinn amanhã à noite e quero que os dois venham comigo." Sem nada a perder, eles aceitaram. O tio pagara as passagens de avião e confiava que Deus faria um milagre.

E lá estavam eles, no meio do palco, com os braços ao redor um do outro e ao redor do tio. Momentos atrás eles eram escravos do pecado, mas, agora, ao olhar para aqueles rostos, pude enxergar a transformação que havia acontecido no íntimo de cada um. O semblante deles estava repleto de paz e de esperança. O poder transformador do amor e do perdão de Deus e a obra visível do Espírito Santo eram evidentes. O maior dos milagres havia acontecido bem diante dos meus olhos. Foi glorioso!

O milagre tem início na mente e o agente da transformação é o Espírito Santo, que *pode* dar a vitória a você. "Quem vive segundo a carne tem a mente voltada para o que a carne deseja; mas quem, de acordo com o Espírito, tem a mente voltada para o que o Espírito deseja. A mentalidade da carne é morte, mas a mentalidade do Espírito é vida e paz" (Romanos 8:5,6).

O jovem casal havia comparecido ao encontro sem esperança alguma, mas o Espírito Santo mudou aquele pensamento. Naquela noite, ao voltarem para casa, o futuro deles reservava paz e vida.

O Espírito Santo guia e orienta

No entanto a história sobre o jovem casal não acabou. Enquanto os três estavam no palco diante de mim, todos abraçados e em lágrimas, meu amigo, tio do casal, começou a contar algo absolutamente incrível. Ele havia chegado ao estádio, naquela noite, quando o culto estava prestes a começar. O sobrinho e a esposa dele haviam sentado em algum lugar da plateia. Enquanto isso, ela havia pedido para falar rapidamente comigo antes do culto, na esperança de conversar sobre a grande necessidade dos sobrinhos. No entanto, como o culto estava para começar, ele acabou sendo levado direto para o palco, onde ficou sentado durante o culto. Ele não teve uma única chance de me falar nem da presença, nem da necessidade do jovem casal, mas o Espírito Santo teve!

Essa orientação está disponível mesmo hoje. Na verdade, ela não está apenas disponível hoje, como é esperado que os filhos de Deus *desejem* seguir tal orientação: "Porque todos os que são guiados pelo Espírito de Deus são filhos de Deus" (Romanos 8:14).

Meses depois, encontrei esse meu amigo em outro culto, quando ele pôde me dar notícias sobre o sobrinho. Ele contou que, desde a gloriosa experiência na cruzada de Atlanta, o casal frequentava a igreja, sem perder nenhum culto, e agora estavam fazendo um treinamento para iniciarem no ministério. A Deus seja toda a glória!

O Espírito Santo dá testemunho do Senhor Jesus

Em todas as grandes emanações do Espírito, o foco sempre foi a centralidade do Senhor Jesus. Durante o histórico reavivamento da Rua Azusa em Los Angeles, em 1906, uma das principais figuras foi Frank Bartleman. Na crônica que escreveu sobre aquele evento, ele disse:

> Qualquer obra que exalte o Espírito Santo ou os 'dons' por ele dados mais do que Jesus acabará incorrendo em fanatismo. Tudo o que nos faz exaltar e amar a Jesus é bom e seguro. O contrário só serve para arruinar. O Espírito Santo é uma grande luz, mas que está sempre focada em Jesus, por conta da iluminação dele.

Em todo grande ministério, o foco sempre está na centralidade do Senhor Jesus. Em todo grande cristão, o foco sempre recai sobre a centralidade do Senhor Jesus.

Você se lembra do que disse o Senhor Jesus: "Quando vier o Conselheiro, [...] ele testemunhará a meu respeito" (João 15:26)?

Depois do Pentecoste, Pedro pregou que Deus havia exaltado o Cristo crucificado e que "nós somos testemunhas destas coisas, *bem como o Espírito Santo*, que Deus concedeu aos que lhe obedecem" (Atos dos Apóstolos 5:32). Note, aqui, que o Espírito Santo não é uma *mera* testemunha, ele *dá* testemunho por meio dos milagres e maravilhas desde a ressurreição, passando pela ascensão e chegando até a fundação da Igreja. E, posso acrescentar, ele continua fazendo isso até hoje.

Toda vez que prego o evangelho, rogo para que homens e mulheres cheguem a Cristo pela fé. Ora, na minha opinião, o maior dos milagres do mundo de hoje acontece quando alguém confia em Cristo como seu Salvador. E de onde vem essa confissão? O Apóstolo Paulo foi muito claro quando disse que "ninguém pode dizer: 'Jesus é Senhor', a não ser pelo Espírito Santo" (1Coríntios 12:3). Pois é o Espírito Santo que realiza o maior dos milagres, permitindo que digamos com todo o coração: "Jesus é o Senhor da minha vida", e esse milagre está apenas começando — ele é a introdução do que acontece quando opera *por meio* de nós para alcançar o mundo.

CAPÍTULO 10

Presença e poder

"Você diz que seu Jesus cura — então prove!"

Essas foram as palavras de um deficiente físico que subiu ao palco com sua família e interrompeu minha mensagem.

A convite de alguns padres católicos eu estava pregando em uma pequena vila chamada Spanish ao norte de Ontário. O ano era 1975. Quase todas as pessoas presentes na plateia vinham de uma tribo indígena localizada naquela região. Eram pessoas grandes cujos rostos enrugados e de linhas profundas pareciam ter sido esculpidos em pedra.

"O que será que estão pensando?", perguntei para mim mesmo enquanto ministrava. O semblante deles não demonstrava nenhuma emoção — nem meneios contrários nem sorrisos concordando em nenhuma daquelas faces estoicas. Eles simplesmente observavam.

Minha mensagem estava centrada na capacidade de Deus de salvar, de curar e de preencher com seu Espírito. Por volta da metade do sermão, e para minha surpresa, vi um jovem índio e sua família caminharem devagar por toda a nave até o altar. O marido mancava profundamente. Pensei: "Senhor, isso é maravilhoso. Eles estão vindo para entregar a vida a você."

Porém eles nem sequer hesitaram no altar. Ninguém fez menção de pará-los enquanto subiam os degraus do altar para, finalmente, pararem à minha frente, como se me encarassem.

Confuso, interrompi a pregação e disse: "Posso ajudar?"

O homem então me devolveu um olhar severo, e disse: "Você está nos dizendo que Jesus está vivo até hoje. Tenho 28 anos e sou aleijado. Minha esposa tem câncer. Veja! A pele da minha filha está sangrando por causa de um caso severo de eczema. Ninguém foi capaz de ajudar. Você diz que o seu Jesus cura — então prove!"

A congregação me encarava com intensidade ainda maior. Dei uma rápida olhada para os padres, que estavam orando. Um deles parecia um profeta do Antigo Testamento, com uma barba tão grande que quase tocava o chão. Então, pedi que os padres viessem até mim e disse: "Cavalheiros, vamos ajoelhar e chamar o Senhor."

Comecei a orar: "Senhor Jesus, este homem está me pedindo para provar aquilo que estou pregando. Mas, Senhor, eu não estou pregando *o meu* evangelho. Estou pregando *o seu* evangelho. *Você é quem vai provar!*"

Apesar de orar com convicção, eu não sabia o que aconteceria a seguir. Então, esperei. Parecia que o tempo havia sido congelado. Não se ouvia som algum. Eu não sabia o que estava acontecendo, mas não ousei abrir os olhos. Permaneci ajoelhado, com os olhos fechados, sempre orando.

De repente, houve um forte estrondo, e depois mais um. Aquilo me assustou, e abri os olhos para ver o que estava acontecendo. Ao olhar em volta, vi o homem, sua esposa e sua filha caídos no chão. O Espírito de Deus havia descido com tanto poder que o homem e sua família acabaram caindo. A essa altura, todo mundo estava olhando para mim, tentando imaginar o que havia acontecido. Como se estivéssemos parados no tempo, esperamos para ver o que aconteceria a seguir.

Por fim, a família do índio começou a levantar. Quando olhou para sua filha, começou a chorar e a gritar, tudo ao mesmo tempo. Ao examinar os braços da menina, gritou: "Ela não está mais sangrando! É um milagre!"

Quando olhei para aqueles braços pequeninos, fiquei assombrado ao perceber que não fora apenas o sangramento que cessara; parecia que ela tinha ganhado uma pele nova. Quase ao mesmo tempo, o pai começou a correr pela igreja, dizendo: "Estou curado! Estou curado!" A perna deficiente havia sido restaurada. A mulher, examinando-se, também descobriu que Deus a havia tocado.

A presença do Espírito Santo mudou de forma tão profunda aquele culto que os índios, antes sem expressão, de repente começaram a erguer os braços para exaltar e louvar o Senhor. Muitos pediram que Cristo se tornasse o Salvador naquela noite.

Percebi, então, que quando o Espírito de Deus opera, não há nada que precisemos provar ou demonstrar. Ele nos usa durante o culto, mas o poder, a presença e a proclamação dele é que trazem a vida.

O Espírito Santo abre o céu

A obra do Espírito Santo não é apenas *interior*, mas também *exterior* e *superior*. Ele nos conduz a um novo relacionamento com Deus e nos prepara para servirmos a ele.

Toda vez que dou boas-vindas ao Espírito Santo ele abre os portais do céu e me conduz diante do Pai.

O Espírito Santo conduz à presença de Deus

"É como o céu na terra." É assim que as pessoas descrevem a sensação de entrar na atmosfera da bênção. Pode ser em uma grande cruzada, em um pequeno encontro de oração ou sozinho na companhia de Deus.

Quando o Espírito Santo começa a realizar sua obra, todas as barreiras entre você e o Senhor são removidas. De repente, você se percebe *próximo* dele. Algumas pessoas descrevem a sensação como se fossem "carregadas até o céu." Outras dizem: "Sinto a presença dele me cercando bem onde estou." Por conta da obra realizada por Cristo, o Consolador está aqui para tornar o céu real. "Pois por meio dele tanto nós como vocês temos acesso ao Pai, por um só Espírito" (Efésios 2:18).

É incrível como muda nossa perspectiva quando o Senhor está por perto. Montanhas se tornam morrinhos. Lágrimas se tornam sorrisos. Moisés só conseguiu suportar o tempo no deserto porque Deus disse: "Eu mesmo o acompanharei e lhe darei descanso" (Êxodo 33:14). Também podemos dizer: "Na tua presença há plenitude de alegria" (Salmos 16:11, ARA).

O Espírito Santo ajuda na oração

A oração é um privilégio incrível — e uma tremenda responsabilidade. Gosto de como Evelyn Christenson coloca:

É maravilhoso perceber que, no fim da vida, seremos a soma total das respostas às orações atendidas por Deus, pois Deus escolheu limitar a ação seguinte com a reação que temos em face da resposta à oração anterior. O resultado final da nossa vida é decidido por uma série de reações às orações atendidas por Deus. O modo com que respondemos a Deus e o modo com que ele, por conseguinte, responde a nós, é que determina a direção que a vida toma.[1]

Em relação à importante tarefa de orar, o Espírito Santo nos ajuda de duas maneiras: ele ajuda *quando* oramos e ele ajuda *orando* por nós.

Na Palavra, um jeito maravilhoso de orar é mencionado. Chama-se orar "no Espírito." Na verdade, é o único modo de orar. Judas 20 contém esse mandamento: "Edifiquem-se, porém, amados, na santíssima fé que vocês têm, *orando no Espírito Santo*" (Judas 20). Aos cristãos de Éfeso, Paulo disse que eles deveriam orar "*no Espírito em todas as ocasiões, com toda oração e súplica*" (Efésios 6:18). Eu gosto de orar em uma língua celestial, e faço sempre isso, mas orar "no Espírito" é muito mais que isso. Também significa orar na realidade do Espírito Santo e com o poder do Espírito Santo. Esse é mais um dos motivos por que viver em comunhão com o Espírito Santo é tão importante – essa convivência nos permite experimentar o poder e a presença dele quando oramos.

Porém ele não só torna disponível seu poder para nós *quando* oramos, como ele também ora *por nós*! Ouça a maravilhosa verdade de Romanos 8:26: "Da mesma forma o Espírito nos ajuda em nossa fraqueza, pois não sabemos como orar, mas o próprio Espírito intercede por nós com gemidos inexprimíveis" (Romanos 8:26).

Vamos analisar essa passagem frase por frase. *O Espírito ajuda*: literalmente, "ele segue ajudando" — ele não ajuda apenas uma vez ou outra, ele ajuda de forma contínua. A palavra "ajuda" é bem interessante, porque dá a ideia de alguém que divide a tarefa de carregar um fardo pesado.[2] Não é maravilhoso? As coisas que chamam nossa atenção e que nos levam a ajoelhar *são* pesadas — pesadas demais para serem carregadas sozinhas e, muitas vezes, complexas demais para serem expressas apenas com palavras.

Note que o Espírito Santo nos ajuda *em nossa fraqueza, pois não sabemos como orar*. Na verdade, essa palavra "fraqueza" deveria ser ainda mais traduzida.

> Ele ajuda todas as nossas *fraquezas*, mas, principalmente, quando ela se manifesta em relação à vida de oração e, particularmente, em relação a saber pelo que orar no presente momento. Enquanto esperamos pela redenção completa [vv. 18-25], precisamos de orientação nas particularidades da oração.[3]

O Espírito Santo ajuda *ao interceder por nós*. Note que o texto diz: "o *Espírito*." Sem intermediários, sem agentes — a Terceira Pessoa da Trindade, o próprio Deus, intervindo em nosso favor. A palavra "interceder" retrata um "resgate de alguém que 'acontece' a um outro alguém que está em apuros" e que pede ou suplica em favor de.[4] Não permita que as circunstâncias, por piores que sejam, impeçam você de orar. O Espírito Santo está sempre disposto a defender seu caso diante do Pai.

O Espírito Santo intercede por nós *com gemidos inexprimíveis*, ou "sussurros que embaraçam as palavras."[5] Amo o modo com que o bispo Newell explica:

> [Essas palavras] exprimem de uma só vez a vastidão de nossa necessidade, toda a indescritível ignorância e incapacidade e a infinita preocupação da abençoada moradia do Espírito Santo em nós. 'Gemidos' — que palavra! E sendo usada pelo Espírito do Altíssimo em pessoa! Como é raso o nosso apreço pelo que é feito, tanto por Cristo por nós quanto pelo Espírito em nós!"[6]

O resultado de tudo isso é: *aquele que examina os corações sabe qual é a intenção do Espírito; e é ele que, segundo Deus, intercede pelos santos*. O Espírito Santo toma nossos pensamentos e emoções emaranhadas, aquilo pelo que estamos orando e aquilo pelo que *deveríamos* orar e, com profunda emoção, leva os sentimentos certos até o Trono. Aleluia pela obra intercessora do Espírito Santo!

J. Oswald Sanders resume bem esse raciocínio:

> "O Espírito se liga a nós durante a oração e derrama suas próprias súplicas nas nossas. Podemos dominar a técnica da oração e compreender sua filosofia; podemos ter confiança infinita na veracidade e na validade das promessas a respeito das orações. Podemos fazer pedidos sinceros. Mas, se ignoramos o papel desenvolvido pelo Espírito Santo, falhamos na tentativa de usar nosso principal instrumento.[7]

O Espírito Santo nos inspira a louvar

Um dos maiores movimentos do Espírito Santo nos dias de hoje é o renascimento e o reavivamento do louvor. No louvor verdadeiro, as pessoas encontram o Senhor com o intelecto, com a vontade *e* com as emoções. Essa é a diferença entre um culto frio e morto e um culto vibrante e vivo que contém a presença de Deus.

Se você já esteve em alguma das nossas cruzadas, sabe como é *maravilhosa* essa sensação do louvor. Mas, sabe de uma coisa? Não sou eu quem conduz o louvor — e sim o Espírito Santo. Posso até estar de pé no palco, mas estou sempre louvando o Senhor como todos os presentes. O Espírito Santo é quem toma o controle, eu apenas sigo as orientações como todo mundo ali.

Lembre-se, louvar não significa apenas cantar *sobre* o Senhor e orar para que Deus responda aos seus pedidos; louvar significa elevar-se *pelo* Senhor, em amor, devoção e adoração. Disse Jesus: "Deus é espírito, e é necessário que os seus adoradores o adorem em espírito e em verdade" (João 4:24).

Nossa habilidade de louvar vem do Espírito Santo: "Pois nós é que somos a circuncisão, nós que adoramos pelo Espírito de Deus, que nos gloriamos em Cristo Jesus e não temos confiança alguma na carne" (Filipenses 3:3). É o Espírito Santo que revela Jesus para nós. Quanto mais vemos de sua beleza, de sua santidade e de sua glória, o que mais podemos fazer que não nos prostrar diante do Rei dos Céus para adorar e elevar seu nome?

O Espírito Santo nos inspira a agradecer

As Escrituras pedem:

> Deixem-se encher pelo Espírito, falando entre si com salmos, hinos e cânticos espirituais, cantando e louvando de coração ao Senhor, dando graças constantemente a Deus Pai por todas as coisas, em nome de nosso Senhor Jesus Cristo. Sujeitem-se uns aos outros, por temor a Cristo. (Efésios 5:18-21).

Note os quatro resultados de ser controlado pelo Espírito Santo: ele abençoará sua fala, seu canto, seus relacionamentos ("sujeitem-se uns aos outros") e suas perspectivas ("dando graças *constantemente* a Deus Pai por *todas as coisas*").

É bastante natural ser *ingrato*, como também é natural agradecer apenas pelas coisas que parecem boas no momento. Mas quando o Espírito Santo estiver no controle, você será capaz de agradecer o tempo todo, e por tudo que aparecer em seu caminho — mesmo aquilo que não é agradável. Diz a Palavra: "Deem graças em todas as circunstâncias, pois esta é a vontade de Deus para vocês em Cristo Jesus" (1Tessalonicenses 5:18).

Quando caminhamos com o Espírito Santo ele, com frequência, nos leva a dizer: "Obrigado, Senhor." Você irá experimentar aquilo sobre o que Paulo escreveu quando contou sobre sua experiência de "agradecemos a Deus sem cessar" (1Tessalonicenses 2:13).

Devemos agradecer o tempo todo, e por todas as coisas. Mas e se acontecer de você não ter vontade de demonstrar gratidão? Pois eu ouvi uma história de um amigo sobre esse mesmo assunto. Ele contou que um dia, enquanto orava, ele simplesmente não *sentia* vontade de dizer "obrigado" ao Senhor por coisa alguma. É claro, ele sabia que havia um monte de coisas pelas quais deveria ser grato, mas ele não sentia isso em seu íntimo. Então, começou a fazer o seguinte exercício de gratidão. Ele olhava para o dedão do pé, e o mexia para frente e para trás. Enquanto fazia isso, ele dizia: "Obrigado, Senhor, por meu dedão. Agradeço por eu ter um dedão e por não sentir dor nele." Depois, começou a mexer o tornozelo. Nenhuma dor, nem rigidez, funcionava perfeitamente. Então, ele orou: "Obrigado, Senhor, por eu ter um tornozelo que funciona perfeitamente, assim como você o criou." Ele olhou para os pés, apoiou-se com firmeza sobre eles, ficando até na ponta dos pés. Ao fazer isso, ele continuou agradecendo o Senhor. Depois, passou para a perna. Enquanto mexia a perna, dobrando os joelhos e ficando de pé, disse: "Obrigado, Senhor, pelas minhas pernas. Agradeço por poder ficar de pé, por poder andar, e por não sentir dor nas pernas." E assim ele continuou, agradecendo ao Senhor Jesus pela saúde das costas, dos braços, das mãos, dos dedos das mãos e assim por diante. Quando terminou, ele estava chorando e agradecendo ao Senhor por todas essas bênçãos. O que começou como exercício de gratidão acabou como oração de agradecimento saída das profundezas da alma.

É uma sensação maravilhosa poder dizer: "Bendiga ao Senhor a minha alma! Não se esqueça de nenhuma de suas bênçãos!" (Salmos 103:2).

Contudo tenha muito cuidado — apesar de a Terceira Pessoa da Trindade operar na nossa vida, ela não deve se tornar o objeto do louvor e da gratidão. Em vez disso, somos orientados a reconhecer o Pai e o Filho como fonte de todas as coisas boas. Mas agradecemos a eles *pelo* Espírito Santo.

Se você jamais experimentou a cura que vem dessa gratidão, não espere nem mais um instante, deixe que o Espírito Santo traga a cura à sua perspectiva!

Poder para servir

Quando o Espírito Santo entrou em minha vida, ele não me empurrou diretamente para o ministério. Primeiro, ele transformou o meu íntimo e me deu um relacionamento com o Pai e com o Filho. Eu fiquei na "escola do Espírito" por 12 meses antes de pregar meu primeiro sermão em uma pequena igreja de Oshawa, em Ontário. Dia após dia ele me ensinava a Palavra e me preparava para o que estava por vir.

Em vez de perguntar: "O que o Espírito Santo pode fazer por mim?", precisamos perguntar: "Como o Espírito Santo pode me *usar* para alcançar a minha geração?" Releia a última frase. Eu quis dizer cada uma das palavras que escrevi. Se Deus conseguiu usar um assassino como Paulo, um homem submisso como Moisés e um garoto tímido e gago como Benny Hinn, *imagine o que ele pretende fazer por de você*! Ele chama e capacita cada um de nós. Acredite nessa capacitação e entregue-se agora.

O Espírito Santo dá poder

Ninguém precisará avisar você quando o Espírito Santo entrar em sua vida; você simplesmente saberá. Você irá sentir e experimentar o surgimento repentino de um poder que é diferente de tudo que já conheceu.

Porém esse fenômeno não é algo inesperado. Lembre-se, Jesus pediu que os discípulos permanecessem em Jerusalém "até serem revestidos do poder do alto" (Lucas 24:49). Jesus esclareceu o pedido quando prometeu que eles receberiam "poder quando o Espírito Santo descer sobre vocês" (Atos dos Apóstolos 1:8).

Quando aquele incrível poder chegou na forma de vento e de fogo no dia do Pentecoste, as pessoas foram radicalmente transformadas. O Apóstolo Pedro foi transformado de covarde em um pregador destemido que atendia multidões de 3 mil e 5 mil pessoas procurando Cristo. Aquilo sobre o que escreveu o doutor Lucas no livro dos Atos dos Apóstolos foi a mesma experiência pela qual passou Paulo, quando levou o Evangelho a Tessalônica:

> Sabemos, irmãos, amados de Deus, que ele os escolheu porque o nosso evangelho não chegou a vocês somente em palavra, mas também em poder, no Espírito Santo e em plena convicção. Vocês sabem como procedemos entre vocês, em seu favor."
> (1 Tessalonicenses 1:4,5)

A história da Igreja está cheia dos mais variados tipos de pessoas — incluindo homens e mulheres tímidos, frágeis e, muitas vezes, pessoas despreparadas que foram transformadas em dínamos espirituais pelo poder do Espírito Santo. Sei disso muito bem: sou uma dessas pessoas.

Paulo orou para que os fiéis aceitassem o fato de que seriam fortalecidos "no íntimo do seu ser com poder, por meio do seu Espírito" (Efésios 3:16).

O Espírito Santo opera milagres por meio de nós

Sabemos que Jesus operou muitos milagres; não obstante, ele disse sobre as pessoas que nele acreditavam: "Fará coisas ainda maiores do que estas" (João 14:12).

Eu gostaria de poder explicar os sinais, as maravilhas e a cura, mas não consigo. Tudo que sei é que essas coisas não findaram junto com o ministério de Cristo e dos apóstolos. Como posso ter certeza — ao menos, a partir da minha experiência pessoal? Porque nasci com um sério problema de gagueira que desapareceu completamente no momento em que me pus a pregar o primeiro sermão.

Deus confirma sua Palavra e dá testemunho "por meio de sinais, maravilhas, diversos milagres e dons do Espírito Santo" (Hebreus 2:4). Não só na época em que viveu na terra, como também agora.

Por meio do ministério, o Senhor confiou a nós a chance de ouvir o testemunho de milhares de pessoas que foram libertas e curadas de forma milagrosa. Acredito que isso é apenas o começo de uma grande obra que Deus está prestes a fazer no mundo.

Billy Graham dizia que: "Conforme nos aproximamos do final de uma era, acredito que iremos ver uma dramática recorrência de sinais e maravilhas que irão demonstrar o poder de Deus a um mundo cético."[8]

O Espírito Santo liberta para amar

Um dos primeiros sinais que mostram a obra do Espírito de Deus em sua vida é que seu amor pelas pessoas crescerá — sejam cristãs ou não.

Como você sabe, no início da minha experiência espiritual, minha família se voltou contra mim. Mas meu amor por eles só fez aumentar, até que eles fossem atraídos para a cruz.

A igreja de Colossos tinha um lugar especial no coração de Paulo, tanto é que ele disse: "Sempre agradecemos a Deus [...] quando oramos por vocês" (Colossenses 1:3). Por quê? Ora, por causa da fé e do amor das pessoas daquela igreja (vv. 4-5). E de onde vinham a fé e o amor? *Do Espírito Santo* (v. 8)! Como disse Dean Alford: "Esse amor é, certamente, um dom; em referência ao Espírito, é o principal dom (Gálatas 5:22; Romanos 15:30) e, por isso, a região elementar do Espírito."[9]

É o amor do Espírito Santo que nos permite interceder por outras pessoas, uma das maiores expressões de amor que somos capazes de manifestar (Romanos 15:30).

O Espírito Santo produz a boa colheita

A lei do plantio e da colheita é um princípio divino bem estabelecido. Aquilo que semeamos determina o que iremos colher — depende de a semente ser boa ou má.

Paulo avisou, sombrio: "Não se deixem enganar: de Deus não se zomba. Pois o que o homem semear, isso também colherá. Quem semeia para a sua carne, da carne colherá destruição; mas quem semeia para o Espírito, do Espírito colherá a vida eterna" (Gálatas 6:7,8). E como podemos "semear para o Espírito"? *Primeiro*, ao confiar no poder dele para nos reconhecermos mortos para a obra da carne: "imoralidade sexual, impureza e libertinagem; idolatria e feitiçaria; ódio, discórdia, ciúmes, ira, egoísmo, dissensões, facções e inveja; embriaguez, orgias e coisas semelhantes" (Gálatas 5:19-21). *Segundo*, ao confiar no poder e na presença do Espírito Santo para fazer manifestos os frutos do Espírito.

O Espírito Santo dá frutos por meio de nós

No NovoTestamento, Jesus usa a imagem de uma vinha com ramos para ilustrar nosso relacionamento com ele. Ele disse: "Permaneçam em mim, e eu permanecerei em vocês. Nenhum ramo pode dar fruto por si mesmo, se não permanecer na videira. Vocês também não podem dar fruto, se não permanecerem em mim" (João 15:4).

Depois, ele acrescentou: "Eu sou a videira; vocês são os ramos. Se alguém permanecer em mim e eu nele, esse dá muito fruto; pois sem mim vocês não podem fazer coisa alguma" (v. 5).

O que é que o Espírito Santo produz em nós? Paulo fornece uma lista: "O fruto do Espírito é amor, alegria, paz, paciência, amabilidade, bondade, fidelidade, mansidão e domínio próprio" (Gálatas 5:22,23).

Os primeiros três itens descrevem nosso relacionamento com Deus; os três seguintes falam dos relacionamentos com outras pessoas; os três últimos itens se referem ao eu interior.

Note que, na passagem, o termo "fruto" é usado no singular. Isso acontece porque a colheita inteira vem da mesma "vinha" — todos os frutos têm igual importância, e devem ser igualmente visíveis. O Espírito Santo é a única fonte de todos os frutos.

Apesar de os dons do Espírito Santo serem dados de maneira separada, devemos demonstrar *todos* os frutos.

O Espírito Santo distribui dons

Duvido que um dia conseguirei superar a alegria de abrir um presente em meu aniversário ou durante o Natal. Nessas oportunidades, sou quase uma criança.

Deus também tem presentes para seus fiéis. E esses presentes são ainda mais maravilhosos de se receber. A ordem desta seção é importante e intencional: os dons do Espírito Santo não têm importância sem os frutos do Espírito Santo (1Coríntios 13:1,3). A união vital com Cristo que produz o fruto do Espírito Santo é o ponto de partida, para então apreciarmos a maravilhosa variedade dos dons que o Espírito Santo menciona em 1Coríntios 12:8,10:

- Palavra de sabedoria
- Palavra de conhecimento
- Fé
- Dons de cura

- Poder para operar milagres
- Profecia
- Discernimento de espíritos
- Variedade de línguas
- Interpretação de línguas

Há muitos dons que Deus torna disponíveis para seus filhos, nove dos quais estão citados em 1Coríntios 12. Que maravilha é saber que Deus nos adota em sua família e nos equipa para fazermos uma contribuição genuína ao Salvador e a seu Corpo, a igreja. Pode ter certeza, todo fiel é igualmente capacitado. As Escrituras nos dizem que "a cada um [...] é dada a manifestação do Espírito, visando ao bem comum" (1Coríntios 12:7).

A melhor resposta que podemos dar ao Distribuidor de dons é colocar o dom recebido em prática. Pedro diz: "Cada um exerça o dom que recebeu para servir aos outros, administrando fielmente a graça de Deus em suas múltiplas formas" (1Pedro 4:10).

Jamais insulte o Espírito Santo pensando que seu dom não tem a devida importância, ou que você não é útil para nada. Ele deu a você *exatamente* os dons que ele quer que você tenha (1Coríntios 12:11). Pastores, ajudem as pessoas a compreenderem os dons que têm e ajudem-nas a empregá-los em nome do Salvador. Howard Snyder resume muito bem esse raciocínio, dizendo:

> A função de uma igreja local deveria ser esperar, identificar e acordar os vários dons que se encontram dormentes na comunidade dos fiéis. Quando todos os dons são confirmados sob a liderança do Espírito Santo e no contexto do amor mútuo, cada um deles se torna importante e nenhum dom é considerado como aberração.[10]

O Espírito Santo batiza os fiéis no corpo de Cristo

Há uma metáfora maravilhosa na epístola de Paulo aos cristãos de Corinto a qual compara a Igreja ao corpo humano.

O apóstolo diz que o corpo é um só, apesar de ser constituído de muitas partes. "Pois em um só corpo todos nós fomos batizados em um único Espírito: quer judeus, quer gregos, quer escravos, quer livres. E a todos nós foi dado beber de um único Espírito" (1Coríntios 12:13).

Ainda que uma pessoa possua apenas um dom, ela é parte valiosa do corpo. Ainda que cada um de nós tenha uma raça diferente, que venhamos de diferentes continentes e grupos étnicos, o Espírito Santo nos reúne maravilhosamente no Corpo de Cristo, pois as Escrituras declaram que o Espírito Santo "distribui [dons espirituais] individualmente, a cada um, conforme quer" (1Coríntios 12:11).

Já vi isso ser demonstrado de maneira muito impressionante durante uma das cruzadas. A plateia que se reúne em uma cruzada milagrosa é composta de pessoas de diferentes passados religiosos, de muitas cidades espalhadas pelos Estados Unidos, de diferentes raças, de vários continentes e de diversas origens sociais. Não obstante, quando o culto começa, essa reunião de milhares de indivíduos torna-se uma só voz oferecendo um só louvor em perfeita harmonia e em unidade para o Senhor Jesus. Ao levantar as mãos e cantar as gloriosas músicas que exaltam e elevam o nome dele, expressando um desejo de conhecê-lo mais, toda a atenção se volta para ele.

> *Enche meu copo, Senhor, eu o levanto, Senhor. Vem e aplaca a sede da minha alma.*
> *Pão do Céu, alimenta-me até bastar. Eis meu copo, enche-o, faz-me inteiro.*

Nesse momento, nada mais importa. Só ansiamos por estar na presença dele. Como membros unidos, devemos levar "os fardos pesados uns dos outros e, assim, cumpram a lei de Cristo" (Gálatas 6:2).

O Espírito Santo escolhe para o ministério

O livro dos Atos dos Apóstolos está cheio de detalhes do trabalho inicial do Espírito Santo em construir e expandir o Corpo de Cristo. Não se deixe enganar, esta é uma preocupação dele até os dias atuais, e ele chama para o ministério a fim de realizarmos essa tarefa. Certifique-se de seguir as orientações dele e de que você está servindo *onde* ele deseja que você sirva. Jamais force nem seja atrevido com o Espírito Santo. Seja sensível como a igreja em Antioquia, que ouviu o Espírito Santo dizer: "Separem-me Barnabé e Saulo para a obra a que os tenho chamado" (Atos dos Apóstolos 13:2). Os líderes de Éfeso atenderam ao chamado, assim como todos os outros. É por isso que Paulo podia dizer a eles: "Cuidem de vocês mesmos e de todo o rebanho sobre o qual o Espírito Santo os colocou como bispos" (Atos dos Apóstolos 20:28).

Pessoas de diversas idades experimentam pressões diferentes durante o ministério, como ressaltou Pedro em 1Pedro 5:1,9.

Ministros mais velhos e acostumados devem pastorear o rebanho de livre vontade, evitar a ganância, liderar com vontade, evitar a dominação e se concentrar na recompensa futura.

Ministros mais novos e entusiastas devem sujeitar-se aos mais velhos, ser humildes uns com os outros, vestir-se com humildade, esperar pelo tempo devido, lançar sobre o Senhor toda a ansiedade e perceber que Deus cuida deles, mesmo que de forma invisível.

Todos os ministros devem ser sóbrios, vigilantes, resistir ao Diabo e lembrar os sofrimentos de outros fiéis espalhados pelo mundo.

O Espírito Santo dá direção à vida

Você já deparou com um momento de grande indecisão? Pois eu já. Foi então que procurei o Espírito Santo para que servisse de bússola e de guia.

Se você confiou em Cristo como seu Salvador pessoal, você deve esperar pela orientação dele e deve ser sensível a essa orientação. Afinal, "todos os que são guiados pelo Espírito de Deus são filhos de Deus" (Romanos 8:14).

Às vezes, ele fala por meio de um sussurro; outras vezes, com muita força e muito poder. Há também momentos em que sinto algo em meu íntimo que não consigo ignorar. Independentemente da *forma* com que ele fala comigo, é de vital importância que eu ouça a sua voz. Ele está sempre pronto para limpar o caminho e me mostrar a direção.

- Foi ele quem falou com Pedro na casa de Simão, o curtidor de couro, e disse: "Levante-se e desça. Não hesite em ir com eles" (Atos dos Apóstolos 10:20).
- Foi ele quem disse para Saulo e Barnabé *não viajarem* até a Ásia (Atos dos Apóstolos 16:6).

Quando permitimos que ele oriente até mesmo os detalhes da vida e do serviços diários, coisas maravilhosas começam a acontecer. Parte do problema das igrejas mencionado no livro do Apocalipse é que elas tinham deixado de ser sensíveis à orientação do Espírito Santo. O uso que Cristo faz da repetição aponta para isso cada vez mais quando ele começa a dizer: "Aquele que tem ouvidos ouça o que o Espírito diz às igrejas" (Apocalipse 2:7, 11, 17, 29; 3:6, 13, 22).

O Espírito Santo permite comunicar com poder

Quando o Espírito Santo começa a operar, você não sai correndo para dizer ao mundo tudo o que *você* é; você irá contar para as pessoas quem *Cristo* é. Você experimentará uma revelação sobre Jesus. Sua mensagem será sobre o poderoso Deus, o misericordioso Salvador e sobre o Altíssimo, a quem você serve.

O poder do Pentecoste foi dado por um motivo — para que nós fôssemos "testemunhas em Jerusalém, em toda a Judeia e Samaria, e até os confins da terra" (Atos dos Apóstolos 1:8). O evangelho não foi enviado à terra apenas em palavras, "mas também em poder, no Espírito Santo e em plena convicção" (1Tessalonicenses 1:5).

Paulo confessou que ele não veio "com discurso eloquente nem com muita sabedoria para lhes proclamar o mistério de Deus." (1Coríntios 2:1). Ele veio com fraqueza, com temor e tremor e. disse:

> "Minha mensagem e minha pregação não consistiram de palavras persuasivas de sabedoria, mas consistiram de demonstração do poder do Espírito, para que a fé que vocês têm não se baseasse na sabedoria humana, mas no poder de Deus" (vv. 4-5).

O Espírito Santo permite comunicar a vontade de Deus

Há muitos oradores talentosos no mundo, mas você já parou para ouvir o que eles dizem? Muitos parecem mais preocupados com a experiência pessoal do que com o propósito de Deus.

Quando ouvimos o Espírito Santo, não comunicamos nossa própria vontade, mas a do Senhor.

Você não precisa confiar em si mesmo quando o Espírito Santo está operando. As últimas palavras de Davi, cantor dos cânticos, foram estas: "O Espírito do Senhor falou por meu intermédio; sua palavra esteve em minha língua" (2Samuel 23:2).

O teólogo Donald Guthrie escreve sobre essa capacitação fornecida pelo Espírito Santo:

> A proclamação que depende do Espírito é entendida como independente da sabedoria humana. Não significa que a pregação avalizada pelo Espírito seja oposta à sabedoria humana, apenas que a sabedoria humana não é a fonte da mensagem.[11]

Marcos 13:11, promessa especial para aqueles que sofrem com alguma perseguição, faz parte desse raciocínio: "Sempre que forem presos e levados a julgamento, não fiquem preocupados com o que vão dizer. Digam tão somente o que lhes for dado naquela hora, pois não serão vocês que estarão falando, mas o Espírito Santo."

O Espírito Santo prepara para a obra

Talvez você saiba o que o Espírito Santo pretende o que você *seja*, mas você sabe o que ele quer que você *faça*? Quando Saulo ficou cego pela luz na estrada para Damasco, um homem de nome Ananias foi conduzido pelo Espírito para ir à casa onde Saulo estava hospedado.

Ananias colocou as mãos sobre ele e disse: "Irmão Saulo, o Senhor Jesus, que lhe apareceu no caminho por onde você vinha, enviou-me para que você volte a ver e seja cheio do Espírito Santo" (Atos dos Apóstolos 9:17).

Hoje, o Senhor deseja que você receba o Espírito Santo, faça o que ele ordena e viva nele. A vontade dele não é apenas uma sensação espiritual ou um sentimento passageiro — ele o capacita para o a obra. Prepare-se! O Mestre está prestes a retornar. Ele olhará bem fundo em seus olhos e perguntará: "O que você fez com os dons que eu lhe dei?" Terá multiplicado os talentos? Ou ele terá de dizer: "Lancem fora o servo inútil, nas trevas" (Mateus 25:30).

O tempo está acabando. Deus não está interessado em lotar igrejas, ele está preocupado em lotar o céu! E ele optou por realizar essa tarefa investindo em você com o poder dele!

Daniel disse que "o povo que conhece seu Deus se tornará forte e fará proezas" (Daniel 11:32, ACRF).

O Senhor deseja preencher você para que chegue logo o dia em que o mundo será transformado de lugar de desolação em terra de belezas (2Pedro 3:12-14). "O ermo exultará e florescerá" (Isaías 35:1). E isso é apenas o começo. "Então se abrirão os olhos dos cegos e se destaparão os ouvidos dos surdos. Então os coxos saltarão como o cervo, e a língua do mudo cantará de alegria. Águas irromperão no ermo e riachos no deserto" (Isaías 35:5, 6).

Que linda graça dos céus! E o Senhor quer que você faça parte dela! Quando a totalidade da bênção de Deus preencher você, você irá se sentir como o salmista, quando declarou: "Que Deus se levante! Sejam espalhados os seus inimigos" (Salmos 68:1a).

O Espírito Santo oferece a você a experiência da presença divina e a apropriação dos poderes dele — é hora de compartilhar esses poderes com o mundo!

CAPÍTULO 11

A comunhão transformadora do Espírito Santo

Se o livro dos Atos dos Apóstolos estivesse sendo escrito hoje, qual seria a mensagem? Talvez um testemunho que você já ouviu fosse incluído em tais páginas.

Por todas as partes do mundo, o derramamento do Espírito de Deus está vivo. Milhões de pessoas podem documentar o que está acontecendo devido à comunhão com o Espírito Santo.

A cada dia, as palavras de Jesus se realizam: "Digo-lhes a verdade: Aquele que crê em mim fará também as obras que tenho realizado. Fará coisas ainda maiores do que estas, porque eu estou indo para o Pai" (João 14:12).

Na década de 1970, participei de uma convenção internacional da Associação de Homens de Negócio do Evangelho Pleno em Miami. Em um dos cultos, Demos Shakarian, fundador da organização, fez uma profecia que jamais consegui apagar da mente. Ele declarou, sob a autoridade de Deus: "Chegará o dia em que os fiéis terão tamanha bênção que andarão pelos hospitais colocando as mãos sobre os enfermos, e os enfermos serão curados."

Eu me perguntei: "Será que chegarei a ver essa manifestação? Será que Deus levantaria as pessoas de seus leitos de sofrimento?"

Lembro-me de ouvir Kathryn Kuhlman dizer que chegaria o dia em que todo santo enfermo seria curado em um culto. Então, ela disse, com aquele estilo vagaroso e ponderado: "Seria esse o culto?"

Pedido da madre superiora

Em 1976, fui convidado pelo pastor Fred Spring para realizar uma série de encontros em sua igreja pentecostal em Sault Sainte Marie, em Ontário, no Canadá.

Deus se moveu com tanta intensidade por aquela cidade que a igreja não conseguia abrigar toda a multidão. Uma mulher que apresentava um programa secular diário na televisão fora convertida e começou a promover aqueles encontros. Além disso, uma enorme congregação católica da Renovação Carismática se juntou ativamente à cruzada. No começo do meu ministério, um grupo de padres católicos financiava grande parte dos encontros que eu realizava no norte do Canadá. Durante aquela cruzada, recebi um convite especial da madre superiora de um hospital católico da região. Ela queria que eu conduzisse um culto para seus pacientes — junto de outros três pregadores pentecostais e sete padres católicos.

A capela daquele enorme hospital tinha capacidade para 150 pessoas. A manhã reservada para a ocasião tinha uma imagem e tanto. Havia pacientes com diversos tipos de enfermidades. Alguns estavam em cadeiras de roda. Médicos e enfermeiras assistiam a tudo do mezanino. Muitos não puderam comparecer devido à limitação de espaço.

Depois de ministrar, anunciei: "Se há alguém aqui que gostaria de ser ungido com óleo e receber uma oração, por favor, venha para frente." Depois de um minuto de silêncio constrangedor, um homem começou a caminhar em minha direção, bem devagar. Pensei: "Senhor, fizemos todo este esforço e apenas uma pessoa deseja receber a cura."

Depois de orar pelo homem, chamei todos os ministros convidados para que se juntassem a mim. Então, anunciei que iríamos orar por todos os presentes e os convidei que se aproximassem, um por um. E eles assim procederam. Enquanto a plateia se aproximava, pequenos recipientes com óleo para ungir foram distribuídos.

Em um lado da capela, os três pastores pentecostais começaram a orar pelos pacientes, um de cada vez. Conforme ungiam cada paciente com óleo e colocavam as mãos sobre eles, oravam em voz alta, pedindo que o Senhor Jesus tocasse e curasse aqueles corpos enfermos. Do outro lado da capela, os padres católicos ungiam cuidadosamente cada um dos pacientes, fazendo o sinal da cruz na testa enquanto oravam com voz quase inaudível. Eu permaneci no meio da capela, observando aquela lição de contrastes. Ficou claro que os pastores pentecostais estavam bastante confortáveis com o modo com que estavam ministrando, enquanto os padres católicos também pareciam estar igualmente à vontade enquanto ungiam e oravam pelos pacientes.

"O que eu faço?"

Contudo havia um padre que parecia relutante em participar. Quando anunciei que iríamos orar por todos os pacientes presentes na capela, ele ficou paralisado. Como ele era baixo e não chamava a atenção, não reparei de imediato que ele não havia se juntado aos outros padres. Então, fui até ele e disse:

— Padre, venha ajudar-nos. Ele respondeu:

— Não... Obrigado.

Pedi mais uma vez e novamente ele recusou, balançando a cabeça de um lado para o outro para confirmar o que dizia. Esperei um instante; então, fui até ele e coloquei um dos recipientes com óleo em suas mãos, dizendo:

Aqui, pegue um destes frascos e nos ajude. Por favor! Ele, encurralado, olhou para mim e disse:

Bem, eu nunca fiz isto antes. O que devo fazer?

Apenas abençoe com óleo e ore, como os outros estão fazendo — respondi rapidamente. Até aquele momento, tudo decorria com grande tranquilidade.

O padre pequenino olhou rapidamente na direção dos outros padres, observando todos os movimentos. Então, ele deu um passo adiante, derramou um pouco de óleo em seu dedo e tocou seu primeiro paciente. *Bam!!!!* O paciente caiu para trás no chão, sob o poder do Espírito Santo.

Ainda que eu viva por 120 anos, *jamais* esquecerei aquele momento!

O padre ficou paralisado, com o dedo congelado no ar, fitando assustado o paciente caído. No rosto do padre, via-se um semblante que refletia o assombro. Ele ficou ali, sem se mexer, com os olhos fixos. Então, ele se virou para mim e perguntou:

O que aconteceu?

Ele está sob o poder — respondi.

Meu Deus! Que poder?

Tentei reafirmar que tudo estava bem, incentivando-o a continuar orando pelos pacientes. Relutante e aparentando um olhar de confusão, ele seguiu em frente. Bem, o paciente seguinte que ele tocou também caiu no chão. E também o seguinte. Cada paciente que ele ungia caía sob o poder de Deus.

De repente, por todo o local, o Espírito do Senhor desceu com força. Os pacientes começaram a receber cura instantânea. Um por um, começaram a virar testemunhos dos milagres que estavam acontecendo.

Depois do culto na capela, a madre superiora perguntou:

Oh, isso foi maravilhoso! Você se importaria de vir comigo e colocar as mãos sobre todos os pacientes que ficaram nos quartos e não puderam comparecer ao culto?

Ela convidou a todos que gostariam de ministrar conosco para que se juntassem a nós. Mais de 50 médicos, enfermeiras, pastores pentecostais, padres e freiras se juntaram àquela "Invasão Milagrosa" que se dirigia para os quartos do hospital. Quando começamos a entrar pelo corredor principal, olhei para trás e vi o padre que se mostrara relutante em orar havia alguns minutos, agora andando logo atrás de mim. E adivinhe só... O dedo dele ainda estava congelado no ar!

Com licença, Padre, mas você já pode abaixar a mão — eu disse.

De forma alguma! — ele protestou. — Pode ser que acabe!

Ele falou com tal convicção que me furtei de fazer qualquer comentário. Naquele dia, conforme avançávamos pelos corredores do hospital, era possível sentir o Espírito de Deus por todo o prédio. Em alguns minutos, o hospital ganhou uma aparência de que havia sido atingido por um terremoto. Pessoas estavam sob o poder do Espírito Santo por todos os cantos dos corredores, assim como nos quartos. Os sons de louvor vinham de todas as direções.

Enquanto eu orava, a profecia de Demos Shakarian passou pela minha mente. Ela era verdadeira! E estava acontecendo bem diante dos meus olhos! Enquanto caminhávamos pelo hospital, os enfermos eram curados!

Avançando pelos corredores do hospital, passamos por uma ala de visitantes lotada de pessoas. Algumas estavam fumando sentadas, outras conversavam e outras assistiam a um programa na televisão. Meu amigo, o padre (que ainda segurava o dedo no ar), olhou para mim e acenou na direção da área dos visitantes, indicando que ele pensava que não devíamos ignorar aquelas pessoas. Obviamente, ninguém tinha a menor ideia de quem nós éramos, apesar de estar claro que algo estava acontecendo. Entramos na sala e começamos a ungir cada um dos visitantes. Um por um, eles também caíram sob o poder. Enquanto orávamos por um cavalheiro que estava fumando, ele caiu sob o poder com um cigarro ainda aceso na boca!

O pastor Fred Spring, que hoje é um dos ministros de nossa equipe, lembra: "Aquele reavivamento no hospital foi um aperitivo do próprio céu. Foi uma demonstração do que pode acontecer quando as pessoas entram em sintonia com o Espírito de Deus."

Quando penso a respeito de tudo isso, percebo o maravilhoso senso de humor de Deus. Ele escolheu usar aquele padre que não tinha a menor ideia do que estava fazendo e que não conseguia compreender o que acontecia. Não obstante, Deus fez uso dele de maneira bastante intensa naquele dia. Esse é só mais um exemplo que me mostra como Deus pode usar todos nós, porém, devemos estar disponíveis para ele.

Lembre sempre que não é a habilidade, mas a *disponibilidade* que importa para Deus. Quando nos fazemos disponíveis para servi-lo, acabamos por nos tornar canais que ele pode abençoar para derramar seu poder de cura e sua presença na vida de outras pessoas.

O mesmo acontece nas cruzadas de milagres. Os milagres gloriosos não acontecem devido a alguma habilidade que possuo. Eu não conseguiria curar nem mesmo uma formiga! Antes de dar qualquer passo no palco, sempre convido antes o Espírito Santo para andar comigo. Ao me tornar disponível para Deus, ele me abençoa para que eu possa servi-lo. Conforme o poder e a presença dele fluem através de mim em um culto, não é algo que eu possuo que toca as pessoas, e, sim, o Senhor. Assim como a mangueira de um jardim leva a água para que as plantas sedentas cresçam no solo ressecado, sou apenas um canal que ele abençoa e usa para trazer o poder de cura e a presença de Deus até os enfermos e espiritualmente famintos. Eu me torno disponível e ele faz o resto!

O que sinto quando a bênção do Espírito Santo recai sobre mim vai além de qualquer descrição — é algo glorioso! Nada, absolutamente, pode ser comparado à comunhão com o Espírito Santo. A obra soberana dele irá revolucionar a sua vida. As Escrituras registram inúmeros exemplos de como uma visita do Espírito Santo mudou o discurso, o louvor e até a aparência das pessoas nos tempos Bíblicos.

Cada capítulo do livro dos Atos dos Apóstolos é um registro das mudanças dramáticas que aconteceram com os apóstolos por conta da comunhão com o Espírito Santo. Quando você recebe o Espírito Santo, essa mudança pode ocorrer com você.

Você será transformado

Atos dos Apóstolos 1
Ele transformará o modo como você ouve.

Pouco antes de Jesus retornar aos céus, ele pediu que os apóstolos não deixassem Jerusalém, mas que esperassem pela Promessa do Pai, de quem tanto ouviram falar (Atos dos Apóstolos 1:4). Ele disse: "Pois João batizou com água, mas dentro de poucos dias vocês serão batizados com o Espírito Santo" (Atos dos Apóstolos 1:5).

As instruções do Senhor eram um tanto difíceis de entender. Eles conheciam a comunhão com Jesus, mas não tinham ideia do que significava ser batizado com o Espírito.

Porém eles não ouviam apenas com os *ouvidos*, eles ouviam também com o *coração*. Cento e vinte cristãos se reuniram no cenáculo e começaram a orar.

Atos dos Apóstolos 2
Ele transformará o modo como você fala.

Quando o Espírito Santo veio, a fala daqueles cristãos ficou diferente. Eles começaram a "falar noutras línguas, conforme o Espírito os capacitava" (Atos dos Apóstolos 2:4).

Com o poder que recebeu no Pentecoste, Pedro declarou a mensagem de Cristo e 3 mil pessoas se juntaram à igreja.

O anglicano Dennis Bennett, em seu inspirador livro *O Espírito Santo e você*, faz a seguinte observação:

> Ele transbordou das pessoas ali presentes para todo o mundo ao redor, inspirando a louvar e a glorificar Deus, não só em suas próprias línguas como também em línguas novas e, ao fazer isto, domou novas línguas para fazer uso, libertando espíritos, renovando mentes, restaurando corpos e trazendo poder aos testemunhos.[1]

ATOS DOS APÓSTOLOS 3
Ele transformará sua aparência.

Sabe o que percebo nas pessoas com grande bênção na vida? Que elas sempre parecem jovens, independentemente da idade. Os olhos brilham e elas têm muita força física.

Permita que eu conte sobre um ministro que conheci anos atrás, cujo semblante irradiava com o Senhor. Ele era muito vivo e pregava com muito poder e autoridade. Eu o conhecia havia anos e sabia que ele possuía uma grande bênção do Espírito, tanto na vida quanto em seu ministério. Durante o ministério, no entanto, um grande problema apareceu em sua vida. Em vez de lidar com o problema, ele preferiu ignorá-lo, e a presença de Deus o deixou. Poucos meses depois, eu o encontrei e fiquei chocado! Ele parecia outra pessoa. Aparentava ser um velho cansado e faminto. O brilho havia sumido. O zelo pela vida havia desaparecido. Ele "envelheceu" instantaneamente.

Depois de serem preenchidos com o Espírito Santo, Pedro e João foram até o portão do templo, onde um mendigo pediu dinheiro. Então, eles falaram: "Olhe para nós!" (Atos dos Apóstolos 3:4), pois um semblante de poder e de coragem havia descido sobre eles por causa da presença de Deus.

Em vez de dar dinheiro, Pedro disse: "Não tenho prata nem ouro, mas o que tenho, isto lhe dou. Em nome de Jesus Cristo, o Nazareno, ande" (v. 6).

O pedinte deficiente colocou-se em pé e começou a correr, pulando e louvando a Deus. Quando o povo viu o que havia acontecido, "todos ficaram perplexos e muito admirados com o que lhe tinha acontecido" (v. 10).

Atos dos Apóstolos 4
Ele transformará o seu comportamento.

É muito difícil descrever plenamente o que experimento durante um culto quando a bênção se derrama sobre mim. Cada centímetro de medo e de apreensão desaparece. Eu me torno forte contra Satanás e todas as suas forças. Eu me torno destemido. Eu me torno um homem diferente, tudo por causa da maravilhosa bênção de Deus.

Também devido ao Espírito Santo, o comportamento de Pedro e de João foi drasticamente transformado depois do dia do Pentecoste. Em vez de temer os judeus, passaram a proclamar a mensagem do evangelho com confiança. "Vendo a coragem de Pedro e de João, e percebendo que eram homens comuns e sem instrução, ficaram admirados e reconheceram que eles haviam estado com Jesus" (Atos dos Apóstolos 4:13).

A comunhão com o Espírito Santo traz:

- Coragem para chegar diante de Deus.
- Coragem diante dos homens.
- Coragem contra Satanás.

O Espírito Santo de Deus deu a Davi a coragem de lutar contra Golias; deu a Paulo a coragem de se apresentar diante do rei Agripa e insistir que Jesus ainda estava vivo.

Ele ainda realiza essa tarefa de transformar o comportamento das pessoas.

Atos dos Apóstolos 5
Ele transformará o modo como você experimenta o Espírito Santo.

Pedro tinha um novo amigo que podia ser invisível para outras pessoas, mas que era uma realidade para ele. O apóstolo disse para o sinédrio, a suprema corte judaica: "Nós somos testemunhas destas coisas, bem como o Espírito Santo, que Deus concedeu aos que lhe obedecem" (Atos dos Apóstolos 5:32).

Note que os discípulos não disseram: "Somos testemunhas, como Maria Madalena também é"; nem disseram: "Como também o são os soldados que lá estavam." O Espírito Santo era real para os discípulos, e a prova da presença dele na vida dos discípulos estava lá para que todos pudessem ver. "Deus também deu testemunho dela por meio de sinais, maravilhas, diversos milagres e dons do Espírito Santo, distribuídos de acordo com a sua vontade" (Hebreus 2:4). Isso tudo era parte do poder que Jesus havia prometido antes de ascender aos céus (Atos dos Apóstolos 1:8).

Oh, como é maravilhoso ter o Espírito Santo como amigo e companheiro, podendo experimentar a realidade dele a todo instante!

Atos dos Apóstolos 6
Ele transformará sua posição.

É impossível prever aonde sua caminhada com o Espírito Santo irá levar. A história de Estêvão, que está registrada no livro dos Atos dos Apóstolos, é um bom exemplo. Ele não era apóstolo e, antes de se tornar diácono, não teve qualquer outro ofício. Estêvão apenas era bastante ativo na igreja de Jerusalém e era um homem cheio de fé e do Espírito Santo (Atos dos Apóstolos 6:5).

Está claro que o Espírito Santo se movia de modo grandioso e poderoso, tocando não só os pregadores como também os leigos, pois a Bíblia diz: "Estêvão, homem cheio da graça e do poder de Deus, realizava grandes maravilhas e sinais entre o povo" (v. 8).

Por causa da sua comunhão com o Espírito Santo, Estêvão saiu de uma posição de leigo até chegar a uma posição do ministério em que servia como assistente ("servir às mesas" [v. 2]) para os evangelistas. Devido a essa comunhão, o Espírito Santo deu a ele grande autoridade, e mudou sua posição.

Quando os membros da sinagoga começaram a discutir com Estêvão, "não podiam resistir à sabedoria e ao Espírito com que ele falava" (v. 10). Ele possuía uma nova posição e uma nova autoridade no ministério.

Atos dos Apóstolos 7
Ele transformará sua visão.

Seu relacionamento com o Espírito Santo irá transformar o modo com que você vê. Em vez de olhar para baixo, você começará a olhar para cima — onde o horizonte é muito mais iluminado.

Estêvão estava prestes a ser preso e arrastado pelas ruas de Jerusalém e apedrejado por causa de sua fé, mas o Espírito Santo deu a ele uma visão gloriosa. A Bíblia diz: "Cheio do Espírito Santo, levantou os olhos para o céu e viu a glória de Deus, e Jesus de pé, à direita de Deus" (Atos dos Apóstolos 7:55).

Para alcançar uma nova perspectiva, siga o conselho de Paulo: "Mantenham o pensamento nas coisas do alto, e não nas coisas terrenas" (Colossenses 3:2).

Atos dos Apóstolos 8
Ele transformará o seu discernimento.

Você já conheceu algum cristão que não tinha o menor tato nem a sabedoria para lidar com aqueles que não conhecem o Senhor? Pois eu já conheci. Deus se preocupa com o "tempo certo."

Para o etíope, quando chegou o momento perfeito para testemunhar, "O Espírito disse a Filipe: 'Aproxime-se dessa carruagem e acompanhe-a'. Então Filipe correu" (Atos dos Apóstolos 8:29, 30).

Ele conhecia a voz de Deus tão bem que, quando o Espírito disse: "agora", Filipe respondeu instantaneamente. Ele não queria perder aquela oportunidade.

Durante suas viagens, Paulo não dava seu testemunho às pessoas antes que elas estivessem prontas para isso. Certa vez, quando ele estava em um navio que ia para Roma, a embarcação acabou parando no meio de uma tempestade violenta. Se ele tivesse dado um testemunho para a tripulação enquanto não havia tempestade alguma, provavelmente todos teriam feito ouvidos moucos. Paulo tinha as palavras certas — mas tinha também sensibilidade suficiente para discernir o momento certo de usá-las. Ele contou então sobre "um anjo do Deus a quem pertenço e a quem adoro, dizendo-me: 'Paulo, não tenha medo'" (Atos dos Apóstolos 27:23, 24). Depois, disse para todos na embarcação que Deus havia prometido proteger todos que viajavam com ele.

Não confie no seu próprio julgamento. Permita que o Espírito Santo dê discernimento a você.

ATOS DOS APÓSTOLOS 9
Ele transformará sua atitude.

Saulo, que recebeu o nome de Paulo, é um ótimo exemplo de como o Espírito Santo pode transformar a sua caminhada. Você consegue se imaginar chamando uma pessoa que blasfema, que é um perseguidor e um assassino de "irmão"?

Ora, naturalmente, isso seria impossível. Mas é exatamente isso que pode fazer o Espírito Santo. Quando Deus pediu que Ananias fosse e orasse por Saulo, ele respondeu: "Senhor, tenho ouvido muita coisa a respeito desse homem e de todo o mal que ele tem feito aos teus santos em Jerusalém" (Atos dos Apóstolos 9:13).

Mesmo assim, Ananias obedeceu a Deus e foi orar por Saulo. No momento em que Ananias o encontrou, colocou as mãos sobre Saulo e disse: "Irmão Saulo, o Senhor Jesus, que lhe apareceu no caminho por onde você vinha, enviou-me para que você volte a ver e seja cheio do Espírito Santo" (Atos dos Apóstolos 9:17).

Nem mesmo os apóstolos queriam ficar perto de Saulo. Eles não estavam convencidos de sua conversão. Até onde sabiam, ele estava a caminho de Jerusalém para matar a todos, e não tinham visto qualquer evidência que provasse o contrário. Foi preciso que Barnabé os convencesse a mudar de atitude. Ele trouxe Saulo diante de todos e explicou "como, no caminho, Saulo vira o Senhor, que lhe falara, e como em Damasco ele havia pregado corajosamente em nome de Jesus" (Atos dos Apóstolos 9:26, 27).

Quando os apóstolos viram a transformação que havia acontecido em Paulo, ficaram impressionados. Aquele homem que antes era uma ameaça para a segurança de todos e para a mensagem que eles pregavam, agora se tornaria um companheiro que proclamaria "nas sinagogas que Jesus é o Filho de Deus" (v. 20).

Se o Espírito Santo conseguiu transformar Saulo em Paulo, mudando totalmente a vida dele e o propósito daquela existência, imagina como ele pode transformar você e eu. Apenas um toque da presença divina pode transformar todo o curso de uma vida, de sorte a andarmos segundo os caminhos dele para realizar a vontade dele, e não a nossa.

Atos dos Apóstolos 10
Ele transformará sua tradição.

Minha cidade natal Jaffa, em Israel, tinha o antigo nome grego de Jope nos tempos da Bíblia. Quando menino, eu costumava subir até a cidadela, um farol no ponto mais alto do local, que dava vista para o porto. Perto desse farol fica a casa de Simão, o curtidor de couro, onde o apóstolo Pedro teve uma experiência que mudou o mundo.

No terraço, Pedro teve uma visão de Deus baixando uma espécie de lençol gigante que continha diversos animais: quadrúpedes, répteis e aves. Deus pediu, então, que Pedro os matasse e comesse. Pedro, um homem preso à tradição, respondeu: "De modo nenhum, Senhor! Jamais comi algo impuro ou imundo!" (Atos dos Apóstolos 10:14).

O Senhor respondeu: "Não chame impuro ao que Deus purificou" (v. 15).

Enquanto Pedro refletia sobre a visão, o Espírito Santo disse para ele descer e encontrar três homens que estavam procurando por ele. Além disso, Deus pediu: "Não hesite em ir com eles, pois eu os enviei" (v. 20).

Pedro odiava os gentios. Ele estava tão preso à tradição judaica que, antes dessa experiência, nem mesmo falava com os não judeus. Mas, por causa da visão que havia tido, Pedro abandonou a tradição e realizou um grande ministério para o mundo gentio.

Apenas o Espírito Santo é capaz de uma transformação tão radical.

Atos dos Apóstolos 11
Ele transformará sua perspectiva.

Por vezes, o Espírito Santo irá revelar o futuro a fim de preparar você para lutas e provações que virão. Encontramos um exemplo disso no versículo 28.

"Um deles, Ágabo, levantou-se e pelo Espírito predisse que uma grande fome sobreviria a todo o mundo romano, o que aconteceu durante o reinado de Cláudio."

Quando esse tipo de revelação acontece, não há explicação natural que caiba. No entanto, há uma certeza interior que a revelação dada a você em seu coração irá mesmo acontecer e, devido à graça de Deus, ele o está preparando para o que há de vir. Por meio da oração você poderá se preparar para o que ainda virá.

Atos dos Apóstolos 12
Ele transformará sua vida de oração.

Seria absolutamente impossível, para mim, desenvolver uma vida de oração sem primeiro ter sido apresentado ao Espírito Santo. Orar é algo que flui de modo bastante natural quando nós o conhecemos, porém, sem ele, orar é praticamente impossível.

Quando os fiéis ouviram que Pedro estava na prisão, "a igreja orava intensamente a Deus por ele" (Atos dos Apóstolos 12:5). Eles aprenderam o que significava orar sem cessar.

Essa oração contínua foi oferecida até que a resposta chegou a Pedro e ele foi libertado da prisão de Herodes por um anjo. As correntes caíram e ele saiu caminhando.

Na verdade, essa intervenção divina em favor de Pedro foi algo tão miraculoso e fora do comum que Pedro não tinha a menor ideia se aquilo estava mesmo acontecendo. Ele pensou que estava tendo uma visão. Momentos antes da libertação, Pedro estava dormindo, acorrentado entre dois soldados. De repente, uma luz brilhante apareceu na prisão e um anjo do Senhor acordou Pedro, dizendo: "Depressa, levante-se." Com isso, as algemas que o prendiam caíram! Então, o anjo do Senhor pediu que ele colocasse as sandálias e a capa, e o seguisse. Até colocar os pés para fora da prisão, andando pelas ruas, Pedro não conseguia perceber o que havia realmente acontecido!

Os fiéis do livro dos Atos dos Apóstolos conseguiram orar sem cessar por Pedro por causa da presença do Espírito Santo, pois orar sem cessar é impossível sem a ajuda e a assistência do Espírito Santo. Peça que ele ajude você a melhorar sua vida de oração e ele o fará. Salmos 80:18 declara: "Vivifica-nos, e invocaremos o teu nome." Peça que ele vivifique você diariamente, e ele irá fazê-lo.

Atos dos Apóstolos 13
Ele transformará seu chamado.

Desde o momento em que o Espírito Santo me chamou para pregar a Palavra, jamais tive qualquer momento de dúvida a respeito disso. Não foi uma ocupação escolhida por meio de tentativa e erro, nem uma decisão motivada por si só. Deus apontou a direção, e eu disse "sim." Em cada página do livro dos Atos dos Apóstolos, você irá encontrar exemplos de pessoas que foram chamadas por Deus para uma tarefa específica. Durante um culto na igreja de Antioquia, o Espírito Santo disse: "Separem-me Barnabé e Saulo para a obra a que os tenho chamado" (Atos dos Apóstolos 13:2).

Toda a igreja jejuou, orou e colocou as mãos sobre eles antes de enviar os evangelistas. As Escrituras dizem que eles foram "enviados pelo Espírito Santo" para a ilha de Chipre (v. 4).

Há apenas um jeito de conhecer a direção e a orientação de Deus para sua vida. Continue buscando o Espírito Santo até que ele torne o seu chamado claro — e lembre-se: o Espírito Santo fala tanto diretamente quanto por intermédio das Escrituras e de pessoas santas.

Atos dos Apóstolos 14
Ele transformará sua autoridade.

Conforme Paulo e Barnabé ministravam de cidade em cidade, podia-se notar certo poder naquela pregação, uma autoridade e uma confirmação das palavras e ações deles.

Ao chegarem a Listra, um homem aleijado de nascimento que jamais havia andado ouviu a pregação deles. Enquanto Paulo falava, a fé do homem se tornava viva. Paulo, percebendo "que o homem tinha fé para ser curado", disse em voz alta: "Levante-se! Fique de pé!" Com isso, o homem deu um salto e começou a andar.

Paulo já estava de olho no homem enquanto pregava, mas esperou até que o homem estivesse pronto para o milagre. O Espírito Santo deu a Paulo a autoridade para conhecer o tempo certo de um milagre.

Atos dos Apóstolos 15
Ele será companheiro na tomada de decisão.

Um dos grandes benefícios de caminhar com o Espírito Santo é que eu não tenho de tomar decisões sozinho. Tenho um Professor, um Guia e um Conselheiro para me ajudar em cada passo do caminho. Ele é mais do que um conselheiro. Ele é um parceiro que me ajuda a resolver todos os assuntos.

Quando a Igreja de Jerusalém enviou uma carta para os fiéis gentios em Antioquia, algo muito importante fora escrito. Dizia a carta: "Pareceu bem ao Espírito Santo e a nós" (Atos dos Apóstolos 15:28).

Permita que o Espírito de Deus se torne mais do que um Companheiro. Permita que ele participe de suas decisões.

Atos dos Apóstolos 16
Ele transformará sua direção.

Mais de uma vez já me aconteceu de ter feito planos detalhados para uma enorme cruzada, quando o Espírito Santo me avisou claramente: "Não vá." Não consigo explicar; certamente também não desejo entender, mas tenho de seguir a orientação dele.

Quando Paulo e Silas viajavam pela região da Galácia, foram "impedidos pelo Espírito Santo de pregar a palavra na província da Ásia. Quando chegaram à fronteira da Mísia, tentaram entrar na Bitínia, mas o Espírito de Jesus os impediu" (Atos dos Apóstolos 16:6, 7).

Foi então que o Espírito Santo deu a Paulo uma visão de um homem da Macedônia, que suplicava: "Passe à Macedônia e ajude-nos" (Atos dos Apóstolos 16:9).

É um clichê, mas um bom clichê: "Quando Deus fecha uma porta, ele sempre abre outra."

Quando você deixa Deus traçar seu caminho, você está sempre no caminho certo. Lembre-se: o Espírito Santo jamais comete erros. Confie na direção dele, e ele fará tudo com perfeição.

Atos dos Apóstolos 17
Ele transformará seu mundo.

Em Tessalônica, Paulo e Silas quase se envolveram em um tumulto, que não foi propriamente culpa deles. Os judeus ficaram com muita inveja das multidões que ouviam Paulo explicar as Escrituras que reuniram alguns desocupados, formaram uma multidão e começaram um tumulto na cidade (Atos dos Apóstolos 17:1,5).

Então, a multidão irada gritou para os oficiais da cidade: "Esses homens que têm causado alvoroço por todo o mundo, agora chegaram aqui" (Atos dos Apóstolos 17:6).

A reputação deles os precedia, e as notícias de suas atividades se espalhavam rapidamente. Em quase todo lugar por onde passavam, acabavam causando um reavivamento. As pessoas se convertiam a Cristo, o Espírito de Deus operava e curas aconteciam. E ele deseja fazer o mesmo por meio de você hoje.

Anos atrás, alguém falou para mim: "Benny, o jeito mais rápido de virar o seu mundo de cabeça para baixo é entregando-se diretamente para cima." Foi um bom conselho.

Atos dos Apóstolos 18
Ele transformará sua compreensão.

Você começará a conhecer os caminhos de Deus com maior perfeição. Eu me sinto muito afortunado por estar cercado, no meu ministério, de pessoas que têm uma dedicação profunda pela tarefa para a qual Deus as designou. Sou muito grato pela sensibilidade com que ministram enquanto servem a Deus. Tudo isso é resultado do relacionamento com o Espírito Santo. "Logo começou a falar corajosamente na sinagoga. Quando Priscila e Áquila o ouviram, convidaram-no para ir à sua casa e lhe explicaram com mais exatidão o caminho de Deus" (v. 26).

Atos dos Apóstolos 19

Ele transformará você com a presença dele.

Quando Paulo chegou a Éfeso, encontrou "alguns discípulos", e perguntou: "Vocês receberam o Espírito Santo quando creram?" Os discípulos com quem ele falava responderam: "Nem sequer ouvimos que existe o Espírito Santo."

Então, aprendemos que Paulo ensinou a eles sobre o Espírito Santo e depois, impondo as mãos sobre os discípulos, "veio sobre eles o Espírito Santo."

Mais adiante, neste mesmo capítulo, aprendemos que "Deus fazia milagres extraordinários por meio de Paulo, de modo que até lenços e aventais que ele usava eram levados e colocados sobre os enfermos. Esses eram curados de suas doenças, e os espíritos malignos saíam deles" (vv. 11-12). A presença de Deus era tão forte em Paulo que a bênção podia ser transferida apenas ao colocar as mãos sobre um lenço usado por ele. Os enfermos eram curados e espíritos malignos eram expulsos por causa da bênção do Espírito Santo que permanecia de maneira tão intensa sobre Paulo.

Paulo foi muito perseguido em Éfeso tanto pelos judeus quanto pelos seguidores de religiões pagãs (vv. 9, 23-41).

Nunca se esqueça de que, quanto maior a perseguição, maior o poder. Naquela cidade difícil e perigosa, "Deus fazia milagres extraordinários (literalmente, "fora do comum")" (Atos dos Apóstolos 19:11,12). O Espírito Santo deseja fazer o mesmo hoje, basta que paguemos o preço que é a rendição total a ele.

Atos dos Apóstolos 20
Ele transformará sua liderança.

Deus não enviou seu Espírito à terra para que negligenciássemos nossos deveres. Como Conselheiro e Guia, ele mostra como devemos assumir a responsabilidade pela obra de Deus e nos capacita para realizarmos essas tarefas com resultados sobrenaturais. Assim, somos elevados a lugares de responsabilidade e de influência dentro do Reino.

A mensagem de despedida de Paulo aos presbíteros da igreja de Éfeso, depois de três anos de ministério, veio direto do coração. O objetivo dessa mensagem é que *eles* aceitassem o manto da liderança. Ele disse, com grande emoção: "Cuidem de vocês mesmos e de todo o rebanho sobre o qual o Espírito Santo os colocou como bispos, para pastorearem a igreja de Deus, que ele comprou com o seu próprio sangue" (Atos dos Apóstolos 20:28).

Paulo lançou esse desafio com grande confiança, pois sabia que o Espírito Santo daria a eles tudo que precisassem para ter sucesso na liderança espiritual. Ele também sabia que, depois de sua partida, "lobos ferozes penetrarão no meio de vocês e não pouparão o rebanho" (v. 29). Esses lobos estariam dispostos a distorcer a verdade e enganar os discípulos.

Deus pegou Moisés, "um homem muito paciente, mais do que qualquer outro que havia na terra" (Números 12:3), e o transformou em um grande líder. Ele deseja fazer o mesmo por você e por meio de você hoje.

Atos dos Apóstolos 21
Ele transformará suas visões.

Às vezes, Deus me dá um aviso ou uma profecia específica para alguém. Isso geralmente acontece quando uma pessoa se põe à minha frente em uma cruzada ou em minha igreja. Porém, até agora, o Senhor nunca pediu de mim o que pediu de Ágabo. Quando Deus transmitiu a ele uma palavra endereçada para Paulo — o Billy Graham daqueles tempos — ele não se furtou em entregá-la. Em Cesareia, Ágabo foi até Paulo, tomou o cinto do apóstolo e o amarrou ao redor de seus próprios pés e de suas mãos. Então, disse: "Assim diz o Espírito Santo: 'Desta maneira os judeus amarrarão o dono deste cinto em Jerusalém e o entregarão aos gentios'" (Atos dos Apóstolos 21:11).

Foi preciso um homem com um forte relacionamento com o Senhor para fazer tal declaração.

A profecia de Ágabo deu uma ideia para Paulo dos dias difíceis que estavam por vir. Ele respondeu: "Por que vocês estão chorando e partindo o meu coração? Estou pronto não apenas para ser amarrado, mas também para morrer em Jerusalém pelo nome do Senhor Jesus" (v. 13).

Quando recebemos uma visão, ela nos torna corajosos e leais, mesmo diante da morte. Quando se conhece o Espírito Santo, é possível enxergar através da tempestade, e nem mesmo a morte é capaz de assustar.

Atos dos Apóstolos 22
Ele transformará sua existência.

Você se lembra do momento em que entregou o coração a Cristo? A experiência de Paulo na estrada para Damasco foi tal que ele certamente não conseguiria esquecer. Como muitas outras pessoas, Paulo era sincero — mas sinceramente errado. Paulo não era de serventia alguma para Jesus ou para os seus seguidores. Apesar de ter levado sua oposição a Cristo ao extremo, ele não era muito diferente de muitos de nós nos dias que antecederam nosso encontro com o Mestre.

E como ele encontrou o Mestre! Ele deu seu testemunho de ficar cego por uma luz brilhante, e como sua noite se transformou em dia! Paulo havia visto o Cristo ressuscitado, e isso bastou para convencê-lo da verdade do Evangelho. De um *reconhecimento* transformado adveio a *existência* transformada: "O Deus dos nossos antepassados o escolheu para conhecer a sua vontade, ver o Justo e ouvir as palavras de sua boca. Você será testemunha dele a todos os homens, daquilo que viu e ouviu" (vv. 14-15).

A história de Paulo é a mesma que a minha. Eu era cego, mas agora posso ver. Aleluia!

Atos dos Apóstolos 23
Ele aumentará sua influência.

As pessoas continuam me perguntando: "Mas o Senhor fala mesmo às pessoas?" Minha resposta é sempre um "sim!" despido de adjetivos. Não só devido à minha experiência pessoal, mas também por conta da Palavra de Deus.

A cidade de Jerusalém fazia um rebuliço tão grande por causa de Paulo que o comandante da prisão chegou a pensar que a multidão o tomaria pela força bruta. Em meio àquela crise, dizem as Escrituras: "O Senhor, pondo-se ao lado dele, disse: 'Coragem! Assim como você testemunhou a meu respeito em Jerusalém, deverá testemunhar também em Roma'" (Atos dos Apóstolos 23:11).

Por causa do poder de Deus na vida dele, Paulo foi levado até a presença de César e testemunhou por seu Mestre. Enquanto Paulo falava, Deus abriu portas sobrenaturais para ele e o transportou para uma dimensão maior de influência sobre os homens, uma dimensão de poder e autoridade na glória de Deus.

Atos dos Apóstolos 24
Ele estabelecerá a esperança eterna.

O Senhor continua a me lembrar da minha missão primária nesta vida. Ela consiste em *levar pessoas à presença do Senhor, para que elas possam receber dele.* Se você já esteve em alguma de nossas cruzadas ou se assiste ao ministério pela televisão, conseguirá entender bem o que digo.

Paulo também tinha uma missão. A despeito das circunstâncias em que se encontrava, ele apresentava o Evangelho às pessoas. Paulo também possuía ajuda sobrenatural para fazer o que fazia, e nada conseguia abalar seu compromisso.

Quando o apóstolo se apresentou diante do governador para ser acusado, ele disse:

Confesso-te, porém, que adoro o Deus dos nossos antepassados como seguidor do Caminho, a que chamam seita. Creio em tudo o que concorda com a Lei e no que está escrito nos Profetas, e tenho em Deus a mesma esperança desses homens: de que haverá ressurreição tanto de justos como de injustos" (vv. 14-15). Paulo declara, na presença dos seus inimigos, que o Espírito Santo lhe deu esperança.

Atos dos Apóstolos 25
Ele dará grande confiança.

A confiança que Paulo tinha no Senhor nunca se abalava. Diante dos judeus que o odiavam e dos romanos que ficavam perplexos com ele, Paulo se manteve não só confiante, mas também convicto de que Deus estava com ele e sustentava com firmeza que "Não fiz nenhum mal aos judeus, *como bem sabes* [...] Apelo para César!'" (vv. 10-11).

Não tenha dúvida, os romanos tinham ouvido a mensagem de Paulo — mesmo que ainda não a tivessem entendido direito. O oficial romano conseguiu compreender que a mensagem de Paulo falava sobre "Jesus, já morto, o qual Paulo insiste que está vivo" (Atos dos Apóstolos 25:19). O que atordoava os romanos era o fato de Paulo não só afirmar, como de se mostrar totalmente convencido do fato!

Como Paulo sabia que Cristo estava vivo se ele próprio enfrentara a solidão de uma cela, as dores de um castigo e a desolação de um naufrágio? Por meio da eterna comunhão com o Espírito Santo, Jesus não só prometera enviar o Consolador como fez realizar o compromisso assumido.

Atos dos Apóstolos 26
Ele transformará seu testemunho.

Antes de Deus curar minha gagueira, eu usava todos os truques possíveis para não falar. Mesmo enquanto jovem cristão, eu nunca me voluntariava para ler as Escrituras em público, nem mesmo para dar um rápido testemunho.

Mas que mudança aconteceu quando Deus me curou no primeiro sermão que preguei, no dia de Pearl Harbor, 7 de dezembro de 1974! Minha língua se soltou, e parece que não parei de falar desde aquele dia.

Paulo aproveitou cada uma das oportunidades que teve para apresentar seu testemunho e para trazer libertação aos que estavam presos. Sua defesa diante do rei Agripa foi tão poderosa que tem servido de modelo de estudo para juristas. Havia força em seu testemunho e poder em suas palavras. Quando ele terminou, Agripa disse: "Por pouco me queres persuadir a que me faça cristão!" (Atos dos Apóstolos 26:28, ACRF).

Quase todo mundo consegue preparar um discurso, mas apenas o Espírito pode produzir um testemunho.

Atos dos Apóstolos 27
Ele transformará o caos em paz.

Em sua última viagem para Roma, Paulo era prisioneiro em um navio com outros 276 tripulantes. Depois de duas semanas navegando pelo mar rebelde, o apóstolo era a única pessoa a bordo que se lembrava do significado da palavra paz. Quando o dia estava prestes a raiar, "Paulo insistia que todos se alimentassem, dizendo: 'Hoje faz catorze dias que vocês têm estado em vigília constante, sem nada comer'" (Atos dos Apóstolos 27:33).

Porém ele não só se preocupava com a sobrevivência física dos companheiros de viagem, como também dizia para eles: "Nenhum de vocês perderá um fio de cabelo sequer" (v. 34).

Em tempos de privação, apenas a paz que vem de cima é capaz de acalmar a tempestade.

Eu sei o que é chegar perto da morte.

Em 1983, enquanto voava com outros seis passageiros em um avião Cessna a 11 mil pés de altura, ficamos sem combustível quando nos aproximávamos de Avon Park, na Flórida. Eu estava dormindo, o que não durou muito. "Estamos em apuros! Orem! Orem!", foram as primeiras palavras de nosso piloto, Don.

Todos começaram a gritar de medo. De repente, uma grande paz veio sobre mim. Eu disse: "Don, tudo vai ficar bem. Ninguém vai morrer."

Deus usou aquelas palavras para acalmar os passageiros. "Por favor, não chorem", eu dizia. "Apenas relaxem. Deus ainda não encerrou minha missão." Fizemos uma aterrissagem forçada em um campo e alguns tiveram apenas escoriações, mas eu não tinha um arranhão sequer. Dentro de meu espírito, eu tinha aquela certeza: "Tudo vai ficar bem." Ele transformou o caos em paz.

Atos dos Apóstolos 28
Ele transformará o conflito em vitória.

Paulo sofreu o naufrágio perto da ilha de Malta, e todos os passageiros do navio chegaram salvos a terra. Porém, enquanto construíam uma fogueira a fim de se aquecerem, uma víbora saiu do fogo e se atracou à mão de Paulo.

Quando os nativos da ilha viram a serpente pendendo da mão de Paulo, disseram uns para os outros: "Certamente este homem é assassino, pois, tendo escapado do mar, a Justiça não lhe permite viver" (Atos dos Apóstolos 28:4).

Em vez de gritar: "Vou morrer! Arrumem um remédio!", ele simplesmente arrancou a serpente e não sofreu mal algum.

Os habitantes da ilha esperavam que ele morresse instantaneamente. Depois de um tempo, quando perceberam que iria sobreviver, "mudaram de ideia e passaram a dizer que ele era um deus" (v.6).

Apenas o Espírito Santo consegue transformar os conflitos em vitórias. A mensagem do livro dos Atos dos Apóstolos é que nada pode substituir um relacionamento pessoal com o Espírito Santo. Ele opera de forma bastante poderosa na vida das pessoas que a ele se ligam. A experiência do cenáculo foi maravilhosa, mas foi apenas o primeiro passo de uma caminhada que sempre havia de se fortalecer.

Permita que ele transforme o modo com que você ouve, o modo com que você fala, sua visão, suas ações e cada uma das partes do seu ser. Comece agora a praticar a presença do Espírito Santo.

CAPÍTULO 12

Removendo as barreiras para as bênçãos

Em 1991, eu estava em Virgínia Beach, na Virginia, para participar do programa "700 Club", apresentado por Pat Robertson. Depois do programa, fui convidado para falar com toda a equipe da Rede de Transmissão Cristã e da Universidade Regent.

Quando concluí a mensagem sobre as bênçãos de Deus, passei o microfone para Pat. Enquanto ele orava para encerrar o culto, senti uma tremenda bênção. De repente, conforme ouvia ele orar por mim, comecei a chorar.

Até hoje ele não sabe do impacto que aquela oração teve sobre mim. Eu estava passando por um período muito turbulento na vida. Havia acabado de escrever *Bom Dia, Espírito Santo* e estava sendo atacado por todos os lados. Meu livro vendia 50 mil cópias por semana. As cruzadas e o ministério pela televisão estavam explodindo.

O perigo adiante

Pouco antes de voar até Virginia Beach, Suzanne e eu tivemos uma longa conversa. Estávamos começando a compreender a magnitude do crescimento de nosso ministério e a entender o que isso acarretaria. A ideia de mudar para uma cidade que fosse um centro das atenções era assustadora.

— Benny, será que realmente queremos isso? — ela perguntou. —Você realmente quer que esse ministério cresça? Pois com o crescimento vem o risco. Outros ministros não conseguiram lidar com o crescimento de seus ministérios e caíram; será que você também cairá?

— O que você está dizendo? — interpelei. Mas eu entendia exatamente a preocupação dela.

Suzanne queria que eu prometesse me manter forte e focado no Senhor Jesus quando a pressão se tornasse intensa. Ela disse:

— Prefiro que você pare agora a ser forçado a fazer algo que nos traga desgraça — isso antes de nossa quarta filha nascer.

Sem conhecer a luta que eu vinha travando, Pat Robertson começou a orar: "Querido Senhor, tua Palavra declara que você é capaz de impedir nossa queda, e que pode nos elevar até diante do trono com alegria de sobra."

"Nós nos sustentamos por meio de seu poder, e não por nossa força própria. Somos mantidos pela Água Viva e pelo Pão da Vida, e nunca temos sede nem fome. Proteja-nos e preserva-nos para que possamos ficar diante de ti sem mancha nem mácula."

Quando Pat finalizou a oração, ergui as mãos e fiz um voto diante de Deus de que nada em minha vida me faria refutar o evangelho. Então, disse o Senhor para mim: "Benny, *Vá!* Eu estarei com você. *Eu* impedirei a sua queda. Tudo que você tem de fazer é manter os olhos em mim."

Quando voltei para casa, prometi para Suzanne: "Não se preocupe, querida. O Senhor nos tem na palma da mão. Ele irá nos conduzir, abençoar e proteger. Pela graça de Deus, irei sempre seguir a direção que ele apontar."

O conselho de Oral

Eu não sou um golfista, mas quando o Dr. Oral Roberts me convidou para jogar uma partida com ele, decidi dar uma chance. Estávamos em Boca Raton, na Flórida, como convidados de Bill Swad, um grande conquistador de almas que construiu um dos maiores impérios automotivos dos Estados Unidos em Columbus, Ohio.

Eu disse a Oral:

— Não tenho a menor ideia de como jogar esse jogo.

— Não se preocupe, eu posso ensinar — respondeu o evangelista.

O que aprendi naquele dia, no entanto, foi muito mais do que como usar um taco ou como escapar de um morro de areia. Nós conversamos exaustivamente sobre a obra do Espírito Santo.

Enquanto passeávamos pelo carrinho elétrico, eu disse:
— Oral, quero que você me dê um conselho.
— Sobre o quê? — ele perguntou.
— Bem, faz muito tempo que você está no ministério da cura. Outros caíram pelo caminho. Como você se manteve de pé?

Oral riu, e respondeu:
— Benny, não fui eu que me mantive de pé, mas o Senhor — depois, ele continuou:
— Ouça, já gastei toda a minha cota de erros — mas, lembre, o Senhor não desiste de seus santos facilmente. Ele se apega a nós. Ele é muito paciente

Oral continuou:
— Contanto que você ande com ele, ele irá segurar você mais do que você jamais conseguirá se segurar nele.

Aquele grande evangelista, então, me lembrou que Moisés encontrou o Messias em vez de os "tesouros do Egito, porque contemplava a sua recompensa" (Hebreus 11:26). Ele disse:
— Benny, você irá passar por muitas dificuldades, mas nunca desvie os olhos do Mestre.

Barreiras para a bênção

Ao longo dos anos, tenho sentido o Espírito do Senhor operando em minha vida — conduzindo, moldando e até me condenando.

Não faz muito tempo, comecei a perceber que a audiência de nosso programa na televisão consiste não só de cristãos que amam e apoiam o ministério transmitido dessa forma, mas também outras pessoas. O Senhor me avisou: "Benny, se você não tiver cuidado, acabará ofendendo algumas dessas pessoas por toda a eternidade."

Eu também sabia que, algum dia, eu permaneceria diante de Deus para ser julgado por minhas ações.

Durante os últimos anos, o Senhor tem enviado homens santos a mim com o propósito de prestar contas. Um deles é Jack Hayford, o renomado pastor da Igreja do Caminho, de Van Nuys, na Califórnia.

Como um pai, o Pastor Hayford disse para mim: "Benny, nós sempre soubemos que o toque de Deus estava em sua vida. Ninguém jamais questionou isso. Mas você tem se empenhado em algumas distrações que fazem com que nós perguntemos: 'Será que Benny Hinn sabe o que está fazendo?'"

Em relação a esses assuntos, o Senhor vinha trabalhando comigo durante dois anos. Eu não me sentia tão confortável com algumas coisas que estavam acontecendo durante os cultos.

Jack Hayford estava certo. Algumas de minhas atitudes estavam me distraindo. Por exemplo, certa vez, muitos anos atrás, o Senhor me pediu especificamente que tirasse o casaco que eu vestia e o colocasse sobre uma pessoa que havia subido ao palco para orar. Para ser sincero, quando o Senhor pediu que eu fizesse aquilo, relutei para aceitar.

O que me deu a confirmação de que aquilo era mesmo o que ele queria que eu fizesse foram os inúmeros relatos nas Escrituras que tratam do Senhor fazendo coisas que, para nós, pareciam bastante extraordinárias. Por exemplo, Elias usou seu manto para operar um milagre: "Elias tirou o manto, enrolou-o e com ele bateu nas águas. As águas se dividiram, e os dois atravessaram a seco" (2Reis 2:8). O Senhor chegou até a operar um milagre por meio dos *ossos* de Eliseu:

> Certa vez, enquanto alguns israelitas sepultavam um homem, viram de repente uma dessas tropas; então jogaram o corpo do homem no túmulo de Eliseu e fugiram. Assim que o cadáver encostou nos ossos de Eliseu, o homem voltou à vida e se levantou. (2Reis 13:21)

Na verdade, tudo o que alguém precisava fazer era tocar a borda das vestes do Salvador para ser curado: "E aonde quer que ele fosse, povoados, cidades ou campos, levava os doentes para as praças. Suplicavam-lhe que pudessem pelo menos tocar na borda do seu manto; e todos os que nele tocavam eram curados" (Marcos 6:56).

Nos primórdios da Igreja, Deus operava curando as pessoas por métodos que podem parecer bastante surpreendentes para o leitor de hoje:

Deus fazia milagres extraordinários por meio de Paulo, de modo que até lenços e aventais que Paulo usava eram levados e colocados sobre os enfermos. Estes eram curados de suas doenças, e os espíritos malignos saíam deles (Atos dos Apóstolos 19:11,12).

Esses milagres, em vez de distraírem, resultavam em grande confiança no Senhor e em seu poder: "De modo que o povo também levava os doentes às ruas e os colocava em camas e macas, para que pelo menos a sombra de Pedro se projetasse sobre alguns, enquanto ele passava" (Atos dos Apóstolos 5:15).

Depois de refletir sobre todas essas coisas, segui a orientação do Senhor e, como era de se esperar, ele se moveu com enorme poder naquele culto.

Na semana seguinte, fiz a mesma coisa. E repeti mais uma vez, algumas vezes até jogando meu casaco. Antes que eu percebesse, aquilo já havia se tornado um hábito. As pessoas compareciam às cruzadas *esperando* que eu tirasse o casaco e o usasse como meio de levar a bênção aos presentes.

Porém o que era sagrado, no início, se tornou uma distração — e fiquei profundamente perturbado quando percebi que as pessoas estavam olhando para o *método* em vez de olharem para o *Mestre*. Por fim, eu disse: "Não, não consigo seguir fazendo isso. Sirvo a um Senhor de classe e qualidade, e essa não é uma maneira digna de apresentá-lo."

Hoje, em nossos cultos, o Poder do Espírito Santo não diminuiu nem um pouco. Na verdade, ele se tornou ainda mais poderoso.

Eu percebi que, apenas porque o Senhor nos leva a fazer algo em algum momento, não significa que devemos fazer desse algo o tema central da vida ou do ministério. Quando o Senhor Jesus estava prestes a orar por um homem que não enxergava, "ele cuspiu no chão, misturou terra com saliva e aplicou-a aos olhos do homem" (João 9:6).

Isso significa que devemos fundar o "Ministério da Lama S/A" e percorrer o mundo esfregando lama no rosto das pessoas? Não. Precisamos ser sensíveis ao Espírito Santo e fazer aquilo que ele orienta.

Uma bênção genuína não tem preço. Quando ela está presente, há muita beleza. A vida das pessoas é tocada e transformada.

Não me entenda errado. Se o Espírito Santo me levar a fazer algo, ainda que seja incomum, sempre responderei às orientações dele.

Na montanha

Enquanto Deus "remodelava" meu ministério, passei grande parte do tempo estudando o Sermão da Montanha. Baseado no que ele havia dito, preparei uma série de mensagens intituladas: "O que é um cristão verdadeiro?"

- "Bem-aventurados os humildes, pois eles receberão a terra por herança" (Mateus 5:5).
- "Bem-aventurados os puros de coração, pois verão a Deus" (v. 8).
- "Entre em acordo depressa com seu adversário" (v. 25).
- "Tenham o cuidado de não praticar suas 'obras de justiça' diante dos outros para serem vistos por eles" (Mateus 6:1).
- "Não acumulem para vocês tesouros na terra" (v. 19).

Pouco antes de o Senhor concluir a mensagem, ele deu um aviso severo: "Nem todo aquele que me diz 'Senhor, Senhor' entrará no Reino dos céus, mas apenas aquele que faz a vontade de meu Pai que está nos céus. Muitos me dirão naquele dia: "Senhor, Senhor, não profetizamos nós em teu nome? Em teu nome não expulsamos demônios e não realizamos muitos milagres?' Então eu lhes direi claramente: 'Nunca os conheci. Afastem-se de mim vocês, que praticam o mal!" (Mateus 7:21-23).

Quando li essas palavras, caí diante do Senhor e orei: "Senhor, por favor, ajude-me a realizar a vontade do Pai. Senhor, ajude-me a ser mais como você." Enquanto eu orava, o Espírito Santo assegurou que meu chamado consistia em levar o povo de Deus à presença divina, e também direcionar as pessoas na direção do Salvador. Os milagres acontecem quando as pessoas se veem na presença de Deus e enxergam o Senhor Jesus.

Da tristeza à alegria

O Espírito do Senhor é criativo e peculiar. Ele está sempre realizando o inesperado, manifestando sua presença de forma que são, quase sempre, surpreendentes, mas sempre renovadoras. Para mim, a "risada santa" recai nessa categoria.

A primeira vez em que ministrei em Portugal, em um culto de de domingo, à tarde , uma mulher vestida totalmente de preto se aproximou do palco, com um semblante bastante carregado. Meu primeiro pensamento foi que talvez ela estivesse de luto pela morte do marido.

No momento em que toquei aquela mulher amargurada, ela irrompeu na mais indescritível gargalhada que eu já tinha visto, e caiu no chão sob o poder de Deus. A alegria do Senhor desceu sobre ela, que passou da tristeza à alegria em segundos.

Quando alguns dos assistentes estavam prontos para colocá-la de pé, eu disse: "Esperem. Eu quero ver isso." Era a primeira vez que algo do tipo acontecia em um de meus cultos. Eu já tinha ouvido Kathryn Kuhlman falar sobre a "Risada Santa", mas nunca tinha presenciado. Havia êxtase puro no rosto daquela mulher. Era algo magnífico e lindo. Aquilo nada teve de ofensivo. O rosto dela era, simplesmente radiante.

O filho dela chegou ao palco, preocupado com sua mãe. Obviamente, ele jamais havia visto algo assim. Eu também não.

O filho então pareceu ficar bravo comigo. Ele pensou que eu havia feito alguma coisa com sua mãe. Quando ele abaixou e tentou levantá-la, também caiu no chão, rindo — exatamente como a mãe.

Então uma amiga da mulher chegou ao palco. Ela também vestia negro e. roía as unhas; tinha as sobrancelhas franzidas. Seu olhar de preocupação dizia: "O que aconteceu com minha amiga?" Mas quando ela se abaixou para oferecer ajuda, o mesmo poder tomou conta dela e ela começou a rir como uma criança.

Quando o Espírito da risada minguou e eles conseguiram se colocar de pé, falei com eles por meio de um intérprete: "Por favor, contem o que aconteceu com vocês. O que foi isso? Por favor, tentem descrever."

Porém eles não conseguiam nem mesmo falar. Foi um dos acontecimentos mais belos e sagrados que já vi. Certamente, foi algo bastante incomum, mas não inadequado.

Jamais se esqueça de que toda manifestação nova e peculiar do Espírito Santo pode, tragicamente, se tornar comum e servir como distração. Quando as pessoas começam a buscar a *manifestação* em vez de o *Mestre*, a presença de Deus vai embora. Depois, tudo que sobra é forma, não poder. Porém quando o Espírito Santo está presente e no controle, sempre atingimos a perfeição, e o poder manifesto de Deus servirá sempre para glorificar e elevar o Senhor Jesus. Você irá caminhar sempre impressionado não pelo *método*, mas pelo *Mestre*.

Isso é real?

O Novo Testamento está repleto de histórias sobre do Espírito Santo de realizar milagres, mas, em momento algum, você encontrará passagens em que as pessoas dizem: "Isso não é real." Em vez disso, as pessoas se *irritam* com a realidade.

Os fariseus diziam: "Isso é coisa do Diabo", mas nunca conseguiram provar que se tratava de um embuste.

Quando as pessoas olhavam para as obras dos Apóstolos, elas não os acusavam de tramar um golpe ou uma fraude. Em vez disso, diziam: "Não ouse fazer isto em nome de Jesus." Pois elas sabiam como tudo era real.

Hoje, se aqueles que têm conhecimento dos dons do Espírito se ofendem com nossas ações, precisamos examinar esse comportamento mais de perto. O Espírito Santo é uma pessoa de classe que apresenta o Senhor Jesus ao mundo com dignidade, respeito e honra.

No entanto, o Espírito Santo é soberano e pode se expressar em uma variedade de maneiras. Richard Foster, em seu livro *Celebração da Disciplina*, diz: "Em muitas das experiências de louvor eu presenciei, em algum momento, pessoas sentadas, em pé, ajoelhadas e prostradas, com o Espírito de Deus [sempre] repousando em todas elas."[1]

Deus não faz vistas grossas para a desordem. Se você comparecer a um de nossos cultos, verá que nunca há dez coisas acontecendo ao mesmo tempo e poderá perceber que o culto prima pela ordem e está sempre focado no Senhor Jesus. Pois o Senhor a quem servimos não é um Deus de confusão, desordem nem perturbação, ele é o Deus da perfeição, pois a Bíblia diz: "Suas obras são perfeitas, e todos os seus caminhos são justos" (Deuteronômio 32:4). Pode ter certeza, o poder de Deus de salvar, de curar e de libertar *está* disponível ainda hoje.

Aconteceu com Dave

Deixe-me contar sobre David Delgado. Ele tem me acompanhado regularmente desde 1986 — no palco, como parte da equipe dos assistentes, e por trás dos panos, cuidando de milhares de detalhes.

Dave se mantinha tão longe de Deus quanto qualquer outra pessoa que conheço, mas o Espírito Santo nunca o deixava ir. O Espírito Santo amava Dave demais para deixar que ele permanecesse sob o jugo das drogas.

Delgado fora criado na rua 47 no Brooklyn, um bairro de Nova York, onde seu pai servia de pastor em uma grande igreja latina pentecostal. Os pais dele eram de Porto Rico.

"Papai era bastante duro", ele me contou. "Na minha infância, não tínhamos televisão. Revistas em quadrinhos era pecado e eu não podia nem mesmo ir à praia." Enquanto os amigos de Dave gastavam a juventude nas ruas, ele ficava na igreja pelo menos quatro ou cinco noites por semana. "Cresci cheio de ressentimentos", ele lembra. "Quando cheguei ao sétimo ano do Ensino Fundamental, minha vida era como um pêndulo, indo de um extremo a outro. Eu fumava maconha com meus amigos e depois voltava para a igreja."

No nono ano ele "ficava louco" quase todos os dias, e acabou viciado em heroína. "Aquilo acabou com o coração dos meus pais", ele me contou. "Fui enviado para grupos de ajuda, psiquiatras, para uma clínica de tratamento, com metadona, e até para um centro cristão."

Por três vezes Dave conseguiu romper o vício da droga, mas o poder satânico dos narcóticos continuavam a puxá-lo para trás. Dave conta: "No meio da década de 1970, meu vício era tão intenso, que acabei me tornando traficante para poder cuidar da droga sem intermediários e preparar doses com concentrações mais altas.".

"Transforma-me!"

Por mais estranho que pareça, Dave Delgado sempre teve amor pelas coisas de Deus e, em particular, sentia-se atraído pelas manifestações milagrosas de Deus no poder da cura e da libertação. Apesar de não estar vivendo pelo Senhor, ele estabeleceu como prioridade em sua vida comparecer aos encontros realizados por Kathryn Kuhlman sempre que ela passasse por Nova York.

"Naqueles cultos, eu sentia o peso da condenação, e entregava meu coração ao Senhor de novo e de novo, mas parecia que eu nunca conseguiria vencer o pecado. O problema é que eu desejava *tanto* a Deus *quanto* o mundo. Eu queria servir, queria de verdade, mas também adorava ficar "louco". Parecia que eu não conseguia perder aquele desejo."

O envolvimento de Dave com as drogas cresceu a ponto de ele se meter em grandes tráficos de entorpecentes em três estados diferentes. "Eu tinha 20 pessoas trabalhando para mim, e lidava com toneladas de dinheiro", ele conta.

Com agentes federais fechando cada vez mais o cerco, Dave, com dor no coração, encerrou suas atividades e começou uma vida nova em Birmingham, no Alabama. "Abandonei o vício e fiquei limpo durante dois anos antes de os mesmos demônios das drogas voltarem para me assombrar", ele lembra, com tristeza.

David continua: "Eu tomava 1.200 miligramas de Demerol por dia e Dilaudid, um entorpecente classe A que, em Nova York, chamávamos de 'heroína de hospital.'"

Durante esse tempo, Dave casou, divorciou e tornou a se casar. "Comecei a aplicar fraudes bancárias, a roubar dinheiro dos depositórios noturnos e acabei preso por receptação e venda de propriedade roubada."

Porém em Nova York, sua fiel mãe nunca parara de orar pelo filho. Delgado finalmente contou para sua esposa: "Se quisermos ter alguma chance de começar vida nova, precisamos nos mudar para a Flórida." A esposa, que permanecia fiel ao seu lado e orando por ele, concordou em partir. Tudo em nome de um recomeço.

Dave encontrou trabalho em Orlando, instalando paredes divisórias de gesso e, ao mesmo tempo, afundava-se cada vez mais nas drogas:

— Com frequência cada vez maior eu me injetava sete gramas de cocaína e rebatia o "barato" com um copo de vodca com suco de laranja. Aquilo me deixava em um estupor muito próximo de um coma. Não demorou para eu começar a sangrar pelo nariz, ficando com uma aparência de alguém nos últimos estágios de um câncer.

A esposa de Dave começou a frequentar nossa igreja, orando com fervor pelo marido que definhava. Ela experimentou o poder milagroso de Deus durante um culto em que Deus curou uma hérnia em sua coluna.

Na manhã de um domingo de 1986, Dave resolveu acompanhar a esposa na igreja; ficou imediatamente impressionado com como aquele ministério se parecia com o de Kathryn Kuhlman. Quando fiz o chamado para que subissem ao altar, Dave correu até a frente do santuário e começou a chorar:

— Senhor, quero te servir, mas não consigo. Tu sabes o quanto amo as drogas também, e o desejo é muito forte, não consigo parar. Sei que a Palavra diz que o Senhor conhece cada célula de meu corpo e cada fio de cabelo de minha cabeça. Se não mudar cada uma das células do meu corpo e remover esse desejo, nunca conseguirei servir-te.

Naquele momento de desespero, Dave ergueu as mãos para o céu e caiu sob o poder de Deus. Aqueles que estavam ao redor o levantaram, e ele tornou a cair sob o poder de Deus. Naquele momento abençoado, o Espírito Santo começou a operar um milagre nele. Quando conseguiu ficar de pé, Dave Delgado era um homem completamente novo.

Ao relembrar aquele dia, Dave sorri e diz: "Fui *totalmente* liberto e nunca mais senti *o menor* desejo de tocar em drogas de novo."

O Espírito Santo precioso de Deus restaurou sua saúde e seu lar, além de dar um ministério para ele — e Deus ainda não terminou. Como João Marcos, "ele me é útil para o ministério" (2Timóteo 4:11).

O mesmo poder

Quem é o Espírito Santo a quem damos as boas-vindas hoje?

- Ele é o mesmo Espírito que desceu sobre um garoto de nome Davi e fez com que ele matasse um leão, um urso e um gigante chamado Golias (1Samuel 17).

- Ele é o mesmo Espírito que deu a Elias o poder de correr à frente da carruagem de Acabe (1Reis 18:46).
- Ele é o mesmo Espírito que deu ao Apóstolo Paulo a força para pregar depois de ter sido apedrejado e deixado para morrer (Atos dos Apóstolos 14:19-28).

O Espírito Santo que conheço é aquele que transforma pessoas comuns em gigantes espirituais. Essas pessoas transformadas conquistaram reinos inteiros, praticaram a justiça e alcançaram o cumprimento de promessas. Elas escaparam do fio da espada e puseram os inimigos de Deus para correr (Hebreus 11:33, 34).

O Espírito Santo permitiu que o Senhor Jesus entrasse um dia no templo e expulsasse todas as pessoas dali. Aquilo não conseguiria ser feito apenas com força humana. Apenas o Espírito Santo é capaz de agir com tamanho poder (Mateus 21:12, 17).

O mesmo poder que ressuscitou Jesus Cristo "também dará vida a seus corpos mortais, por meio do seu Espírito, que habita em vocês" (Romanos 8:11).

Quando olhamos para ele com esperança, ele vem. O histórico reavivamento galês de 1904-1905 foi resultado direto da submissão de Evan Roberts ao Espírito do Senhor. Durante o início daquele grande derramamento, ele orou: "Não digam: 'Talvez o Espírito venha', nem: 'Esperamos que o Espírito venha', mas: '*Acreditamos* que ele virá.'"[2]

Mais de 100 mil pessoas chegaram ao Senhor no País de Gales, e aquele reavivamento se espalhou por todo o mundo. O escritor Eifion Evans documenta que: "As condenações por bebedeira em Glamorgan caíram de 10.528 em 1903 para 5.490 em 1906."[3] Três meses de reavivamento fizeram pela sobriedade do país mais do que as campanhas de abstinência durante muitos anos.

Para sempre!

O Espírito Santo prometido pelo Senhor Jesus não era apenas para durar apenas um dia. Ele veio para "estar com vocês para sempre" (João 14:16).

Acredito que já podemos ver no horizonte a Segunda Vinda do Senhor. A Bíblia diz que ela acontecerá "num momento, num abrir e fechar de olhos, ao som da última trombeta. Pois a trombeta soará, os mortos ressuscitarão incorruptíveis e nós seremos transformados" (1Coríntios 15:52).

> O próprio Senhor descerá do céu, e os mortos em Cristo ressuscitarão primeiro. Depois disso nós, os que estivermos vivos, seremos arrebatados juntamente com eles nas nuvens, para o encontro com o Senhor nos ares. E assim estaremos com o Senhor para sempre. (1Tessalonicenses 4:16-17)

Não irá demorar a vermos o Senhor, e ele irá nos receber para a eternidade. Que grande dia será quando o Senhor levará para *cima*. Nesse glorioso dia não haverá mais lágrimas, nem mais dor, nem tristeza. Olharemos para a face do Mestre e ouviremos: "Bem-vindo!".

No entanto será que a obra de nosso Professor e Guia terminará quando entrarmos no céu? Não acredito nisso. O Espírito Santo continuará lá para sempre. Daqui a bilhares de anos ainda estaremos cheios com sua presença. Na eternidade, nós o conheceremos ainda mais. Aquele será um lugar de revelações eternas.

A autoestrada de informações do Espírito Santo não tem limites, vai daqui até o céu — e além. Ele tem muito mais a dar do que podemos imaginar.

Você já parou para perguntar por que os anjos cantam "Santo, Santo, Santo"? Acredito que é porque nosso Deus Trino continuamente se revela no Céu e, a cada nova descoberta, os anjos cantam: "Santo."[4]

Dê as boas-vindas

A súplica de meu coração é a mesma que a do apóstolo Paulo. Ele pedia que:

> O Deus de nosso Senhor Jesus Cristo, o glorioso Pai, lhes dê espírito de sabedoria e de revelação, no pleno conhecimento

dele. Oro também para que os olhos do coração de vocês sejam iluminados, a fim de que vocês conheçam a esperança para a qual ele os chamou, as riquezas da gloriosa herança dele nos santos. (Efésios 1:17,18)

Você permite que eu ore com você hoje?

Espírito Santo, nós te damos as boas-vindas. Vem e glorifica a Jesus por meio de cada um de nós; faze uso de nós para declará-lo ao mundo. Que a tua Palavra possa viver em nossos corações, iluminar nosso entendimento e mostrar a tua verdade. Enriquece nossa vida de oração com tua presença e teu poder. Brilha dentro de nós para que todas as pessoas possam chegar à cruz do Calvário. Engrandece sempre a Jesus Cristo dentro de nós, em nome de Jesus. Amém.

O Espírito Santo está batendo à sua porta. Como qualquer visita, ele não entrará sem ser convidado.

Você pode cantar comigo?

Espírito Santo, bem-vindo neste lugar. Espírito Santo, bem-vindo neste lugar. Pai onipotente, de graça e misericórdia, tu és bem--vindo neste lugar.

Bem-vindo, Espírito Santo!

NOTAS

Capítulo 2
1. CHO, Paul Yonggi. *Successful Home Cell Groups*. Plainfield: Logos International,1981, p. 124.
2. TORREY, R. A. *The Best of R. A.Torrey*. Grand Rapids: Reprinted, 1990, p. 23, 24.
3. WILLIAMS, J. Rodman. *Renewal Theology, v. 1: God, the World & Redemption*.Michigan: Academic Books, Zondervan Corp., 1990, p. 154.
4. TORREY, R. A. *The Person and Work of the Holy Spirit*. Grand Rapids: Zondervan,Revised Edition, 1974, p. 12.
5. NIV Study Bible, editor geral: Kenneth Barker. Grand Rapids: Zondervan,1985, p. 1459, 1498.
6. GESANGBUCH, Münster. *Fairest Lord Jesus*. Para a melodia do Hino dos Cruzados [Crusaders' Hymn. De Hymns for the Family of God, Fred Bock, editor (Nashville: Paragon Associates, Inc., 1976), hino 240, estrofe 4.
7. Para saber mais sobre Claudio Freidzon e sobre a maravilhosa obra do Espírito
8. Santo no grande país que é a Argentina, procure ler: *Revival in Argentina: a new surge in spiritual power*, de Don Exley e Brad Walz na edição de outubro de 1993 da Mountain Movers.8. Ibid., p. 7.
9. TORREY, R. A. *The Person and Work of the Holy Spirit*, p. 9.
10. GRAHAM, Billy. *The Holy Spirit*. Waco: Word Books, 1978, p. 23.
11. CHAFER, Lewis Sperry. *Systematic Theology vol 4: "Pneumatology"*, p. 24. Ênfase acrescentada.
12. WALVOOD. John F.; ZUCK, Roy B. (Ed.). *The Bible Knowledge Commentary*. Old Testament. Wheaton: Victor Books, 1985, p. 28. Allen Ross escreveu a parte dos comentários sobre Gênesis.

Capítulo 3
1. EDWARDS, Jonathan. *Encyclopaedia Britannica*. 15. ed., v. 4, p. 281,
2. RIENECKER, Fritz. *A Linguistic Key to the Greek New Testament*, traduzido com acréscimos e revisões, do alemão Sprachlicher Schluessel Zum Griechischen Neuen Testament, editado por Cleon L. Rogers, Jr. Grand Rapids: Zondervan,1982. vol. único, p. 217.
3. REA, John. *The Holy Spirit in the Bible*. Lake Mary: Creation House, 1990,p. 172.
4. _____. op. cit., p. 167.
5. _____. op. cit., p. 167.

6. 6. GORDON. A. J. *The Ministry of the Spirit*. Minneapolis: Bethany House Publishers, 1985, p. 23.
7. 7. "Satanás tem influência sobre as pessoas por causa da condição de queda delas. Se os cristãos não tivessem pecados, Satanás não poderia ter influência sobre elas." NIV Study Bible, p. 1626 (em tradução livre).

Capítulo 4

1. NIV Study Bible, editor geral: Kenneth Barker, Grand Rapids: Zondervan, 1985, p. 1670.
2. CHAFER, Lewis Sperry. op. cit., v. 7, p. 188.
3. WALVOORD, Jonh F. The Doctrine of the Holy Spirit. In: CHAFER, op. cit., v. 7, p. 20.
4. *Discipleship Journal*, n. 36, p. 11.

Capítulo 5

1. *Discipleship Journal*, n. 36, p. 7.
2. BAYLY, Joseph. *Decision Magazine*, maio de 1978.
3. HARRIS, R. Laird; ARCHER JUNIOR, Gleason; WALTKE, Bruce K. *Theological Wordbook of the Old Testament*. Chicago: Moody, 1980, v. 1, p. 304.
4. *Theological Wordbook Of The Old Testament*, v. 1, p. 103.
5. *The Autobiography of Bertrand Russell*, Little and Brown, 1967.
6. WALVOORD, Jonh F.; ZUCK, Roy B. *The Bible Knowledge Commentary*. Old Testament. op.cit., p. 1056.
7. MEREDITH, Don, *Who Says Get Married*. Nashville: Thomas Nelson, p. 42.
8. *Single Adult Ministries Newsletter*. v. 17, n. 5, março de 1990, p. 1.
9. HANNA, Robert. *A Grammatical Aid to the Greek New Testament*. Grand Rapids: Baker, 1983, p. 348.
10. Ibid., p. 176.
11. CHAFER, Lewis Sperry. op. cit., v. 7, p. 23.

Capítulo 6

1. WILLIAMS. J. Rodman Williams. *Renewal Theology. v. I*: God, the World & Redemption. Grand Rapids: Academie Books, Zondervan Corporation, 1990, p. 210.

2. MOODY, Dwight L. IN: *Great Quotes and Illustrations*. Waco: Word Publishing, 1985, p. 139.

3. "Se Deus estava se referindo ao vento, ao sopro, ao princípio da vida, ou ao Espírito Santo é incerto. No entanto, os resultados são óbvios. Deus deu vida àqueles ossos mortos." WALVOORD, Jonh F.; ZUCK, Roy B. (Ed.). *The Bible Knowledge Commentary*. Old Testament. op. cit. Charles H. Dyer é o autor colaborador do livro de Ezequiel, Wheaton: Victor, 1985, p. 1298.

Capítulo 7

1. *Bible Knowledge Commentary*. op. cit., p. 20.
2. TORREY. R. A. *The Person and Work of the Holy Spirit*. Grand Rapids: Academie Books, Zondervan Publishing House, 1974, p. 171.
3. *Person and Work*, op. cit., p. 172.
4. *Bible Knowledge Commentary*. op. cit., p. 25.
5. WALVOORD, John F. ; ZUCK, Roy B. *The Bible Knowledge Commentary*. New Testament. Wheaton: Victor Books, 1983, p. 25. Louis Barbieri escreveu sobre o Evangelho de Mateus.
6. *The Bible Knowledge Commentary*. New Testament. op. cit., p. 106. Grassmick escreveu sobre o Evangelho de Marcos.
7. Para saber mais sobre a maravilhosa unção do Espírito Santo e o que ela pode significar para você, procure ler meu livro *A unção*. São Paulo: Bom Pastor, 2007.
8. *Linguistic Key to the Greek New Testament*. op. cit., p. 786.
9. MURRAY, Andrew. *The Blood of the Cross*. Springdale: Whitaker House, 1981, p. 13.
10. GRAHAM, Billy. *The Holy Spirit*. Waco: Word Books, 1978, p. 11.

Capítulo 8

1. CHAFER, Lewis Sperry. *Systematic Theology, v. VI: "Pneumatology"*, Dallas: Dallas Seminary Press, 1948, p. 95.
2. TORREY, R. A. *The Person & Work of the Holy Spirit*. Grand Rapids: The Zondervan Corporation, 1974, p. 90.
3. GRAHAM, Billy. *The Holy Spirit*. Waco: Word Books, 1978, p. 86. [O Espírito Santo. São Paulo: Sociedade Religiosa Edições Vida Nova, p. 57].
4. BRIGHT, Bill. *The Christian and the Holy Spirit*. Orlando: New Life Publications, 1994, p. 24.

Capítulo 9

1. RIENECKER, Fritz. op. cit., p. 454.
2. THIESSEN, Henry Clarence, *Lectures in Systematic Theology*, revisado por Vernon D. Doerksen, edição revisada, Grand Rapids: Eerdmans, 1979, p. 289.
3. RIENECKER. op. cit., p. 523.
4. HESSIOS, Roy. The Calvary Road. In: *Christianity Today*, 22 de setembro de 1989, p. 35.
5. ALFORD, Henry. *The New Testament for English Readers*. Chicago: Moody, p. 1105.
6. PATTERSON, James. *The Day America Told the Truth*, Prentice Hall Press, 1991, capítulo 5. American Heritage Dictionary de CompuServe.
7. RIENECKER. op. cit., p. 359.

8. *NIV Study Bible*. op. cit., p. 1625.
9. *Spirit-Filled Life Bible*, p. 1603.
10. RIENECKER. op. cit., p. 366.
11. BARTLEMAN, Frank. IN: MENZIES, William. *Anointed to Serve*. Springfield Gospel Publishing House, 1971, p. 55.

Capítulo 10

1. CHRISTIANSON, Evely. My Heart Sings. IN: *Christianity Today*, 19 de novembro de 1990, p. 46.
2. WALVOORD, John F.; ZUCK, Roy B. *The Bible Knowledge Commentary*. op. cit., p. 473. John Witmer escreveu sobre Romanos.
3. RYRIE, Charles C. *The Holy Spirit*. Chicago: Moody, 1965, p. 106.
4. RIENECKER. op. cit., p. 367.
5. ROBERTSON, T. *Word Pictures in the New Testament*, New York: Harper & Brothers, 1930.
6. NEWELL, W. R. *Romans Verse By Verse*. p. 326, 327. IN: CHAFER, Lewis Sperry. *Systematic*
7. *Theolog.*, op. cit., v. 6, p. 44.7. SANDERS, J. Oswald, *Spiritual Leadership*. In: Navigator 2: 7 Series, Course 2, p. 82.
8. GRAHAM, Billy. *The Holy Spirit*. Waco: Word Books, 1978, p. 166.
9. ALFORD, Henry. *The New Testament for English Readers*. Chicago: Moody, p. 1283.
10. SNYDER,Howard. *The Problem of Wineskins*. Downers Grove: InterVarsity Press, 1975, p. 135.
11. GUTHRIE, Donald. *New Testament Theology*. Downers Grove: InterVarsity Press, 1981, p. 550.

Capítulo 11

1. BENNETT, Dennis.*The Holy Spirit and You*. Plainfield: Logos International, 1971, p. 28.

Capítulo 12

1. FOSTER, Richard. *Celebration of Discipline*. NewYork: Harper Collins, 1988, p. 170.
2. EVANS, Eifion. *The Welsh Revival of 1904*. Bridgend: Evangelical Press of Wales, 1969, p. 89.
3. Ibid, p. 161.
4. THIESSEN, Henry Clarence, *Lectures in Systematic Theology*, revisado por Vernon D. Doerksen, edição revisada, Grand Rapids: Eerdmans, 1979, p. 91.

Guia de discussão e estudos

Capítulo 1: Amanhecer de um novo dia

1. O autor disse poder ver nas pessoas uma "fome" de experimentar o toque do Mestre. O que ele quis dizer com isso?
2. Você já experimentou alguma fome pessoal de conhecer a Deus? Inclua em sua resposta razões e sentimentos.
3. Para apreciar, em sua totalidade, a discussão que o autor faz sobre o Espírito Santo, você deve saber se nasceu de novo. Descreva, com suas próprias palavras, o significado de nascer de novo.
4. Como você descreveria a diferença entre conhecer os dons do Espírito Santo e conhecer o próprio Espírito.
5. Leia 1Coríntios 2:9, 10, 12 e explique por que o Espírito Santo veio até nós.
6. O autor diz que entrega e humildade são necessárias para receber o Espírito Santo em sua vida. Como você definiria a entrega e a humildade? Você está pronto para se submeter a essas coisas?

Capítulo 2: A pessoa única e divina do Espírito Santo

1. As Escrituras mostram que o Espírito Santo tem emoções. Depois de ler Romanos 15:30, explique como o amor do Espírito Santo afeta sua vida.
2. Em Efésios 4:30, Paulo pediu que a igreja não entristecesse o Espírito Santo. Que coisas você enxerga em sua vida que poderiam entristecer o Espírito Santo?
3. Leia Efésios 4:31, 32 e identifique ao menos duas coisas que você pode fazer para trazer alegria ao Espírito Santo.

4. Atos dos Apóstolos 5:1-3 fala sobre duas pessoas que mentiram para o Espírito Santo. Por que essa ofensa foi tão grave? O que aconteceu com elas?
5. Leia cuidadosamente Mateus 12:22-32 e Marcos 3:29, trechos que falam sobre o pecado imperdoável. Por que você acha que esse pecado é imperdoável?
6. A ideia de que há alguém que sabe tudo sobre você o deixa incomodado? Por quê? Ou por que não? Como seus sentimentos em relação ao assunto podem mudar com o tempo?

Capítulo 3: "Repentinamente do céu"

1. No Antigo Testamento, Deus preparou o caminho para a vinda do Espírito Santo. Leia Joel 2:28; Isaías 44:3; Ezequiel 36:27; e Provérbios 1:23.
   a) Como as palavras de Deus para os profetas puderam se realizar?
   b) Quando ele enviaria Seu Espírito para o mundo?
2. Leia sobre a promessa de Jesus em João 16:7. O que foi preciso acontecer antes da vinda do Espírito Santo?
3. O Espírito Santo é um revelador da verdade. Leia João 16:13 e liste ao menos dois motivos pelos quais precisamos da ajuda do Espírito Santo.
4. Romanos 8:15 e Efésios 1:5 revelam algo que é quase maravilhoso demais para compreendermos. Essa verdade já se tornou real em sua vida?
5. O que é que aconteceu em Atos dos Apóstolos 2:2-4 que poderia acontecer de novo? Por quê? Ou por que não?
6. Leia Joel 2:28, 29 e Atos dos Apóstolos 2:15-18. Depois, explique o que estava acontecendo com as 120 pessoas no cenáculo (Atos dos Apóstolos 2:2-4) e a Cornélio e sua família (Atos dos Apóstolos 2:15-18).

Capítulo 4: Nomes e títulos do Espírito Santo, parte 1

1. Como você definiria algo que é santo?
2. Qual é a sua definição de espírito?

3. O Espírito Santo se encaixa nessas definições? Por que, ou por que não?
4. "O Espírito de Deus" é o nome do Espírito Santo que está associado com que ações discutidas pelo autor?
5. Onde o incrível Espírito de Deus habita? Leia 1Coríntios 3:16 e complete a frase: "O Espírito de Deus_____."
6. Quais foram as coisas maravilhosas que aconteceram com aqueles chamados filhos e filhas em Gálatas 4:6,7?

Capítulo 5: Nomes e títulos do Espírito Santo, parte 2.

1. Quem prepara a nossa adoção junto à família de Deus, de acordo com Romanos 8:14,15?
2. Quando se enfrenta reprimendas ou perseguições em nome de Cristo, o que acontece, de acordo com 1Pedro 4:4?
3. Leia Romanos 3:22-24 para entender como somos salvos por meio da graça de Deus. Quem transmite essa graça para nós?
4. Releia a seção em que o autor fala sobre a sabedoria e explique o que você entendeu sobre o significado dela.
5. O mundo de hoje está repleto de dúvidas e problemas, mas o Espírito Santo tem a função de nos ajudar. Isaías 9:6 conta que ele é chamado de_____.
6. Que outra palavra também significa "temor do Senhor"?
7. Quem permite termos a habilidade de "temer ao Senhor"?
8. Neste capítulo, o autor lista diversas maneiras pelas quais o Espírito Santo opera em nossa vida. Escreva uma ou duas frases mostrando como ele pode operar em sua vida em ao menos três dessas áreas.

Capítulo 6: O vento do Espírito

1. Nas Escrituras, o Espírito Santo é frequentemente chamado de "vento". Releia dois versículos familiares, Atos dos Apóstolos 2:2 e João 3:8, para refrescar sua memória.

2. Você acredita que uma pessoa consegue sentir fisicamente o vento do Espírito hoje em dia?
3. Na página 111/112 o autor lista cinco maneiras pelas quais o Espírito Santo age como vento. Liste-as e dê breves explicações sobre como ele pode operar em sua vida.
4. Reflita sobre a seguinte declaração: "Porque o Espírito é imprevisível como o vento, algumas igrejas o deixam de fora porque não o podem controlar." Você concorda ou discorda? Por quê?
5. Que cuidados podem ser tomados para permitir que o Espírito Santo tenha liberdade de movimento?
6. Explique a diferença entre organização, previsibilidade e liberdade de movimento, de acordo com a discussão do autor.

Capítulo 7: A obra do Espírito na vida de Cristo

1. O Espírito Santo de Deus operou na vida de Jesus durante todo o tempo em que ele esteve na terra. Depois de ler Lucas 1:35 e Mateus 1:19, você acredita que o Espírito Santo esteve envolvido no momento da concepção de Jesus?
2. Depois de Jesus se tornar adulto, ele foi a João Batista para ser batizado. Jesus foi declarado Filho de Deus em Lucas 3:21, 22. Quem fez tal declaração?
3. Houve certo momento em que o Espírito Santo deixou Jesus, e Jesus chorou (Marcos 15:34). Depois de ter estado com ele durante todo o tempo, por que o Espírito Santo o deixou?
4. Em Romanos 8:11, lemos que o Espírito Santo retornou para Jesus. O que foi que o Espírito Santo fez na ocasião?
5. Jesus precisava do poder do Espírito Santo durante seu tempo na terra? Explique sua resposta.
6. Você acredita que o poder do Espírito Santo está disponível mesmo hoje, ou que ele esteve reservado para a época dos apóstolos? Que trecho das Escrituras justifica sua resposta?

Guia de discussão e estudos

Capítulo 8: De pecador a santo

1. O Espírito Santo contrapõe a justiça de Cristo com os pecados de quem não crê. Depois de ler 2Coríntios 5:21, faça uma lista de alguns de seus pecados que Cristo assumiu para si mesmo, de modo a justificar você diante de Deus.
2. Usando Colossenses 2:13,14, o autor demonstra o que acontece com os pecados quando nós os entregamos a Cristo. Para selar a memória da transformação em sua vida, escreva um breve resumo desse raciocínio para que você possa compartilhar, com outras pessoas, a obra de Cristo em sua vida.
3. Depois de ler Ezequiel 36:27 e Judas 1:24, faça uma lista das coisas em que você acredita que o Espírito Santo faria com você para que caminhasse com Deus. Você conseguiria fazer essas mesmas coisas sozinho?
4. Por meio do Espírito Santo, podemos conhecer a presença de Deus, que ofereceu uma promessa aos fiéis em Hebreu 13:5. Quando você não sente a promessa de Deus, ele continua com você?
5. Deus transforma o fiel de dentro para fora. Você conhece alguém que, depois de se tornar cristão, se tornou outra pessoa? Que transformações você pode notar?
6. Sua vida é cheia de estresse e preocupação? Leia Isaías 30:15 e Mateus 11:28,29. Qual é a receita de Deus para a cura do estresse?

Capítulo 9: Transformado de dentro para fora

1. Jesus disse que precisamos nascer da água e do Espírito para podermos entrar no Reino de Deus (João 3:5). Qual é o significado simbólico de "nascer da água"?
2. Qual é a garantia dada por Deus de que ele redimiu o fiel e que lhe dará vida eterna?
3. Se você fosse "separado" por Deus, ainda poderia ser tentado pelo pecado? Leia 1Coríntios 3:3 para elaborar sua resposta.

4. Faça uma lista das coisas que você poderia fazer em serviço para o Senhor. Seja específico, e escolha um item para começar a fazer hoje.
5. Leia Tito 3:5 e explique o que significa a renovação do Espírito Santo. Isso pode ser alcançado apenas com o poder do pensamento positivo, ou com uma promessa de ano novo? Por quê?
6. Como você deve usar a "mente de Cristo"?
7. O que você considera como a principal tarefa do Espírito Santo em sua vida?

Capítulo 10: Presença e poder

1. O que você entende por "orar no Espírito"?
2. Você já tentou orar sem conseguir colocar a oração em palavras? Leia Romanos 8:26 e conte o que fará o Espírito Santo para ajudá-lo quando você aceitar essa ajuda.
3. Que pretende João 4:24 quando diz: "adorar em espírito e em verdade"?
4. Você já perguntou para Deus: "Como o Espírito Santo irá me usar para alcançar minha geração?"
5. Você acredita que os sinais, as maravilhas e as curas cessaram com o ministério de Jesus e dos apóstolos? Como você pode ter certeza de sua resposta?
6. Quando as coisas ruins do fiel são removidas, bons frutos começam a nascer. Leia Gálatas 5:22,23 e liste os bons frutos que você pode esperar.
7. O que o Pai deseja que nós façamos com os dons do Espírito Santo?

Capítulo 11: A comunhão transformadora do Espírito Santo

1. Quando desejamos ser usados por Deus, devemos lembrar que não é a _____, mas a _____ que ele deseja.
2. Você deve pensar em si mesmo como uma _____ por meio da qual o___consegue fluir.

3. Atos dos Apóstolos 2 conta sobre um fenômeno novo e estranho — falar em outras línguas.
    (a) Você já ouviu alguém falar em línguas?
    (b) O que você pensa sobre isso?
    (c) Qual é o propósito de falar em línguas?
    (d) Você acha que os cristãos devem fazer isso?
    (e) Você deseja esta habilidade? Por quê?
4. Atos dos Apóstolos 12 dá explicações sobre uma vida de oração efetiva.
    (a) Você tem uma vida de oração efetiva?
    (b) O que impede que você ore efetivamente?
    (c) Que mudanças você poderia fazer para superar essas barreiras?
5. Atos dos Apóstolos 26 conta sobre o testemunho de Paulo diante do rei Agripa.
    (a) Você tem um testemunho sobre o que Deus fez em sua vida?
    (b) Você já compartilhou isso com alguém?
    (c) De acordo com Atos dos Apóstolos 26:28, qual é o propósito de um testemunho?
    (d) O que você faria, se tivesse a oportunidade de passar a mensagem do evangelho a alguém?
    (e) Se você se sente inseguro, o que pode fazer para aumentar sua confiança?

Capítulo 12: Removendo as barreiras para as bênçãos

1. Você já deu as boas-vindas ao Espírito Santo em sua vida segundo a maneira com que o autor do livro dos Atos dos Apóstolos revela? Se sim, descreva sua experiência.
2. Você deseja uma caminhada diária mais íntima com Deus?
3. Você deseja ter mais poder em sua vida de oração, mais revelações e maior conhecimento sobre ele?
4. Se sua resposta à questão 3 for sim, sugiro que você adote Efésios 1:17,18 como oração.

5. Se você teme pedir que o poder do Espírito Santo faça parte de sua vida, leia Mateus 7:7-11. Quando você pede por pão a seu Pai Celestial, ele dá uma pedra? Se você pedir para ser cheio do Espírito Santo, o que é que ele irá enviar?
6. Releia a última página do capítulo 12. Você consegue dizer: "Espírito Santo, tu és bem-vindo neste lugar!"?

Este livro foi impresso pela Vozes, em 2023, para a
Vida Melhor. O papel do miolo é offset 75g/m^2,
e o da capa é cartão 250g/m^2.